物権・担保物権法 [第2版]

スタンダール民法シリーズ II

堀田泰司
柳 勝司

編著

岡田 愛
杉浦林太郎
足立 清人
齋田 統史
宮田 浩史
原 謙一
野口 大作
藤野 博行

著

嵯峨野書院

は　し　が　き

これまで,「スタンダール民法シリーズ」として,『民法総則(民法シリーズⅠ)』・『債権法総論 (民法シリーズⅢ)』・『債権法各論 (民法シリーズⅣ)』・『家族法 (民法シリーズⅤ)』を刊行することができた。そして, 多くの方々の支持を得て, 何回か版を重ねることができている。そのことについては, 多くの方々によって, 引き続き読まれ, 利用されていることであり, 深く感謝をしなければならないことである。

さて, このたびは,「スタンダール民法シリーズⅡ」として, 『物権・担保物権法』を刊行する運びとなった。「物権・担保物権法」は実務の影響を強く受けて発展してきた分野でもあり, 大学で法学教育を担当しているだけの執筆者にとっては書きにくい領域である。そのため, 執筆者は, 実務についても学びつつ, 法理論にできるだけ忠実に, かつ, 分かりやすい表現になるように時間をかけて準備をした。

今回の『物権・担保物権法 (スタンダール民法シリーズⅡ)』においても, 執筆者は, 民法の初心者にも理解しやすく, 本書を学べば, 物権・担保物権法についての基本的法知識を身につけることができる程度の教科書を作りたいと願っている。しかし, 初心者にも分かりやすい教科書を作るということは簡単なことではない。判例や学説について理解した上で, 初心者にも分かりやすく, 自身の見解などに片寄ることなく客観的な説明をすることは, 非常に難しいことである。

「物権・担保物権法」の領域については, 平成29年の民法 (債権関係) の改正の影響は比較的少なく, 条文の改正や条文が増えたような箇所については, 説明はしてある。しかし,「物権・担保物権法」の領域, とくに質権や抵当権などの「担保物権法」においては, 判例の発展が目覚ましく, それをどのように扱うかについては, 大変な苦労があった。

新しく刊行された『物権・担保物権法 (スタンダール民法シリーズⅡ)』が,

他のシリーズと同じように，多くの方々に受け入れられること祈念している。

2019 年 6 月 10 日

執筆者代表　柳　　　勝　司

第2版　はしがき

①　民法の改正

　平成29 (2017) 年の民法（債権関係）改正の後，平成30 (2018) 年には，相続法が改正され，また，成年年齢も20歳から18歳に引き下げられ，令和元(2019)年には，特別養子関係について改正が行われ，令和3 (2021) 年には，物権法・相続法について改正が行われた。さらに，今後は，親子法制や家族法制や動産担保・債権担保法制などの見直しが予定されている。

②　物権・担保物権法の改正

　物権・担保物権法の領域においては，平成29 (2017) 年の改正では，民法284条（共有地の地役権の取得）・291条（地役権の消滅時効）・292条（共有の要役地についての時効の完成猶予又は更新）・316条（不動産賃貸の先取特権と敷金）・359条（設定行為に別段の定めがある場合等）・364条（債権を目的とする質権の対抗要件）・365条（削除）・370条（抵当権の効力の及ぶ範囲）・398条の2（根抵当権）・398条の3（根抵当権の被担保債権の範囲）・398条の7（根抵当権の被担保債権の譲渡等）などが影響を受けた。

　令和3 (2021) 年の改正では，民法209条（隣地の使用）・213条の2（継続的給付を受けるための設備の設置権等）・213条の3（土地の分割と継続的給付を受けるための設備の設置権等）・233条（竹木の枝の切除及び根の切取り）・249条（共有物の使用）・251条（共有物の変更）・252条（共有物の管理）・252条の2（共有物の管理者）・258条（裁判による共有物の分割）・258条2（裁判による共有物の分割と遺産分割）・262条の2（所在等不明共有者の持分の取得）・262条の3（所在等不明共有者の持分の譲渡）・264条（準共有），第3章（所有権）第4節（所有者不明土地管理命令及び所有者不明建物管理命令)264条の2(所有者不明土地管理命令)・264条の3（所有者不明土地管理人の権限）・264条の4（所有者不明土地等に関する訴えの取扱い）・264条の5（所有者不明土地管理人の義務）・264条の6（所有者

不明土地管理人の解任及び辞任）・264条の7（所有者不明土地管理人の報酬等）・264条の8（所有者不明建物管理命令），第3章（所有権）第5節（管理不全土地管理命令及び管理不全建物管理命令）264条の9（管理不全土地管理命令）・264条の10（管理不全土地管理人の権限）・264条の11（管理不全土地管理人の義務）・264条の12（管理不全土地管理人の解任及び辞任）・264条の13（管理不全土地管理人の報酬等）・264条の14（管理不全建物管理命令），365条削除・367条削除・368条削除，392条（共同抵当における代価の配当）などが条文の変更や新設などの影響を受けた。

③ 『物権・担保物権法（スタンダール民法シリーズⅡ）』の改訂

　このように，物権・担保物権法の条文改正が行われたので，『物権・担保物権法（スタンダール民法シリーズⅡ）』は，平成29（2017）年と令和3（2021）年の物権・担保物権法の改正を中心にして，改訂されることになった。

　改訂にあたっては，執筆者達は，スタンダール民法シリーズの従来の方針に沿って，標準的な内容を保ちながらも，学生に分かりやすく説明をするということに心がけた。

　なお，民法改正によって新しく節を設けた「所有者不明土地」や「管理不全土地」については，新しい土地概念を導入したというのではなく，従来においても，「所有者不明土地」や「管理不全土地」・「管理不全建物」というものが存在し，その扱いについては様々な問題が生じていたので，特別規定を設けたり，「所有者不明土地管理人」や「管理不全土地管理人」・「管理不全建物管理人」というような特別な「管理者」を設けるなどして，少しでも問題を解決するために，民法の改正は行われたと理解すべきであろう。相隣関係や共有制度についても，「所有者不明土地」や「管理不全土地」が解決困難な問題を生じさせているので，解決するための特別規定を設けたと理解すべきである。

　また，「改正民法」が施行され，現行民法となっているので，「改正民法」や「改正民○○条」としていた表現は，改訂においては，「民法」や「民○○条」という表現に変更した。ただ，「改正前民法」や「改正前民○○条」については，

改訂においても，同じ表現を用いている。

　改訂された『物権・担保物権法（スタンダール民法シリーズⅡ）』が，民法の物権・担保物権法の勉強に少しでも役立つことができるようにと願っている。

　2023 年 7 月 23 日

執筆者代表　柳　　　勝　司

目　　次

略 語 表

執筆者一覧

（執筆順，＊印編者）

＊堀　田　泰　司　（九州国際大学名誉教授）　　　　　　　　序　章

　岡　田　　　愛　（京都女子大学法学部教授）　　　　　　　第 1 章

　杉　浦　林太郎　（名城大学法学部准教授）　　　　　　　　第 2 章第 1 節〜 5 節

　足　立　清　人　（北星学園大学経済学部教授）　　　　　　第 2 章第 6 節

　齋　田　　　統　（跡見学園女子大学マネジメント学部教授）　第 3 章

　宮　田　浩　史　（宮崎産業経営大学法学部教授）　　　　　第 4 章

＊柳　　　勝　司　（名城大学名誉教授・弁護士）　　　　　　第 5 章

　原　　　謙　一　（西南学院大学法学部教授）　　　　　　　第 6 章

　野　口　大　作　（名城大学法学部教授）　　　　　　　　　第 7 章

　藤　野　博　行　（九州国際大学法学部准教授）　　　　　　第 8 章

POINT

- ■ 民法は，財産法と家族法に分けられる。
- ■ 財産法は，物権法と債権法に分けられる。
- ■ 物権は，人（物権者）が，特定有体物に対して，直接，排他的に支配を行う財産権である。
- ■ 物権法は，狭義の物権法と担保物権法に分けられる。
- ■ 狭義の物権法は，総則，占有権，所有権，地上権，永小作権，地役権，入会権などに分けられる。
- ■ 担保物権法は，留置権，先取特権，質権，抵当権などに分けられる。
- ■ 民法典以外の物権として，各種特別法上の物権と慣習法上の物権がある。

1 物権法の構成

1 物権とはなにか

　本書は物権について説明するものであるが，そのためには，はじめに物権とはそもそもどのようなものであるかについて理解する必要がある。つぎに，民法の物権編の内容を概観する。

　民法は，個人対個人の関係を規律する私法の一般法であり，財産法関係と家族法関係に大別される。近代市民社会における財産法関係は，原則的には各人に対する財産の所有と，その財産の自由な移転（変動）を保障するという制度から成り立っている。つまり，所有権絶対の原則と契約自由の原則がこれである。その民法の財産法において現れる権利は，物権と債権に大別される。そして，**物権**とは，人（物権者）が，特定有体物に対して，直接，排他的に支配を行う財産権であると定義され，**債権**は，特定の人（債権者）が特定の人（債務者）

に対して特定の行為を請求できる財産権であると定義されている。なお，債権については，別書で詳述する。

2 物権法の内容

　民法第2編　物権は，第1章　総則，第2章　占有権，第3章　所有権，第4章　地上権，第5章　永小作権，第6章　地役権，第7章　留置権，第8章　先取特権，第9章　質権，第10章　抵当権からなっている。

　(1) 総則　　第1章の総則は，全ての物権に共通する事柄について定める。もっとも，わずか5ヵ条にしかすぎず，補充されるべきものが多い。その内容は表題とやや異なり，主として物権変動に関するものである。これに対して第2章以下はいわば物権の一覧表ともいうべきものである。

　(2) **占有権**　　第2章の占有権は，物の事実上の支配について一定の効果を認める権利である（民180条）。占有権は本権（権原）に基づかないものであり，権利としてはかなり特殊なものである。それゆえ，占有権の効力としてあげられているものは，占有という事実それ自体に与えられたものとして法律構成すれば十分であろう（後述，第2章第3節）。

　(3) **所有権**　　第3章の所有権は，ある物を全面的に使用・収益・処分しうる全面的・包括的な支配権である（民206条）。それゆえ，占有権を除く所有権以外の物権は，所有権の権能の一部に制限されるので，**制限物権**と呼ばれる。反対に制限物権が成立すると，この限度で所有権の権能は制限される。また，原則として所有権以外の物権は他人の所有物のうえに成立することから**他物権**と呼ばれる。

　(4) **地上権**　　第4章の地上権は，他人の土地において工作物または竹木を所有するため，その土地を使用しうる権利である（民265条）。

　(5) **永小作権**　　第5章の永小作権は，小作料を支払って他人の土地を耕作または牧畜のために使用しうる権利である（民270条）。

　(6) **地役権**　　第6章の地役権は，特定の土地（要役地）のために，他人の土地（承役地）を利用しうる権利である（民280条）。たとえば，通行地役権，

眺望地役権，日照地役権などがある。第6章にはもう一つ**入会権**の規定がある。入会権は，一定地域の住民が山林や原野を共同で収益しうる権利である（民294条は共有の性質を有しないもの，共有の性質を有するものは別途民263条に規定）。

(7)　**留置権**　　第7章の留置権は，他人の物の占有者が，その物に関して生じた債権を有するとき，その債権の弁済を受けるまでその物を留置できる権利である（民295条1項）。たとえば，時計を修理した時計屋は，修理費の支払いを受けるまでその時計を留置し，その引渡しを拒むことができるのである。

(8)　**先取特権**　　第8章の先取特権は，法律の定める一定の債権を有する者が，その債務者の財産から他の債権者に先立って債権の弁済を受けることができる権利である（民303条）。このように先取特権には優先弁済的効力が認められるため，債権者平等の原則に服さない。

(9)　**質権**　　第9章の質権は，債権者が債権担保のために債務者または第三者から受取った物を債権の弁済を受けるまで留置し，弁済されないときは他の債権者に優先してこれから弁済を受けることができる権利である（民342条）。質権には，動産質（民352条），不動産質（民356条），権利質（民362条）がある。

(10)　**抵当権**　　第10章の抵当権は，債権者が債務者または第三者が占有を移転しないで債務の担保に供した不動産につき，他の債権者に先立って債権の弁済を受けることができる権利である（民369条）。このように抵当権は，留置的効力がなく優先弁済的効力しか有しないのである。

3　特別法など

物権編については，民法典以外の個々の特別法ないし関連法規も検討対象となる。

不動産については，不動産登記法（平成16年法律第123号）が物権編の不動産に関する部分（たとえば，民法177条の不動産に関する物権の変動の対抗要件）と深い関係を持っている。また，担保物権については，民事執行法（昭和54年法律第4号）の規定があって，物権編と深い関係を持っている。

商法上の規定としては，商事留置権（商31条・521条・557条・562条・753条），

商事質権（商515条），株式質権（会146条），船舶債権者の先取特権（商842条）などがある。

その他，鉱業法の認める鉱業権（同法12条），採石法の認める採石権（同法4条），漁業法の認める漁業権（同法23条）・入漁権（同法43条）などがある。

特殊な抵当権として，工場財団抵当（工抵14条2項），鉱業財団抵当（鉱抵1条），鉄道財団抵当（鉄抵2条・4条）などがある。

動産抵当として，農業用動産抵当（農動信12条），自動車抵当権（自抵3条），航空機抵当権（航抵3条），建設機械抵当権（建抵5条）などがある。

特殊な担保物権として，会社の総財産を目的とする企業担保権（企業担保1条）がある。

4　物権の分類

(1)　**占有権とそれ以外の物権**　占有権は事実的支配に基づく物権であるのに対して，それ以外の物権は本権（権原）に基づく物権である。

(2)　**所有権とそれ以外の物権**　所有権は，ある物を全面的に使用・収益・処分しうる全面的・包括的な支配権であるのに対して，所有権以外の物権は，所有権の権能の一部に制限されるので**制限物権**，また，所有権は全面的・包括的な支配権であって所有者自らその上に制限物権を設定する必要はなく，従って制限物権は原則として他人の所有物のうえに成立することから**他物権**と呼ばれる。

制限物権ないし他物権は用益物権と担保物権に大別される。

(3)　**用益物権**　用益物権とは他人の土地を一定の目的のために使用収益しうることを内容とする物権であり，利用権である。民法典は用益物権の客体を土地に限定しており，その使用収益の目的に応じて，地上権，永小作権，地役権，入会権の4種類がある。

(4)　**担保物権**　担保物権とは債権を担保するための物権であり，価値権である。留置権，先取特権，質権，抵当権の4種類がある。留置権を除く担保物権は，債務者が債務を弁済しないときは，目的物を競売により売却し，その代

金から優先弁済を受けることができる物権である。

　担保物権はその発生原因との関連で法定担保物権と約定担保物権に分けられる。

　(5)　**法定担保物権**　　法定担保物権は法律の規定に基づいて生ずるものであり，留置権と先取特権がこれに属する。

　(6)　**約定担保物権**　　約定担保物権は当事者の合意すなわち担保権の設定契約で生ずるものであり，質権と抵当権がこれに属する。

　(7)　**非典型担保**　　非典型担保とは民法典に規定されていない担保物権である。民法典の定める典型担保では利用対象が制限されたり，利用手続が煩雑であったり，あるいはその効力が不十分であったりしたため，これらの不備を補い，実際の取引社会の要請のために生み出された担保物権である。譲渡担保，仮登記担保などがこれに属する。

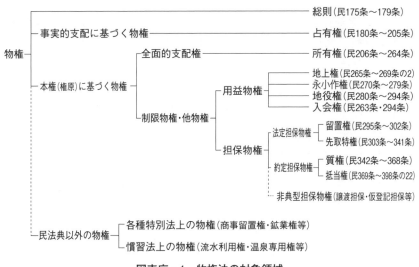

図表序－1　物権法の対象領域

2 ┃ 物権の性質と効力

1 物権の本質

　物権は，特定の物を直接，排他的に支配しうる権利である。物を支配するというのは，特定の物を使用・収益・処分して一定の利益を享受することである。物権は，物に対する支配権ということから**対物的・絶対的**であり，物を直接に追求できる力（**追求力**）があり，**直接性・排他性・優先性**があるとされる。他方，債権は，**対人的・相対的**であり，物に対する直接の追求力がなく，併存性・平等性があるとされている。

　(1) **物権の客体**　物権の客体は「**物**」である。物とは「**有体物**」をいう（民85条）。有体物とは，物理学的には固体・液体・気体を指すが，電気に代表されるように熱・光などのエネルギーは物ではない。しかし，今日の社会的・経済的事情を考慮すれば，エネルギーも経済的価値からして，法律の保護対象とすべきである。そこで，物理学上の定義とは区別して，法律における有体物とは「法律上の排他的支配の管理可能なもの」とするのが多数説である。

　(2) **直接性**　物権は物権者の物に対する直接的な支配権である。すなわち，物権は人（物権者）対物の関係だから，他人の意思や行為と関係なく物権の内容を実現することができる。これを物権の直接性という。

　これに対して，債権は債権者の債務者に対する請求権である。すなわち，債権は人（債権者）対人（債務者）の関係だから，債権は人の意思や行為を介して実現される。

　(3) **排他性**　物権は同一の目的物の上に同一内容の物権は重ねて成立しえない。これを物権の排他性という。もし同一物上に複数の物権の成立を認めると人対人の関係が生じ，物権の直接支配性に反することになる。そこで，これを保障するために物権の排他性を認めるのである。

　これに対して，債権は同一債務者に対して複数の同一内容の債権が成立しう

る。もっとも，債権者の一人に履行すれば他の債権者に対しては，事実上履行することが不可能となり，債務不履行として処理される。

（4）**一物一権主義**　一物一権主義とは，同一の物の上に同一内容の物権は複数成立しえないということである。これは物権の排他性に基づくものである。たとえば，1つの物には1つの所有権しか成立しないが，所有権と制限物権，用益物権と担保物権，複数の担保物権などは両立しうる。

一物一権主義は，物の客体との関係で物の個数が問題となる。

土地の個数は，原則として，土地登記簿上の筆数で定まる。ただし，一筆の土地の一部についての取得時効の成立は，占有のみを基礎としており，範囲が限られるので認められる（大連判大13・10・7民集3・509）。また，用益物権は一筆の土地の一部について成立しうる。土地所有権は地表だけでなく，空中および地下に及ぶ。なお，土地構成部分の土砂や岩石などは，独立して物権の客体とはなりえない（大判大7・3・13民録24・523）。

土地の定着物である樹木は，独立の物権の客体とはならない。しかし，立木法による登記や明認方法を施せば独立した所有権の対象となる。未分離果実も明認方法を施せば第三者に対抗しうる（大判大9・5・5民録26・622）。

建物の個数は，土地と異なり，登記簿上の記載では定まらず，社会取引観念と当事者の意思によっても決定される。なお，建物の一部だけでは独立的な経済価値が存在しない場合には，物権の客体とは認めない。

動産については，物理的・構造的に物権の及ぶ範囲は明らかであって，とくに問題はない。

複数の物と物権の関係については，一物一権主義からすると，複数の物の上に1つの物権が成立することは認められない。しかし，複数の物が機能上，経済上の一体性を有するときは，実際の取引上これを一括して取引の目的とする必要性がある。そこで，複数の物に特定性や独立性があり，これを公示することが可能であれば，この集合物に1つの物権の成立を認めうる。たとえば，樹木の集団を一個の不動産とみなし（立木2条1項・2項），工場抵当，鉄道抵当，鉱業抵当などの各種の財団抵当法では，集合物の上に一個の抵当権の成立を認

める。

(5) **物権法定主義**　物権法定主義とは，物権は民法その他の法律に定められたもののほかは，これを禁止するものである（民175条）。これは強行法規であり，これと異なる当事者の特約の効力は認められない。

物権法定主義が採用されたのには，2つの理由がある。第1は，複雑多様な封建的土地支配関係を整理して「自由な所有」を確立し，単純な物権関係を確立して，後戻りを許さないためである。第2は，取引の安全のためには物権は公示されなければならず，そのためにはあらかじめ法律でなるべく種類を限定し内容を明確にする必要があったためである。

(6) **慣習法上の物権**　物権法定主義の関係で問題となるのが慣習法上の物権である。第1に，立法当時に存在していた慣習上の物権的な権利の整理が十分であったかが問題である。第2に，不断に進展する経済社会の新たな取引上の要求に物権編の規定では十分対応しきれていないので，つぎつぎに立法が行われることになる。しかし，立法化までには多くの時間を要するから，法律と経済社会，取引上の要求との乖離は避けられない。そこで，これらを克服するために慣習上の物権を認めることとなる。たとえば，流水利用権，温泉専用権，譲渡担保権などがある。

2　物権の効力

物権は物に対する**直接，排他的支配権**であり，物権の一般的効力として，物権的請求権と優先的効力が認められる。

(1) **物権的請求権**　物権は物権者の物に対する直接的な支配権であり，他人の意思や行為と関係なく物権の内容を実現することができる。これを物権の直接性という。そうすると，物権の内容の実現が妨害されている場合，物権の直接性を貫徹するためには，物権者にその妨害を排除しうる権利を認めなければならない。これが物権の直接性を基礎とする物権的請求権である（第2章第6節で詳述）。

(2) **優先的効力**　物権は同一の目的物の上に同一内容の物権は重ねて成立

しえないが，物権と他の権利が競合的に成立した場合の優劣関係が問題となる。これが物権の優先的効力の問題である。競合する他の権利が物権相互間であるか，債権に対するものかに大別される。このうち，物権相互間の優先的効力は物権の排他性の具体化である。

　内容的に重なる物権相互間では，先に成立した物権が優先する。内容的に重ならない物権相互間では，物権の優先的効力は問題とならない。たとえば，一番抵当権・二番抵当権は併存するし，地上権が設定された土地に抵当権が設定された場合，両者はともに成立する。物権と債権が競合するときは，債権は排他性を有しないので，成立の先後を問わず，物権が優先することとなる。なお，この優先的効力については，対抗要件との関係で例外があることに注意すべきである。

 Topics

民法の一部改正

　民法典制定から約120年が経過した今日，社会や経済情勢の変化に対応するためと国民への分かりやすさを目指しての民法典の抜本的見直しは，平成21（2009）年，当時の法務大臣が法制審議会に諮問して始まった。法制審議会は同年10月28日に「民法（債権関係）部会」を新設し，同年11月24日の第1回会議から，平成27年2月10日の第99回会議まで開催された（http://www.moj.go.jp/shingi1/shingikai_saiken.html）。改正対象は当初500項目を超えたが，2回にわたる意見公募（パブリックコメント）と5年間の議論を経て約200項目に絞られた。部会の「民法（債権関係）の改正に関する要綱案」（平成27年2月10日決定）を法制審議会が承認し，同月24日法務大臣に答申し，同年3月31日に第189回通常国会に提出された。しかし，可決されず継続審議となった。その後，第193回国会で，平成29（2017）年5月26日，「民法の一部を改正する法律」（平成29年法律第44号）として成立し，同年6月2日に公布された。主な改正内容は，①意思能力の節を新設，意思能力のない法律行為の無効を明文化した。②職業別短期消滅時効を廃止し，時効を5年に統一した。③法定利率を年3％に引き下げ，その後緩やかな変動制を導入した。④包括根保証禁止の対象を貸金等債務以外の根保証にも拡大し，全ての個人根保証について極度額の定めを義務付けた。⑤債権譲渡禁止特約に反する譲渡を有効としつつ，譲渡人に対する弁済で免責されるとした。⑥定型約款の定義，契約内容の要件，約款変更要件等の明確化などであった。改正法の施行は，「公布の日から起算して3年を超えない範囲内において政令で定める日」（附則1条）とされたので，令和2（2020）年6月2日までに施行されることになった。また，

同附則 37 条は「この法律の施行に関し必要な経過措置は，政令で定める」と規定した。なお，平成 29（2017）年の「民法の一部を改正する法律の施行期日を定める政令」（平成 29 年政令第 309 号）により，民法改正法の原則的な施行期日は，令和 2（2020）年 4 月 1 日とされた。

第1章 物権の変動

POINT

- ■物権は排他性を有することから，新たに物権を取得しようとする第三者の取引の安全を図るために公示の原則を採用している。
- ■仮に虚偽の登記がなされた場合，登記に公信力はないため，登記名義を信頼して取引関係に入ったとしても保護されないのが原則である。しかし，判例は民法94条2項を類推適用して，一定の場合に無権利者と取引をした第三者を保護している。
- ■物権変動は，民法176条で定める意思主義により当事者間では意思表示のみによって生じるが，その変動を第三者に対抗するためには，目的物が不動産である場合は登記（民177条），動産である場合は引渡し（民178条）という対抗要件を備えなければならない。
- ■特定の不動産の所有権取得を互いに争う場面では，民法177条により対抗要件である登記を先に備えた者が確定的に所有権を取得する。他方で，民法177条の「第三者」に該当しない者に対しては，登記がなくても対抗できる。
- ■特定の動産の所有権取得を互いに争う場面では，民法178条により対抗要件である引渡しを先に備えた者が確定的に所有権を取得する。しかし，引渡しによる公示は登記制度と比べて不完全であることから，第三者を保護するために即時取得制度（民192条）の定めがある。
- ■民法178条の対抗要件である引渡しには，現実の引渡し，簡易の引渡し，指図による占有移転，占有改定の4つの方法が含まれる（民182条以下）。
- ■立木に関しては，明認方法による対抗力の取得が認められている。

1 序

1 物権変動とは

　物権変動とは，物権の発生，変更，消滅をいう。たとえば，建物を新築（発生），増築したり（変更），また火事などで焼失したり（消滅）した場合に生じる，物に対する権利の変動のことである。この，発生，変更，消滅については，物

権を有する者（権利の主体）の側からみて，物権の取得，変更，喪失と表現されることもある。

　なお，物権の発生と消滅には，それぞれ絶対的発生・絶対的消滅，相対的発生・相対的消滅という区別がある。前述の，建物の新築などのように物権が新しく発生する場合が絶対的発生，建物を買い受けるなどのようにすでにある物権を承継的に取得する場合を相対的発生という。また，建物の焼失のように物権が消滅する場合を絶対的消滅，他へ売却して所有権を失うように物権そのものは消滅しないが，これまでの主体が物権を失うことを相対的消滅という。

2　物権変動の原因と態様

　物権変動の原因は，①法律行為によるものと，②法律行為によらないものに分かれる。①法律行為による物権変動とは，売買や贈与など意思表示による場合であり，②法律行為によらない物権変動には，相続，時効取得のほか，混同（民179条），無主物先占（民239条），遺失物拾得（民240条），埋蔵物発見（民241条），付合・混和・加工（総称して添付という。民242条以下）がある（後述第3章所有権参照）。

　また，物権を取得する態様には，**原始取得**と**承継取得**の2種類がある。原始取得とは，前主の所有権とは無関係に新たな所有権を取得する場合であり，具体的には，時効取得（民162条），遺失物拾得（民240条），埋蔵物発見（民241条），添付（民242条以下）がある。これに対して承継取得とは，売買契約に基づく取得のように，前主の有していた所有権に関する用益物権や担保物権の負担をそのまま取得する場合である。たとえば，A所有建物を目的としてBの抵当権が設定されており，その建物をCがAから売買によって承継取得した場合には，Cは抵当権の付いた建物を購入したことになる。

3　物権の消滅原因

　物権の消滅原因のうち，全ての物権に共通するものに，目的物の滅失，消滅時効，放棄，混同がある。とりわけ，第三者との関係で重要な消滅原因が，混

同（民179条）と放棄である。

① 混　　　同

　混同とは，並存させておく必要のない二つの法律上の地位が同一人に帰することをいう。たとえば，子Aが，親Bの所有地に地上権を有しており，Bの土地の上に建物を建てて住んでいたが，Bが死亡してAが相続によって土地所有権を取得したような場合，Aは，所有権に基づいて自由に土地を使用・収益できるので，地上権を有する意味はなくなる。このため，Aの地上権は相続した土地の所有権にいわば吸収されて消滅するのが原則である（民179条1項本文）。ただし，当該物権が第三者の権利の目的となっている場合は，混同によって消滅せずにそのまま存続する（民179条1項ただし書）。たとえば，Aが相続によってB土地の所有権を取得する前に，C銀行がAに対するローンを担保するために，当該地上権を目的とする抵当権を設定していたような場合である。この場合にAの地上権が混同で消滅してしまうと，Aの地上権を担保にしていた抵当権者の権利を害することになるため，例外的に，地上権はそのまま存続する。また，所有権以外の物権についても混同が生じることが，民法179条2項で定められている。

　なお，占有権に混同の適用はない。占有は事実上の支配を保護する権利であり，本権と全く次元を異にするからである（民179条3項）。債権にも混同の規定がある（民520条）が，趣旨は同じである。

② 放　　　棄

　放棄とは，物権を消滅させることを目的とする単独行為であり，放棄の意思表示をすれば，原則としてその効果が生じる。

　所有権および占有権の放棄は，相手方のない単独行為であり，放棄の意思を表示すればよい。ただし，不動産所有権に関する物権の放棄は，登記の抹消をしなければ第三者に対抗できない（民177条）。たとえば，地上権を放棄する場合は，土地所有者に対する意思表示が必要であり，登記されている場合は，抹

消登記が対抗要件である。その他の権利は，放棄によって直接利益を受ける者に対して意思表示しなければならない。

　もっとも，他人の利益を害する場合は放棄できない（民398条）。また，物権の放棄が公序良俗に反する場合にも許されない。たとえば，土地の上に存する危険な工作物の所有権を放棄することなどが考えられる。

　なお，所有者不明土地の発生を抑止する目的で，新しく相続土地国庫帰属法（相続等により取得した土地所有権の国庫への帰属に関する法律）が制定され令和5年から施行された。これは，後述の相続登記の義務化と並列して施行された新しい制度である。背景には，地方を中心に土地所有に対する意識が変化し，相続をしたものの管理負担を望まない相続人が増加し放置されたり，遺産分割をしないまま相続が繰り返されて所有関係が不明確になったりした土地が増え，社会問題化したことがある。

　そこで，相続または相続人に対する遺贈により，土地の所有権または共有持分を取得した者等がその土地を国庫に帰属させることができるようにした。もっとも，無責任な放棄を防ぐために，通常の管理または処分をするにあたり過分の費用または労力を要する土地は対象外とされ（相続国庫帰属2条3項），また帰属に際して一定額の負担金の納付が求められている（相続国庫帰属10条）。

2 ┃ 物権の変動と公示

1 物権の公示とその効果

[1] 物権の性質と公示の必要性

　物権は一定の物を直接支配できる排他性を有する権利であるから，物権を有する者は，相容れない他の権利の成立を排斥して，目的物の有する価値を直接利用することができる。そのため，ある土地を買い受けようとする人は，その土地に，誰が，どのような物権を有しているかを知っておかないと，買い受けた土地に地上権が設定されていたために自分の家が建てられないなど不測の損

害を被る恐れがある。このように，物権の現状と変動を外部から認識できる一定の外形（公示）にあらわして取引の安全を図る必要があることから，公示の原則が採用されている。**公示の原則**とは，物権の変動は，外部から認識することのできる，一定の表象を伴うことが必要であるという原則である。一般に，不動産物権については登記（民177条），動産物権については動産の占有によって公示するように定めており（民178条），またそれ以外にも立木などは明認方法という慣習上の方法での公示も認めている（後述）。

② 不動産物権変動の公示

　不動産物権の公示は，不動産登記法によって整備されている（民177条）。不動産について物権を取得した者は，その権利内容を不動産登記法の手続に則って登記簿上公示するのが一般的である。しかし，わが国では，登記とは無関係に当事者の意思のみによって物権変動の効力が生じるという意思主義を採用している（民176条）。たとえば，A所有不動産をAがBへ売却する旨の契約を締結したが，費用がかかるなどの理由で登記名義をBへ移転せずにA名義のままにしておいたとしても，所有権はBへ移転する。このため，真実の所有者はBであるのに登記名義人はAということが生じ，その結果，真実の法律関係とは異なる登記（公示）を信頼して，第三者が利害関係を取得することがある。そこで，そのような第三者を保護するために登記に公信力を認めるべきではないかという問題が生じることになる（後述）。

③ 動産物権変動の公示

　動産物権の公示は，引渡しによってなされる（民178条）。動産は，不動産と異なり多種多様な物があることから，これらの権利関係を全て公示することは不可能である。そこで，その物を現実に引き渡す（占有を移転する）ことによって，動産物権変動を公示させることを意図している（民178条）。もっとも，後述の通り，引渡しには，現実の引渡し（現実の占有移転）（民182条1項）のほかに，簡易の引渡し（民182条2項），占有改定（民183条），指図による占有移転（民

184 条）の 4 つの方法があり，現実の引渡し以外の 3 つの引渡方法は，物の現実の占有状態に動きがない。近代社会では，倉庫に置かれた大量の商品などを物理的に移動させることなく買主へ引渡しを行う必要が生じたことから，現実の占有移転がない場合も引渡しがなされたと認めてきた。他方でこのことは，現実に動産を占有している者と真実の所有者とが異なる状態を認めることになるため，無権利者と取引をする第三者が生じる可能性がある。そこで，現実に動産を占有している者が権利者であると信頼して取引関係に入った第三者を保護するために，即時取得（善意取得ともいう）（民 192 条）という，特別な制度が設けられている（後述第 2 章占有権参照）。

2　公示の原則と公信の原則

物権は排他性を有するため，新たに物権を取得しようとする第三者の取引の安全を図る必要性がある。そこで，物権の変動は，外部から認識することのできる一定の表象で公示することが必要であるという，**公示の原則**を採用している（民 177 条・178 条）。他方で，前述の通り，公示と真実の権利関係とが一致しないことも法制度上生じうるため，真実の権利関係とは異なる公示を信頼して第三者が利害関係を有するに至った場合は，このような第三者を，公信の原則により保護する必要があるのではないかという問題が生じる。

公信の原則とは，公示（登記や占有）に対応する物権が存在しないにもかかわらず，公示を信頼して物権取引をした者を保護して，真実に物権が存在したのと同様の法律的効果を認めようとする原則である。たとえば，A が B から，B が使っていた自転車を買い受けたところ，実はその自転車は C が B に貸していただけで B は所有者ではなかったという場合に，原則として A は所有権を取得できない。「何人も自己が有する以上の権利を他人に移転することはできない」（ローマ法諺）という，**無権利の法理**が適用されるからである。しかし，A は B の占有を信頼して取引をしたのであり，これでは取引の安全が妨げられてしまう。そこで，動産取引については即時取得制度（民 192 条）を設け，一定の要件を満たせば，例外的に A が所有権を取得できるよう定めている。こ

のように，公示に対応する物権が存在しない場合にも，真実に物権が存在したのと同じ法律効果を認めようとする機能（効力）を，**公信力**という。即時取得制度は，動産取引について公信力を付与した制度であるとされている。

これに対して，不動産取引については公信の原則は適用されない。たとえば，Aが，本当は自分が所有者であるにもかかわらず子Bの名義で登記をしていたところ，Bがその土地をAに無断でCへ売却してしまった場合に，第三者CはB名義であったという公示（登記）を信頼してBから購入したとしても保護されない。すなわち，登記には公信力がない。

動産の占有に公信力を認める一方で，不動産登記には公信力を認めない理由として，不動産登記は不完全であり，仮に不動産登記に公信力を認めると真実の権利者の利益が不当に害されるからであると説明されている。しかし，真実の権利者と公示との間に齟齬が生じうるという点については動産も不動産も同じであり，あまり説得的ではない。むしろ，動産取引の安全を図る必要性の高さから生じる違いであると考えられる。すなわち，公信の原則を適用することは，真の権利者の権利を奪うことを意味することから，無権利の法理を基礎としつつ，動的安全を図る必要性がある場合に，例外的に公信の原則が認められるといえる。この点，動産取引は不動産取引と異なり，日常生活において誰もが日々行うものであり，簡易かつ迅速な流通を確保する必要性が高いことから，例外的に公信の原則を適用して第三者保護を図っていると考えられる。

他方，不動産取引において，真実の権利内容と異なる登記を信頼して取引した第三者は一切保護されないのかというと，この場合は民法94条2項を類推適用して第三者を保護するという判例法理が確立している。すなわち，公示（登記）を信頼した第三者は，公信の原則ではなく，民法94条2項類推適用によって別途保護が検討される。

登記の公信力による保護と，民法94条2項類推適用による保護との違いは，民法94条2項類推適用は，虚偽の外観作出に対する真の権利者の帰責性を根拠にしている点である。たとえば，AがA名義の土地を所有していたが，Bが書類を偽造して勝手にB名義へ登記名義を移転し，Aの土地を第三者Cへ

売却してしまった場合，登記に公信力を認めるのであれば，登記を信頼したC
が所有者になる。これに対して，民法94条2項類推適用による場合は，真の
所有者AにB名義の虚偽の外観作出の帰責性がない以上Cの所有権取得は認
められない。もっとも，後述の通り，判例による民法94条2項類推適用の範
囲は拡大傾向にあり，帰責性を必要とするという価値判断は薄れつつある。

3 物権の変動を目的とする法律行為

1 物権変動論について

　物権，とりわけ所有権がいつ，どのような要件を備えれば移転するのか，ま
たなぜそのように解するのかは，物権法における重要な論点の一つであり，**物
権変動論**といわれる。

　この議論は，民法176条で物権の設定および移転は当事者の意思表示のみに
よってその効力を生じるとあるが，その「意思表示」とはどのような内容であ
るのかという問題と，物権変動はいつ生じるのかという物権変動の時期の問題
に区別される。

　まず，民法176条の意思表示の内容に関して，①意思表示以外に登記や引渡
しのような一定の形式が必要か（意思主義・形式主義），②売買契約などにより
債権関係を生じさせる意思とは別に，所有権の移転を生じさせる意思が必要で
あると考えるか（物権行為の独自性を認めるか否か），③売買契約が取り消され
たり無効であったりした場合に，一旦生じた物権変動に影響を及ぼすか（有因・
無因）の点で差異があり，それぞれ見解が分かれている。また，これらの論点
に関連して物権変動の時期にも違いが生じる。

　考え方の違いが生じる背景には，母法であるフランス法とドイツ法がそれぞ
れ異なる立場であることに加えて，民法176条と177条の関係性をめぐる見解
の相違がある。

　なお，民法176条は物権の設定および移転は当事者の意思表示のみによって

その効力が生じると定めていることから，意思表示によらない時効や相続による物権変動には適用されない。

2　物権変動の意思表示をめぐる論点

1　意思主義と形式主義

　意思主義とは，物権変動は当事者の意思表示のみによって生じるとする考えである。意思主義によれば，登記や引渡しといった公示をしなくても物権の変動が生じることになる。これに対して，**形式主義**とは，物権変動が生じるためにはその旨の合意に加えて，登記または引渡しといった公示が必要であるとする考えである。この立場によると，不動産であれば登記，動産であれば引渡しがなければ，所有権の移転などの物権の変動は生じないことになる。

　この点意思表示のみによって物権変動の効力が生じるとの明文規定があることから（民176条），意思主義を採用しているという点ではほぼ争いはない。

2　物権行為の独自性

　売買や賃貸借のような債権債務関係を生じさせることを目的とする行為を債権行為といい，所有権の移転のような物権変動を目的とする行為を**物権行為**という。

　A所有不動産をBへ譲渡する際に，売買契約を締結することで代金支払といった債権上の権利義務関係が生じるが，それ以外に別途，所有権がAからBへ移転するという効果を生じさせるための，物権を移転させようとする物権行為を必要と解するか争いがある。物権行為を債権行為と区別すべきとして，売買契約を締結しただけでは所有権は移転しないとする立場を，物権行為の独自性肯定説という。

　わざわざ物権行為というような考え方をして，売買契約を締結しただけでは所有権は移転しないと考える理由の一つに，意思主義を貫いた際に生じる現実の意識とのギャップがある。すなわち，意思主義の考え方によれば，A所有不動産をBへ譲渡する売買契約が成立すると，契約時に所有権はAからBへ移

転することになる。しかし，実際には代金の支払時や，目的物の引渡し時に権利が移転すると考えるのが一般的な感覚といえるため，売買契約が成立しただけでは物権は移転せず，別途，物権を移転するという行為（所有権移転の合意）があってはじめて移転すると解するべきであると主張する。

しかし，判例は物権行為の独自性を否定し，債権上の契約があれば物権行為もあったと解し，売買契約を締結すれば，所有権はAからBへ移転するとしている（最判昭 33・6・20 民集 12・10・1585）。

③ 有因主義と無因主義

物権行為の独自性を認めるか認めないかという考え方の差異は，物権変動の原因である契約が，無効であったり取り消されたりした場合に物権変動の効力も失われるのかという，有因か無因かの問題にも影響を及ぼす。

契約の効力が消滅すれば物権変動も効力を失うとする考え方を**有因主義**，物権変動には効力が及ばないとする考え方を**無因主義**という。たとえば，A所有不動産をBへ譲渡する旨の売買契約を締結したが，その契約を取り消した場合に，契約の取消しに伴って所有権の移転も効力を失うと解する立場が有因主義，たとえ契約は取り消されても物権行為には影響せずBは所有者のままであり，別途，不当利得によりその後の処理をしていくとする立場が無因主義である。

仮に，物権行為の独自性を認めない立場に立つのであれば，債権行為である売買契約から物権の変動が生じる以上，その契約の効力が失われれば物権変動にも影響することになる。これに対して，物権行為の独自性を認める立場であれば，売買契約から物権変動が生じるわけではないので，物権変動には影響しないことになるというのが論理的な流れではある。しかし，物権行為の独自性を認めると論理必然的に無因主義になるというわけではない。債権行為と物権行為は別個であるとしても，その物権行為は債権行為が有効であることを基礎に成立していると考えて，債権行為の効力が失われることによって物権行為も影響を受けると解する立場もある。

　わが国の実務は物権行為の独自性を認めておらず，売買契約が取り消されれば物権の移転にも影響を及ぼすとする有因主義の立場である。したがって，A所有不動産をBへ譲渡する旨の売買契約について，Bの詐欺を理由にAが取り消した場合，売買契約の取消しの効果によりBへ移転した物権変動の効力も失われることになる。

 Topics

物権変動論を理解するために──フランス法とドイツ法の違い──

　物権変動論の学説の対立を理解するためには，母法であるフランス法とドイツ法の考え方を理解すると分かりやすい。

　まず，フランス法では，当事者の意思に絶対的効力を与えようとする価値判断から意思主義を採用し，物権変動に登記や引渡などの形式は必要ないとする。そして，債権行為とは別個である物権行為も観念せず，売買契約を締結したのであれば，その1つの売買契約から物権変動が生じるとする（物権行為の独自性を否定する）。したがって契約が無効であったり取り消されたりした場合には，物権変動にも影響することになる（有因主義）。

　これに対してドイツ法は，公示の原則を徹底して形式主義を採用している。ドイツでは，債権行為としての契約（Vertrag）とは別に，不動産所有権移転の合意（Auflassung）または動産所有権移転の合意（Einigung）を必要としており（物権行為の独自性肯定），したがって，仮に売買契約が無効であったり取り消されたりしても，債権行為である売買契約とは区別されている所有権移転合意に影響を及ぼさない（無因主義）。

　他方，登記手続について，フランス法では，単独申請主義である（もっとも公正証書で契約を証する必要がある）のに対して，ドイツでは，必ず売主と買主双方が登記手続をする旨定められている（共同申請主義）。つまり，フランスでは意思主義により売買契約の成立に伴って所有権が移転し，買主はその物権変動について単独で登記することができることから，対抗要件である登記をせずに放置した結果不利益を被ることになっても，ある意味仕方がないといえる。

　わが国の実務および判例は，実体法の理解はフランス法の考えに従いつつも，登記手続についてはドイツの共同申請主義の立場を採用したことから，契約により権利は移転しても，登記義務者である売主の協力がなければ登記ができない。このため対抗要件主義を貫いて，登記を備えていない買主に不利益が生じるとすることの妥当性が問題になる。

3　権利の移転時期

　法律行為，すなわち意思表示により物権変動が生じるとはいっても，具体的にさまざまなケースが考えられる。たとえば，不動産の売買契約を締結したが代金支払いも登記名義の移転もしていない場合もあれば，コシヒカリ1トンの売買契約を締結したが，まだどのコシヒカリにするのか定まっていない場合もある。このような場合にいつ所有権が移転するのかにつき，判例，学説は，目的物が特定物（民400条）か，種類物（民401条）かで区別している。

1　特定物の権利の移転時期

　たとえば，Aが自分の土地をBへ3000万円で売却する売買契約を10月10日に締結したとする。まだ支払いや登記手続などはなされていない場合に，所有権はいつ移転すると解するべきであろうか。

　(1)　売買契約締結時に移転するとする立場　　判例は，民法176条の意思主義を根拠として，売買契約が締結された時点で所有権が移転すると考える（最判昭33・6・20民集12・10・1585）。仮に代金の支払いや登記手続がなされていない段階であっても権利の移転時期に影響せず，当事者が合意して契約が成立した時点で所有権が移転することになる。

　ただし，所有権の移転に何らかの法律上の障害がある場合には，それが除去された時に所有権が移転する。たとえば，農地を売買する際に必要な農地法の許可が売買契約時にまだ下りていない場合には，所有権は移転しない（最判昭61・3・17民集40・2・420）。

　また判例は，代金完済時に所有権が移転する旨の特約を付けた場合，代金完済時まで所有権は移転しないとする（最判昭35・3・22民集14・4・501）。実務上，代金完済時に所有権が移転するという所有権移転時期特約を付けて売買契約をするのが一般的である。

　(2)　売買契約時以外に移転するとする立場　　民法176条の意思主義に反する解釈は難しい一方で，同条は意思に基づいて移転するということを定めてい

るに過ぎず，いつ移転するのかについてまで定めたわけではないとして，所有権の移転時期，とりわけ不動産売買における所有権の移転時期に関して，売買契約時以外に移転するとする立場がある。すなわち，売買契約により所有権を移転する合意がなされたとしつつ，その移転時期については，当事者の合意が明確でなければ，①売買代金支払時に移転するとする立場，②登記時に移転するとする立場，③引渡し時とする立場，また，④これらのうちどれかがなされた時点とする立場が主張されている。

　これらの立場は，不動産取引において売買契約時に所有権が移転するという基準が，当事者の感覚とは合わないことを実質的な理由としている。確かに，まだ代金も受け取っておらず，登記も移転していない段階で，売買契約が成立した以上所有権は買主に移転しているとする考えは，一般の取引感覚にそぐわないともいえる。しかしながら，さまざまな取引形態がある中で一律に，代金支払時や登記時，または引渡し時に移転すると解することもできない。

　そこでさらに，所有権は段階的に移転すると解する見解が主張されている（段階的所有権移転説）。この立場は，引渡しや登記をいつするか，使用収益権がいつまで売主に属するかなどは売買契約の内容や個々の規定で律せられることから（たとえば民575条），少なくとも売買契約当事者間では所有権移転時期を確定させる実益はないとする。

 Topics

売買契約の成立時期

　売買契約時に所有権が移転すると解するのが判例の基本的立場である。では，たとえば不動産の売買の場合に，単に口頭で売りましょう，買いましょうと合意がなされただけでその瞬間に所有権が移転すると解するかというと，それは疑問が残る。確かに，売買契約は申込みと承諾の意思表示で成立する諾成契約であるが，とりわけ不動産の売買では，契約書に署名押印するなど客観的にお互いの意思が明確になった時点で売買の合意が成立したと解するべきであろう。民法176条で定めている当事者の意思表示は，あくまでも客観的にその合意が成立したかを判断するのであり，当事者の主観のみで判断されるものではないことは，他の法律行為と同じである。

② 種類物の権利の移転時期

　コシヒカリ１トンというように，目的物が種類のみで指定されている種類物（民401条）については，その目的物が特定（集中）した時に（民401条2項），権利の変動が生じる（最判昭35・6・24民集14・8・1528）。選択債権の場合は，選択により特定した物の所有権の移転は，債権の発生の時にさかのぼって生じる（民411条本文参照）。

　種類物の場合も，当事者の合意により物権変動の時期を定めることができるとするのが通説の立場である。

4 | 不動産物権の公示

1　不 動 産 登 記

① 登 記 と は

　不動産物権変動は，登記をしてはじめて第三者に対抗できるようになる（民177条）。**登記**とは，不動産の所在地にある各法務局が管轄する登記簿（登記記録が記載される帳簿のことで，実際は磁気ディスクに記録されている）に，一定の事項（登記事項）を記録することである。登記については，主に不動産登記法で定められている（以下不登法という）。

　登記簿（26・27頁図表1-1，2参照）は，一筆の土地，一個の建物ごとに編成する**物的編成主義**をとっているが，母法のフランス法のように，特定の人ごとに編纂する**人的編成主義**を採用する国もある。登記簿には，その不動産の状態，たとえば，広さや，宅地や田などといった物理的状態だけではなく，所有者や担保に関する権利関係が記録されており，これを見ればその不動産の法律関係を把握することができる。

　登記される権利は不登法で定められており，所有権のほか，地上権，永小作権，地役権，先取特権，質権，抵当権，賃借権，配偶者居住権，採石権の10の権利である（不登3条）。占有権や留置権はそもそも占有という事実状態がそ

の成立要件であり，また，入会権は各地方の慣習によって成立するため登記は不要と解されており，登記できない。

② 不動産登記の様式と各部の効果

(1) 表題部と権利部　(a) 表題部　**表題部**には，対象となる不動産がどれなのかを確認し，その客観的状況を把握するための表示が記録されている。土地であれば，その所在，地番，地目（宅地や田など），地積（土地の面積）などが，また建物であれば，所在のほか，家屋番号や構造（木造2階建てなど），床面積などである。なお，表題部にする登記を**表示に関する登記**ともいう。

　この，表示に関する登記は，当事者の申請によってなされるのが原則であるが（不登16条1項），登記官の職権ですることもできる（不登28条）。表示に関する登記は，不動産の権利関係ではなく，もっぱら客観的状況をあらわすことを目的としている。権利部に所有権保存登記がなされる以前は，表題部の所有者の欄に所有者の氏名，住所が記載されるが，これは固定資産税などの徴税の便宜と所有権の登記申請資格者を明らかにするためであって，権利の登記としての性質は有しない。このため，表題部の所有者の欄に氏名などが記載されたとしても，民法177条の「登記」として対抗力はない（ただし，不動産賃借権を対抗するための借地借家法10条の対抗要件は有すると解されている）。また，権利部に所有権保存登記がなされたら，表題部の所有者の記載は抹消される。登記簿上に示される古い情報については該当箇所にアンダーラインが引かれるが，これは抹消したという意味である。

　(b) 権利部　**権利部**と呼ばれる部分には，その不動産の権利に関する登記がなされる。所有権に関する登記がなされるのが甲区，それ以外の権利（抵当権，質権，地上権，地役権，賃借権など）は乙区に登記される。

　その不動産の所有者が誰であるか，いつ，どのような原因（相続や売買など）でその不動産の所有権を取得したのかなどについては，甲区を確認すればよい（不登59条）。また，その不動産が抵当権の目的となっているかとか，地上権が設定されているかなどについては乙区に記載されるので，乙区を確認すれば，

様式例・1

表　題　部 （土地の表示）	調製	余　白		不動産番号	0000000000000

地図番号	余　白	筆界特定	余　白		

所　　在	特別区南都町一丁目		余　白	

①　地　番	②　地　目	③　地　積　㎡	原因及びその日付〔登記の日付〕
101番	宅地	300：00	不詳 〔平成20年10月14日〕

所　有　者	京都市東山区一丁目1番1号　東　山　京　子

権　利　部　（甲　区）　（所　有　権　に　関　す　る　事　項）			
順位番号	登　記　の　目　的	受付年月日・受付番号	権　利　者　そ　の　他　の　事　項
1	所有権保存	平成20年10月15日 第637号	所有者　京都市東山区一丁目1番1号 　東　山　京　子
2	所有権移転	平成20年10月27日 第718号	原因　平成20年10月26日売買 所有者　京都市左京区二丁目2番2号 　白　川　華　子

権　利　部　（乙　区）　（所　有　権　以　外　の　権　利　に　関　す　る　事　項）			
順位番号	登　記　の　目　的	受付年月日・受付番号	権　利　者　そ　の　他　の　事　項
1	抵当権設定	平成20年11月12日 第807号	原因　平成20年11月4日金銭消費貸借同 日設定 債権額　金4,000万円 利息　年2・60%（年365日日割計算） 損害金　年14・5%（年365日日割計算） 債務者　京都市左京区二丁目2番2号 　白　川　華　子 抵当権者　特別区北都町三丁目3番3号 　株　式　会　社　南　北　銀　行 　（取扱店　南都支店） 共同担保　目録（あ）第2340号

共　同　担　保　目　録			
記号及び番号	㋐第2340号	調製	平成20年11月12日

番　　号	担保の目的である権利の表示	順位番号	予　　　備	
1	特別区南都町一丁目　101番の土地	1		余　白
2	特別区南都町一丁目　101番地　家屋番号 101番の建物	1		余　白

　これは登記記録に記録されている事項の全部を証明した書面である。

平成21年3月27日
関東法務局特別出張所　　　　　　　　　登記官　　　　　　嵯　峨　野　太　郎

　＊　下線のあるものは抹消事項であることを示す。

みほん
電子
公印

整理番号　D23992（1／1）　　1／1

図表 1-2　登記簿 2

様式例・2

表　題　部 （主である建物の表示）		調製	余　白		不動産番号	0000000000000

所在図番号	余　白			
所　　　在	特別区南都町一丁目　101 番地		余　白	
家 屋 番 号	101 番		余　白	

① 種　類	② 構　造	③ 床　面　積　m²	原因及びその日付〔登記の日付〕
居宅	木造かわらぶき 2 階建	1 階　　80：00 2 階　　70：00	平成 20 年 11 月 1 日新築 〔平成 20 年 11 月 12 日〕

表　題　部 （附属建物の表示）				
符号	①種　類	② 構　造	③ 床　面　積　m²	原因及びその日付〔登記の日付〕
1	物置	木造かわらぶき平家建	30：00	〔平成 20 年 11 月 12 日〕

所　有　者	京都市左京区二丁目 2 番 2 号　白 川 華 子

権　利　部 （甲　区） （所 有 権 に 関 す る 事 項）			
順位番号	登 記 の 目 的	受付年月日・受付番号	権 利 者 そ の 他 の 事 項
1	所有権保存	平成 20 年 11 月 12 日 第 806 号	所有者　京都市左京区二丁目 2 番 2 号 白 川 華 子

権　利　部 （乙　区） （所 有 権 以 外 の 権 利 に 関 す る 事 項）			
順位番号	登 記 の 目 的	受付年月日・受付番号	権 利 者 そ の 他 の 事 項
1	抵当権設定	平成 20 年 11 月 12 日 第 807 号	原因　平成 20 年 11 月 4 日金銭消費貸借同日設定 債権額　金 4,000 万円 利息　年 2・60％（年 365 日日割計算） 損害金　年 14・5％（年 365 日日割計算） 債務者　京都市左京区二丁目 2 番 2 号 白 川 華 子 抵当権者　特別区北都町三丁目 3 番 3 号 株 式 会 社 南 北 銀 行 （取扱店　南都支店） 共同担保　目録㋐第 2340 号

共　同　担　保　目　録				
記号及び番号	㋐第 2340 号		調製	平成 20 年 11 月 12 日
番　号	担保の目的である権利の表示	順位番号	予　　備	
1	特別区南都町一丁目　101 番の土地	1	余　白	
2	特別区南都町一丁目　101 番地　家屋番号 101 番の建物	1	余　白	

これは登記記録に記録されている事項の全部を証明した書面である。

平成 21 年 3 月 27 日
関東法務局特別出張所　　　　　　　　　　登記官　　　　　　　嵯 峨 野 太 郎

＊下線のあるものは抹消事項であることを示す。　　　　　　整理番号　D 23990 （2／2）1／1

みほん
電子
公印

債権者や債務者など，不登法に定められた登記事項（たとえば，担保権については不登83条）が記録されている。

　表示に関する登記と異なり，権利に関する登記は登記官の職権ですることはできず，当事者の申請または裁判所などの公官署による嘱託がなければ登記できないのが原則である（不登16条1項）。民法177条の対抗力がある登記とは，この権利に関する登記のことである。

　たとえば，登記簿1（図表1-1）では，表題部に（土地の表示）とあり，この表題部に所有者として東山京子が表記されているが，この登記には民法177条の「登記」として対抗力はない。東山京子が所有権保存登記をした際に民法177条の対抗要件が備わり，あわせて，表題部の所有者の欄は抹消される。その後，売買によって所有権が移転すれば，申請により順位2番で所有権移転登記がなされて白川華子が対抗要件を備えたことになる。

　他方で，乙区は所有権以外の権利義務関係を公示する部分であり，ここを確認すると，乙区に白川華子の南北銀行に対する4000万円の債務を担保するために抵当権が設定されていることが分かる。

　また，登記簿2（図表1-2）では，表題部の所有者欄に白川華子の名があり，原因およびその日付のところに，平成20年11月1日に新築とあることから，白川華子が建物を新築し所有者となったことが分かる。そして，所有権に関する最初の登記として所有権保存登記が甲区になされて，その建物を目的として乙区に抵当権の登記がなされている。さらに，共同担保目録がついており，この抵当権は，土地とその上に建っている建物を一緒にその目的としていることも公示されている。したがって，白川華子から第三者がこの後，土地建物を購入した場合は，南北銀行の抵当権の負担がついた所有権を取得することになる。

　(2)　登記の種類　　(a)　本登記　　**本登記**とは，完全な対抗力を発生させる登記である。甲区であれば，まず最初に所有権保存登記がなされ，その後，売買や相続による所有権の移転などの事項を記録する登記がされるが，これら保存や移転の登記がこれにあたる。

　乙区であれば，たとえば抵当権は，抵当権設定の契約の順序ではなく，抵当

権の登記をした順番で，一番抵当権，二番抵当権と順位がつけられ，抵当権が実行された際には順位番号の早い抵当権者から優先的に弁済を受けることになる。

(b)　仮登記　　**仮登記**は，将来本登記がなされる可能性がある場合に，その順位を保全するための登記であり，本登記のような対抗力はない。仮登記には，本登記をするために必要な書類等が調わないために行う「1号仮登記」と，物権変動の効力が生じる前の請求権を保全するための「2号仮登記」がある（不登105条）。前者は，実体上権利は移転しており，単に書類が調わないなどの理由で本登記ができないだけであるのに対して，後者は，たとえば条件付で売買契約を締結し，まだ条件が成就していない段階でその請求権を登記して権利を保全したい場合になされる登記である。

対抗力がないにもかかわらず仮登記をする意味は，順位保全効にある。すなわち，A所有地をBが購入して実体上所有者はBとなったが，書類が調わないため，とりあえずBが所有権移転仮登記を備えたとする。その後，CがAから同じ土地を購入してC名義の本登記を備えた場合，この時点では，Bは民法177条の対抗力を有しない仮登記しか備えておらず，Cに対抗することができない。しかしその後書類が調って仮登記を本登記にした時点で，本登記の順位は仮登記の順位に従うため（**順位保全効**。不登106条），Cの本登記よりもBの本登記のほうが先であると扱われBはCに対抗できるようになる。このように，仮登記そのものに対抗力はないが，その後本登記をすれば，仮登記がなされた時点から本登記をしていたのと同じに扱われる点に意味がある。

③　登　記　手　続
登記の申請は，登記権利者と登記義務者が共同で申請するのが原則である（**共同申請主義**。不登60条）。**登記権利者**とは，当該登記がなされることで登記上の利益を受ける者をいい，**登記義務者**とは，当該登記がなされることで不利益を受ける者をいう。たとえば，A所有地をBが購入し，A名義からB名義への所有権移転登記をする場合，新たに名義人となるBが登記権利者，名義人で

なくなるＡが登記義務者である。このように，共同申請主義を採用して，不利益を受ける登記義務者が手続に関与することによって，登記の真正を図っている。

　共同申請主義の例外として，登記権利者が単独で申請できる場合がいくつかある。主なものに，①判決による登記（不登63条1項），②相続による登記（不登63条2項），③所有権保存登記（不登74条）がある。①判決による登記の場合は，共同申請でなくても登記の真正が担保されるからであり，また，②相続による登記の場合は，登記義務者である名義人はすでに死亡しており共同での申請が不可能であるためである。また，③所有権保存登記も，初めてなされる権利に関する登記であり登記義務者を観念することができないため，単独でなされる。その他，仮登記もその後の本登記の際に真正が担保されるので，登記権利者が単独で登記できる（不登107条1項）。

　登記申請がなされると，登記官がその具体的事務を行うことになる。登記官は，表示に関する登記の場合（不登29条）や，本人確認の場合（不登24条）を除くと，形式的に書面が調っているかを審査するものの，書面に記載されたとおりの物権変動が生じているかを審査することはしない（**形式的審査主義**）（最判昭35・4・21民集14・6・963）。もっとも，登記官は，当事者が提出する登記原因を証する情報（不登61条。登記原因証明情報といい，売買契約書などである）や他の申請書類をもとに，申請内容が真実の物権変動と合致するかある程度確認することができ，実体と齟齬があると判断した場合は申請を却下する（不登25条8号）。その意味では，一定程度実質的な審査も行っているといえる。

④　登記の有効要件

　登記が有効に成立し，公示方法としての効力を有するためには，①登記が実体上の権利関係と合致していること（実質的要件），②不動産登記法その他の登記に関する法律に定める手続に従っていること（形式的要件），が必要である。

　登記申請がなされると，登記官が提出された書面をもとに登記申請を受理するかどうかを判断する。登記官は，提出された書面の範囲内でのみ実体関係を

調査するに過ぎず，形式的審査権限しか有していないことから，実際の権利関係に合致しない登記や手続上不適法な登記を完全に防ぐことは難しい。

（1）実質的要件　　実体上の権利関係と合致しない登記は，原則として無効である。そもそも登記は，物権の現状ないし物権変動の状態を公示することを目的とするものである以上，実体と合致しない登記に効力を認めることはできない。他方で，一度有効に成立した登記を別の権利を公示するために流用したり，A から B，B から C へと権利が移転した際に B を省略して直接 A から C へ登記を移転したりした場合の登記は，少なくとも現在の権利関係については正しく公示しているのであり，このような登記を有効と認めるべきではないか争われてきた。

（a）登記の流用　　たとえば，債権者 A，債務者 B の間で，A の債権を担保するために B 所有地を目的として抵当権を設定しその登記をしたが，その後 B が債務を弁済したとする。この時点で A のための B 土地上の抵当権は消滅し，抵当権の登記も効力を失うが，再度 B が A から融資を受け抵当権を設定した場合に，再び登記申請をすると費用がかかることから，そのまま前の抵当権の登記を後からの融資を担保するための抵当権の登記として流用するケースが多く見られた。

判例は，流用登記の効力について，原則として否定している（最判昭 40・5・4 民集 19・4・797。滅失した建物の登記を，その跡地に新築された建物の所有権保存登記に流用することは許されないとした事案）。

ただし抵当権については，第三者に不測の損害を及ぼさなければ流用を認めている。すなわち，債権者 A が債務者 B の所有地を目的として抵当権の登記をした後，弁済により被担保債権が消滅したにもかかわらず，その後 AB 間の別の債権に一旦消滅した抵当権の登記を流用した場合は，流用後の第三者の利益を害さず，AB 間の流用登記の効力は有効であるとする（大判昭 11・1・14 民集 15・89。抵当権登記の流用後に抵当権が存在することを前提に目的不動産を買い受けた者は，抵当権登記の欠缺を主張する正当な利益を有しないとされた事案）。他方で，AB 間の流用前に C が利害関係を取得した場合は，流用を認めると，C よりも

後の AB 間の流用した抵当権が一番抵当権となってしまうことから認められないとされている。

(b) 中間省略登記　　**中間省略登記**とは，実体上 A から B，B から C へと不動産の所有権が移転したにもかかわらず，登記名義について B を省略し，A から C へ直接なされる登記をいう。登録免許税や手続費用を抑えるために，かつてはしばしばなされていた。しかし，登記は実体上の物権変動の流れを正確に反映する必要があるためこのような中間省略登記を認めるべきではなく，その効力が問題となる。

判例は，中間省略登記に関して，①すでに C へ中間省略登記がなされてしまった場面と，②まだ中間省略登記をする前とで区別する。

①すでに中間省略登記がなされた場面では，中間者に登記を請求する客観的利益がない場合は，その中間省略登記を有効と認める。たとえば，すでに C が B へ代金を支払っており，B が C へ同時履行の抗弁権を主張して登記名義の移転と引換えに代金の支払いを求める必要がない場合などは，その時点での実体の権利関係と合致している以上，その中間省略登記に対抗力があるとする（最判昭 35・4・21 民集 14・6・946）。

これに対して，②まだ登記手続をする前は，たとえ ABC 間で合意があったとしても認めるべきではないと解されている。この場面では，なされた中間省略登記の有効性ではなく，これから中間省略登記をするための請求権が C にあるか否かが問題となるが，判例は，物権変動の過程を忠実に登記記録に反映させようとする不動産登記法の原則に照らし許されないとした（最判平 22・12・16 民集 64・8・2050）。

中間省略登記の問題は，従来，登記申請の際に登記原因証書（売買契約書など物権変動の原因を証明する書面）の添付が必ずしも必要ではなかったため，形式的審査権しか有しない登記官は書面上現れない B との取引をチェックできず，B への権利移転を省略して登記できてしまうことから生じていた。しかし，平成 16 年の不登法の改正により，これまで登記の申請の際に必要とされていなかった登記原因証明情報（売買契約書など）を添付することが定められたこ

とから（不登61条），AB 間，BC 間の売買契約書等を添付しなければならず，中間省略登記をすることが事実上不可能になった。また不登法改正の趣旨からも，中間省略登記を求める請求権は認められないといえる（後述の登記請求権にも関係する）。

(2)　形式的要件　　登記が有効に成立するためには，登記に対応する権利関係が存在することに加えて，手続上適法である必要がある。不登法では，手続上不適法である事項を示しており，これらに該当する申請は却下すべき旨を定めている（不登25条など）。

他方で，手続が不適法であっても実体上の権利関係と合致している場合はなされた登記の効力を認める判例があり，実体関係に合致する限り，形式的要件は緩やかに解されている。たとえば，未成年者の申請に必要な親権者の同意書が欠けていた場合や（最判昭37・3・16民集16・3・567），登記の申請書が偽造された場合でも，その登記は有効とされた事案がある（最判昭41・11・18民集20・9・1827。登記義務者が登記手続に協力しないため登記権利者が書面を偽造して登記申請をした事案）。

⑤　登記請求権

(1)　法的性質　　登記請求権とは，登記権利者が登記義務者に対して，登記申請に協力するよう請求する権利のことである。たとえば，A が所有地を B へ売却した場合に，買主 B が A に対して B に登記を移転するよう請求したり，不法に C 名義となっている際に A が C へ C 名義の登記を抹消するよう請求したりする権利である。この請求権は，売買契約から発生する債権的な請求権であるように思える一方，所有者が登記を求める場合には物権的請求権とも解することができるため，その法的性質をどのように解するべきか争いがある。学説上は，登記請求権は一つの根拠に基づいて発生すると考えて統一的に説明する見解が主張されていた（一元説）。しかし，統一的に説明することは難しく，判例も従来から場合に応じてその根拠を示してきた。このため，現在は統一的に説明するよりも，登記請求権が生じる場面ごとに，個別に登記請求権が発生

する根拠を類型化すれば足りるとする見解が有力である（多元説）。多元説の立場の中でも，登記請求権を以下の3つに分類する見解が有力である。

① 物権的請求権として当然に生じる場合（物権的登記請求権）　所有権その他の物権を有する者が，登記名義人に対して，物権に基づいて登記を求める請求権である。たとえば，本当はA所有地であるにもかかわらず，B名義で登記がなされているような場合に，AがBに対して，不正なB名義の登記を抹消請求する場合がこれに該当する。

② 物権変動の事実から生じる場合（物権変動に基づく登記請求権）　物権的登記請求権と異なり，物権変動の過程および態様に合致させることを内容とする登記請求権も認められる。たとえば，AからB，BからCへと不動産所有権が移転したが登記がA名義のままであるような場合，BはすでにCへ不動産を売却しており所有者ではないため物権的登記請求権はない。しかし，まだCから代金を受領していない場合にBは同時履行の抗弁権を主張するために登記を備える必要があり，また，物権変動の過程を登記に反映させるという登記制度の趣旨からも，Bに登記請求権が認められるべきである。そこで，このような登記請求権が，物権的登記請求権と区別して認められている。判例も，AからB，BからCへと不動産が転売され登記名義が順次移転したが，これらの所有権移転がいずれも無効であったという場合に，実体上の物権変動に応じた登記をするために登記請求権を有するとして，BからCへの抹消登記請求を認めた（最判昭36・4・28民集15・4・1230）。

③ 当事者間の債権関係から生じる場合（債権的登記請求権）　当事者間の債権関係，たとえば売買契約などに基づいて生じる，契約上の請求権の性格をもつ登記請求権である。債権的登記請求権は，時効により消滅する点が，物権的登記請求権との違いである。

(2) 登記引取請求権　登記義務者が登記権利者に対して有する，登記名義の引取りをせよという請求権をいう。判例もこれを認めている（最判昭36・11・24民集15・10・2573）。

相続登記の義務化

　近年，不動産相続後も登記名義を移転しないまま相続が繰り返されるなど，登記簿を見ても誰が所有者なのか分からない土地が増加し，災害復旧やまちづくりなどに支障をきたすことが指摘され社会問題化していた。このため，令和6年4月1日から相続登記が義務化されることになった。

　この改正により，相続によって不動産を取得した相続人は，自己のために相続の開始があったことを知り，かつ，その不動産の所有権を取得したことを知った日から3年以内に相続登記の申請をしなければならず（不登76条の2第1項），仮に，申請義務を負う者が正当な理由なく申請を怠ったときは10万円以下の過料に処せられることになった（不登164条1項）。この申請義務は，施行前に生じた相続にも適用される。ただし，登記の申請をする義務を負う者が，その期間内に法務省令に従い登記官に対し，相続が開始した旨および自らが当該所有権の登記名義人の相続人である旨の申し出をすれば，登記の申請義務を履行したとみなされる（不登76条の3第1項・第2項）。申出を受けた登記官は，職権で申出者の氏名・住所等を所有権の登記に付記することができる（不登76条の3第3項）。このように，相続登記を義務化する一方で登記手続の負担を軽減し，現在の所有者が誰であるかを知ることができるように規定された。

　また，いったん法定相続分で相続登記をした後に，遺産分割協議により法定相続分よりも多く所有権を取得することになった者は，その遺産分割の日から3年以内に所有権移転登記を申請しなければならない（不登76条の2第2項）。

　さらに，いったん登記しても，登記記載の住所が変わると連絡が取れないなどの不都合が生じるため，所有権の登記名義人が氏名・住所を変更した際にも，その変更があった日から2年以内に登記の申請をすることが義務づけられている（不登76条の5）。この義務を正当な理由なく怠った場合も，過料が課せられる（不登164条1項）。

　これらの相続および氏名・住所変更の登記は，民法改正によらず公法上の登記申請義務として義務化されており，また不動産の所有権取得に限定されている点に注意すべきである。

2　不動産登記の対抗力

1　対 抗 と は

　不動産物権変動は，登記をしなければ第三者に対抗できない（民177条）。すなわち，物権変動そのものは意思主義（民176条）により意思表示のみで発生するが，これはあくまでも当事者間の関係のみについてであり，生じた物権変

動を当事者以外の第三者に対して「対抗」（主張）するためには登記が必要である，ということである。これは，反対からいえば，登記を備えなければ，生じた物権変動を第三者に対抗できないことを意味する。

② 「対抗することができない」という意味

　たとえば，Aが自己所有の土地をBへ売却した後，Bへ名義を移転する前にCへ同じ土地を売却したとする。このような場合Bは，民法177条により，契約当事者ではない第三者のCに対して，登記を備えなければ所有権の取得を対抗できず，仮にCが先に登記を備えた場合にはCが所有者になるというのが現在の判例の立場である。しかし，そもそも民法176条によれば，当事者間で意思表示があればAからBへ所有権が移転し，登記名義がAのままであったとしても所有者はBになる。そうすると，無権利者であるAからCへ所有権が移転することはありえないはずである。この一見矛盾する二つの条文をどのように解するべきか。いわゆる二重譲渡の場面で，民法177条の「登記がなければ対抗できない」という意味が，意思主義を定める民法176条との関係で問題となる。

　なぜこのような，矛盾するとも考えられる規定が並べて定められたのかについては，歴史的な経緯から説明されている。すなわち，母法であるフランス法では当初日本民法176条に相当する意思主義を定める規定のみを置いていた。そこでは，意思主義が貫かれて第二譲受人のCは権利を取得できないとされていたところ，その後，取引の安全を図るために謄記に関する特別法が制定され，たとえ第一譲受人のBが先に契約していても謄記を備えていなければ後から契約して登記を備えたCに対抗できないと定められて二重譲渡が可能になったという経緯がある。わが国の民法は，このような状況のフランス法の規定を継受したとされる。

　現在主な学説は，二重譲渡の法律関係について，民法176条は意思表示のみによって所有権の移転が生ずると定めているが，民法177条により制限され，対抗要件（登記）を備えることによりはじめて排他的に譲受人に所有権が帰属

すると考える（**不完全物権変動説**）。この立場は，当事者間および第三者に対する関係でその効力が生じるけれども，登記を備えない限りその効力は不完全であり，したがって対抗要件である登記を備えないときは譲渡人であるＡも完全な無権利者にはならないから，二重に譲渡することは可能であるとする。最高裁は不完全物権変動説の立場に立っていると解されている（最判昭33・10・14民集12・14・3111）。

　これに対して，民法176条によりＡが無権利者であることを認めつつ，登記に公信力を認めて，Ｃが登記を善意無過失で信頼している場合は，Ａ名義の登記の公信力によりＣが所有権を取得する，と考える見解もある（**公信力説**）。

　このように判例・通説は，1個の不動産をめぐり複数の物権の取得者が生じることを認めており，その際の優劣は民法177条によって処理する。この対抗問題は，①そもそもどのような物権変動が生じた場合に登記を必要とするのかという民法177条の適用範囲の論点と，②民法177条が適用されるとして，登記がないと対抗できない民法177条の「第三者」とはどのような者かという第三者の範囲の論点に区別される。

③　民法177条の適用範囲

　物権変動は，契約などの意思表示に基づいて生じる場合と，相続や時効のように意思表示によらないで生じる場合がある。通説は契約による物権変動（売買や贈与など）に民法177条を適用するだけでなく，意思表示によらない場合も第三者へ対抗するためには登記が必要であるとしている（**無制限説**）。判例も，生前相続の事案について，被相続人Ａが相続人Ｂへ生前相続させた一方，Ａが第三者Ｃへ同一不動産を譲渡した場合について，Ａを中心とする二重譲渡ととらえて民法177条を適用して処理をした（大連判明41・12・15民録14・1301）。この判例により，契約などの意思表示による物権変動以外にも民法177条の適用があるという立場が示され，その後，時効取得の事案にも適用を認めたことから（大連判大14・7・8民集4・412），判例は無制限説の立場であるとされている。なお，平成30年の相続法改正により，相続持分の取得に関する事案について

民法899条の2が設けられ，第三者に対抗するために登記が必要である旨定められた。以下，具体的なケースごとに検討する。

(1) 取消しと登記　A所有の土地をBへ売却し，その後AB間の売買契約を取り消したが，Bから譲り受けた転得者Cがいるという場合，AとC，いずれが所有権を有することになるかについて，判例はCが取消前に現れたか，取消後に現れたかで民法177条の適用の有無を区別する。

(a) 取消前の第三者のケース　AがBの詐欺によりA所有地をBへ売却したことから，AB間の売買契約を取り消したが，取り消した時にはすでに第三者Cへ転売されていたという場合は，民法96条3項が適用される場面であり，民法177条は適用されない。AB間の売買契約が取り消されたら，取消しの遡及効（民121条）によりBは無権利者となってCは権利を取得できないことになり，対抗関係とは場面が異なる。もっとも，Cが民法96条3項の「第三者」として保護される可能性があり，その際に登記が必要とされるのかが問題とされている。

判例は，Cが保護されるために登記は不要であると判示したことから，登記不要説の立場であるとされている（最判昭49・9・26民集28・6・1213。ただし，この判例をめぐっては，事案の特殊性から本当に登記不要説の立場であると解釈してよいか争いがある。Case参照）。

なお，詐欺取消とは異なり，第三者保護規定のない制限行為能力者であることや強迫を理由とする取消しの場合は，第三者は保護されない点について注意が必要である。

(b) 取消後の第三者のケース　AがBの詐欺によりA所有地をBへ売却し，登記もBへ移転したとする。その後，Aは取消権を行使したが，登記をAへ回復する前に名義人のBが第三者Cへ土地を転売してしまったという場合は，上記(a)の事案と異なり，第三者CはAの取消権行使後に現れている。取消権行使後に第三者が現れた場合について，判例は，Bを中心とした二重譲渡類似の関係があるとして民法177条を適用し，ACいずれか先に登記名義を備えたほうに所有権が帰属するとする（大判昭17・9・30民集21・911）。詐欺によ

るとはいえ AB 間で売買契約が成立した以上，一旦 B へ所有権は移転し，その後取り消されたことにより B から A へ復帰的に所有権が移転する一方，BC 間の売買契約により B から C へ所有権移転が生じているため，取消権行使に基づく B から A への復帰的物権変動と BC 間の売買契約による物権変動という，B を中心とした二重譲渡のような関係が生じていると解する。

　この判例の考え方に対しては，学説から，①取消前は取消しの遡及効を貫くのに対して取消後は復帰的ととらえる点で整合性がない，②取消前の第三者は少なくとも善意でないと保護されないのに対して，取消後の第三者は登記を備えれば悪意であっても保護され不均衡である，などの批判がなされている。そして，復帰的な物権変動が生じると解するのではなく，A が取り消せば取消しの遡及効（民 121 条）により B が無権利者になることから C は原則として保護されないが，民法 94 条 2 項の類推適用によって善意の第三者を保護するべきとする見解が有力に主張されている。この見解は，A は B との契約を取り消した後，B 名義の登記を放置していた点が，虚偽の外観作出に対する帰責性がある民法 94 条 2 項の場合と類似していることを根拠にする。この見解では，結論として，詐欺による取消前の第三者は民法 96 条 3 項で，取消後の第三者は民法 94 条 2 項類推適用で保護されることになる。

> **Case**
>
> ### 詐欺における善意の第三者の登記の必要性（最判昭 49・9・9 民集 28・6・1213）
>
> 　A 社は，X から農地を含む 6 筆の土地を買い受けて，農地については農地法 5 条の許可を条件とする停止条件付所有権移転仮登記を，他の土地については所有権移転登記をし，手形を振り出して支払をした。しかし，A はその後 1 週間ほどで事実上倒産し，本件土地は A の債権者 Y のために売渡担保に供されて，農地については A の有する条件付仮登記を Y に移転する旨の登記が，他の土地については Y 名義へ所有権移転登記がなされた。その後，X は，A の詐欺を理由として売買契約を取り消し，Y に対して農地の登記の抹消登記手続を，また他の土地については抹消登記の代わりに X への所有権移転登記手続を求めた。
>
> 　原審では農地についてのみ X の請求を認めたことから，Y は，民法 96 条 3 項は対抗要件の具備を要求していないなどと主張して上告した。最高裁は，民法 96 条 1 項・3 項は，詐欺による意思表示をした者に意思表示の取消権を与えることによって詐欺被害

者の救済を図るとともに，その取消しの効果を善意の第三者との関係において制限することによって，新たな利害関係を有するに至った者を保護する趣旨であることから，民法96条3項の「第三者」はこの趣旨に照らして合理的に画定されるべきであり，「必ずしも，所有権その他の物権の転得者で，かつ，これにつき対抗要件を備えた者に限定しなければならない理由は，見出し難い」として，Yは民法96条3項の第三者に該当し保護されると判示した。

この判決をめぐり，民法96条3項による第三者保護の要件として登記は不要である，と解釈する見解もあれば，Yは仮登記の移転の付記登記まで備えており，自己の権利保全のためにできることは行っていたといえ，登記必要説の立場からも保護できる事案であり，必ずしも登記不要説の立場に立つとはいえないとする見解もある。

 Topics

民法177条と民法94条2項類推適用との違い

AがBの詐欺を理由にAB間の不動産売買契約を取り消した後に第三者Cが現れた場合について，判例は，ACの関係を民法177条で処理すべきとする一方，学説は民法94条2項を類推適用すべきとする立場が有力である。両者の違いは，民法177条によれば，登記の先後で画一的に処理できる一方，民法94条2項の類推適用によれば，第三者の善意・悪意も含めて個別具体的に判断できる点にある。

(2) 解除と登記　Aが土地をBへ売却し登記名義をBへ移転した。その後Bが代金を支払わなかったのでAが契約を解除したところ，すでにCへ当該土地は転売されていた，というような場合，取消しの場合と同じくAC間の関係をどのように解するか問題となる。

この問題は，解除の法的性質をどのように解するかとも関係するが，判例は，解除により遡及的に契約関係は解消すると解している（直接効果説，民541条1項本文）。その上で，解除前に現れた第三者との関係は民法545条1項ただし書により遡及効を制限し，解除後に現れた第三者との関係は復帰的物権変動ととらえて民法177条で処理をする。

(a) 解除前の第三者のケース　Aが土地をBへ売却し，B名義へ登記を移転したが，代金を支払わないので解除したところ，すでにCへ転売され

ていたという場合である。Cは，Aが解除権を行使する前にすでにBと契約をしている，いわゆる解除前の第三者である。この場合，AがBとの契約を解除すると，解除の遡及効によりAB間の契約ははじめから無効になり，Bは無権利者になるのでCは権利を取得できないことになる。このため，民法545条1項ただし書で第三者保護のため解除の遡及効が制限されており，Cは保護される。

　取消前の第三者の場合とよく似ているが，第三者Cが保護されるための要件が異なる。まず，民法96条3項で第三者が保護されるための要件は，登記の要否について争いはあるものの，善意無過失でなければ保護されない。しかし，解除の場合，第三者CはAの解除原因について悪意でも構わない。解除の場合は，詐欺による契約のように瑕疵のある契約ではなく契約としては完全であり，またAが解除権を行使するかどうか分からないため，Cが解除原因について知っていたとしても保護に値しないとはいえないからである。

　また，登記の有無については，これを必要とする。Aは解除権を行使したにもかかわらず権利を失うのであり，このようなAとのバランスを図るために，第三者Cが保護されるためには登記を必要とする見解が多数である。もっともこの登記を，**権利保護資格要件**としての登記と解するか，対抗要件としての登記と解するかについては争いがある。AとCは対抗関係に立つのではなく，あくまで解除の遡及効を第三者に主張できなくなるという遡及効の制限の場面であることから，権利保護資格要件として登記が必要と解されるが，判例は，対抗要件としての登記であるとしている（最判昭33・6・14民集12・9・1449。合意解除の事案であるが，第三者の権利を害することができない点は［民法改正前の］法定解除と同じであるとして，民法177条で処理する旨示した）。なお，権利保護資格要件としての登記の意味は，Cが保護されるために登記が必要であるということである。よって，登記がまだAに移転しておらずBにある場合でも，Cは保護されず，Aが権利を回復できることになる。

　　(b)　解除後の第三者のケース　　Aが土地をBへ売却し，B名義へ登記を移転したが，Bが代金を支払わないので契約を解除した。しかし，名義をA

に戻す前に，Bが第三者Cへ土地を売却してしまった場合に，AC間の法律関係をどのように解するべきか。判例は，取消しの場合と同じように，一旦Bへ移転した権利が解除によってBからAへ復帰的に変動し，他方でBからCへ物権変動が生じているとして，二重譲渡として考える（最判昭35・11・29民集14・13・2869）。したがって，AC間は登記の先後で決せられることになる。

この判例の考え方に対しては，取消しの場面と同じく，解除の遡及効によってBが無権利者となる以上Bから権利を取得することはできず，Cは民法94条2項を類推適用することによって保護すべきとする立場が主張されている。

 Topics

錯誤の効果と 177 条

錯誤は，その効果につき無効とされ，第三者保護規定も定められていなかったところ，令和2年の法改正により，詐欺と同じくその効果は取消しに（民95条1項），また善意無過失の第三者を保護する旨明文で定められた（民95条4項）。

今後は，詐欺取消の場面と同じく，取消前の第三者か取消後の第三者で，錯誤取消をした表意者と第三者との関係を177条の対抗関係で処理するか判断すると考えられる。

(3) 相続と登記　(a) 単独相続の場合　相続という意思表示に基づかない所有権移転も，民法177条の物権変動に含まれる。もっとも，相続原因は死亡のみであり，被相続人を起点とした相続と他の物権変動が生じることは想定できない。ただし，たとえば，亡Aが生前に自己所有の不動産をBへ売却していたが，B名義にする前に死亡して，子Cが単独で相続し，その不動産をCがDへ譲渡したというような場合，CはAの法律上の地位を承継し法的に同一視できるため，BとDは対抗関係であり，先に登記を備えた者に所有権が確定的に帰属する。

(b) 共同相続の場合　亡Aの土地を法定相続人BCが2分の1ずつ持分を取得した際，Bが書類を偽造するなどして勝手にBの単独所有名義で登記をし，第三者Dへ売却した場合に，他の共同相続人Cは自己の持分2分の

1について登記がなくてもDに対抗できるであろうか。CD間が民法177条の対抗関係となるかが問題となる。

この点判例は，Cの持分についてBは無権利者であり，DはBからC持分の2分の1を取得することはできず，Cは登記がなくてもDに自己の持分2分の1を主張できるとした（最判昭38・2・22民集17・1・235）。すなわち，CD間は対抗関係ではないと解している。なお，前述のとおり，Dは民法94条2項類推適用によって保護される可能性はある。

(c) 遺産分割と登記　　共同相続人間で遺産分割協議を行った場合，その効力は原則として相続開始時に遡及する（民909条本文）。たとえば，亡Aの相続人BC間でAの土地について遺産分割を行い，Bが単独相続することになったとする。このBC間の遺産分割の前，または分割後に，Cの法定相続分2分の1の持分に関してCの債権者Dが差し押さえた場合に，BとDの法律関係をどのように解するべきであろうか。Dが遺産分割前に利害関係を有するに至ったか，遺産分割後に利害関係を有するに至ったかで民法177条の適用の有無が区別されている。

　(ア)　債権者が遺産分割前に債務者の相続分を差し押さえた場合　　BC間の遺産分割の遡及効により，Bが相続開始から所有権を取得することになる（民909条本文）。そのためCは無権利者であり，DがCの相続分を差し押さえたとしても効力は生じないはずであるが，第三者を保護するために民法909条ただし書で遺産分割の遡及効を制限している。したがって，遺産分割前の第三者は，民法909条ただし書により保護されるが，そのためには権利保護資格要件としての登記が必要と解されている。

　(イ)　債権者が遺産分割後に債務者の相続分を差し押さえた場合　　遺産分割後，Bがまだ登記を備えない間に債権者DがC持分を差し押さえてその登記をした場合，Bは法定相続分をこえる権利の取得については登記を経由しないと対抗できない（民899条の2）。

(d) 相続放棄と登記　　相続放棄をした場合，放棄をした者ははじめから相続人ではなかったとみなされる（民939条）。よって，亡Aの相続人BCがい

た場合，Ｃが相続放棄をすれば，はじめからＢのみが相続人であったことになり，Ａが所有していた土地はＢが単独で相続することになる。仮にＣが相続放棄をしたにもかかわらず，Ｃの債権者ＤがＣの法定相続分２分の１を差し押さえた場合に，ＤとＢの関係をどのように解するべきか，遺産分割のケースと同じように問題となる。

　(ア)　債権者が，相続放棄前に持分を差し押さえた場合　　相続放棄前に持分を差し押さえたとしても，放棄の遡及効（民939条）によって差押えは失効することから，対抗問題は生じない。

　(イ)　債権者が，相続放棄後に持分を差し押さえた場合　　第三者である債権者Ｄが，Ｃの相続放棄後にＣの持分を差し押さえた場合，Ｂは登記がなくてもＤにＣの法定相続分について所有権の主張ができるか。この点判例は，相続放棄の遡及効は絶対的であるとしてこれを貫き，ＢはＣの相続放棄により相続開始時から所有権を承継するため，Ｄの行ったＣ持分に対する仮差押登記は無効であり，Ｂは登記がなくてもＤに所有権を主張できるとした（最判昭42・1・20民集21・1・16）。なお，相続放棄の遡及効によりはじめからＢが権利を取得する以上，民法899条の2の「超える部分」は存在せず，同条の適用はないと考えられる。

　遺産分割協議の場合は遡及効を制限して第三者を保護したのに対して，相続放棄の場合は遡及効を貫く理由として，①民法909条ただし書のような第三者保護規定が民法939条にはなく，相続放棄は遡及効を貫くのが法の趣旨であると解されること，②相続放棄は遺産分割協議と異なり放棄できる期間が3ヵ月と限られており，第三者を害する恐れが少ないこと，があげられている。

　(e)　遺贈と登記　　亡Ａが，Ｂに対して自己所有の不動産を遺贈する旨の遺言をしていた場合，Ａの死亡によって所有権はＡからＢへ直接移転する（民985条1項）。そこで，遺贈をうけたＢが登記を備えない間に，Ａの相続人Ｃの債権者Ｄが，当該不動産をＣが相続したと考えて差し押さえた場合に，Ｂは登記がなくてもＤに対して所有権を対抗できるかが問題となる。

　この点判例は，ＡからＢへの遺贈は新たな物権変動であるとして，ＡからＢ，

またA（＝C）からDの二重譲渡の関係と同様にとらえ，Bは登記を備えなければDに所有権を主張できないとした（最判昭39・3・6民集18・3・437）。受遺者に相続人以外の第三者を含む以上，対抗関係の判断基準を定める民法177条を適用するのが妥当といえる。

　（f）　相続させる旨の遺言と登記　　被相続人の，特定の相続人に，特定の不動産を「相続させる」旨の遺言を，特定財産承継遺言という（民1014条2項）。この遺言の内容について，最高裁は，遺産分割方法の指定であり，被相続人の死亡の時に直ちに相続により承継されるとの解釈を示し（最判平3・4・19民集45・4・477），この物権変動は，登記がなくてもその権利を第三者に対抗することができるとする解釈を示していた（最判平14・6・10判時1791・59）。しかし，民法899条の2が平成30年に新設され，相続による権利の承継は，遺産の分割によるものか否かにかかわらず，法定相続分を超えて取得した分については，登記を備えなければ第三者に対抗できない旨定められた。このため，上記最高裁の先例としての意義は失われ，対抗するためには登記が必要となった。

　(4)　取得時効と登記　　判例は，意思表示に基づかない物権変動である時効についても民法177条の適用を認める。そのため，A所有の土地をBが時効取得した場合に，ABは物権変動の当事者であり，Bは登記名義がなくても，前主にあたるAに対してはBの所有であると主張できるが，A以外の者に時効による所有権の取得を対抗するためには登記が必要となるのではないかが問題になる。この点判例は，時効完成前に第三者が現れた場合と，時効完成後に現れた場合とで当事者と考えるか対抗関係と考えるか区別する。

　(a)　取得時効完成前の第三者のケース　　判例は，Bの時効完成前にAがCへ土地を譲渡していた場合は，CはAの地位を承継しており，時効完成時に所有者であるCとBとは当事者類似の関係であるため，Bは登記がなくてもCに対して所有権を主張できるとする。

> Ｂ が Ａ 所有地を時効取得したが，時効が完成する前に Ａ が Ｃ へ土地を譲渡していた場合，Ｂ は登記がなくても Ｃ に対して所有権を主張できる。

図表 1 - 3　時効完成前の第三者

（b）　取得時効完成後の第三者のケース　　判例は，Ａ が，Ｂ の時効完成後に土地を Ｃ へ売却した場合は，Ａ を中心とした二重譲渡の関係であるととらえて民法 177 条を適用し，BC 間は登記の先後で決する。

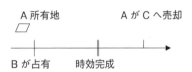

> Ｂ が Ａ 所有地を時効取得したが，Ｂ 名義へ登記する前に Ａ が Ｃ へ土地を譲渡した場合，BC 間は民法 177 条により登記の先後で決する。

図表 1 - 4　時効完成後の第三者

（c）　取得時効による物権変動に関する判例法理　　判例は，時効取得者 Ｂ と承継取得者 Ｃ との関係について，時効完成の先後によって民法 177 条の適用を判断するのとあわせて，以下の５つの確立した基準を示している。

① 　元の所有者 Ａ と，時効取得者 Ｂ は，当事者類似の関係になるので，Ｂ は Ａ に対して登記なくして時効取得を対抗できる（大判大 7・3・2 民録 24・423）。

② 　時効完成前に元の所有者 Ａ から不動産を譲り受けた Ｃ に対して，Ｂ は登記なくして Ｃ に時効取得を対抗できる（最判昭 41・11・22 民集 20・9・1901）。Ｃ は，Ａ から所有権を承継取得し，Ｂ は，時効完成時に所有者である Ｃ から時効を原因として所有権を取得するので，①の時効取得者 Ｂ と Ａ との関係と同じような当事者類似の関係になると考える。

③ 　時効完成後に元の所有者 Ａ から不動産を譲り受けた Ｃ は，Ａ を中心とした二重譲渡と同じ関係になるので，時効取得した Ｂ と対抗関係になり

民法 177 条が適用される（大連判大 14・7・8 民集 4・412）。

④　時効の起算点は B が占有を開始した時点であり，ずらすことができない（最判昭 35・7・27 民集 14・10・1871）。仮に善意無過失の B が占有を開始して 11 年後に C が A から承継取得し，その後引き続き B が 8 年間占有を続けた場合に，起算点をずらすことを認めれば，今から 10 年前の時点から時効の起算をすることが可能となり，C は時効完成前の第三者になる。ゆえに B は C とは当事者類似の関係になって登記は必要ないことになり，上述のように時効完成の前後で民法 177 条の適用の有無を区別することができなくなってしまう。このため，時効の起算点はずらせない。

⑤　B の時効完成後，C が登記を備えたために B が時効取得を対抗できなくなった後，そのまま占有を続けて再び時効が完成した場合，C と B は当事者類似の関係になるので，B は登記なくして C に時効取得を対抗することができる（最判昭 36・7・20 民集 15・7・1903）。具体的には，A 所有地を B が時効取得した後，登記を移転しない間に A が C へ土地を売却して C が登記を備えた場合に，C の登記後もそのまま B が占有を続けて再び時効期間が経過すれば，B の時効完成時の所有者は C であり，①の場合と同じく当事者類似の関係になる。このため，登記がなくても B は C に所有権の取得を主張できる。

このように判例は，時効完成前の第三者か時効完成後の第三者かで民法 177 条の適用を区別するが，この基準をあてはめると具体的場面で不都合が生じるとして，判例の基準とは異なる見解が主張されている。

　(d)　判例とは異なる見解（類型論）　　上記①から⑤の判例の考え方に従うと，たまたま B の時効完成後に C が A から権利を取得すると B は登記が必要になり，B の地位があまりに異なることになる。また一般的に善意無過失の B と悪意有過失の B とでは，前者のほうがより保護されるべきと考えられるところ，10 年で時効が完成する善意無過失の B は，20 年で時効が完成する悪意有過失である場合と比べるとむしろ登記が不要である期間が短くなるうえに，不動産を自己所有であると思って占有している以上，時効完成後すぐに自己名

義に登記をするということは想定できず，時効完成の前後で民法 177 条の適用を区別する判例の基準は，あまり現実的ではないといえる。そのため，時効完成の前後ではなく，時効取得が主張される事案を二重譲渡型と境界紛争型に区別し，二重譲渡型の場合には登記が必要であり，境界紛争型の場合には登記は不要とする見解が主張されている。この立場は，A 所有不動産が B に時効取得され，他方 AC 間で売買がなされたような二重譲渡型の場合は，民法 177 条が想定している典型的な場面であり，登記で決着をつけるべき場面と解する。他方で，隣接する A の土地の一部を B が占有していたところ，A が B 占有部分を含めて C へ売却した場合などのような境界紛争型の場合は，もともと自分の土地だと思っているので B 自身が登記をするという意識を持たないため，B は時効完成の前後に関係なく，登記なしに C に対抗できると考える。この見解に対しては，取得時効の原因に遡って登記の要否を決することになるが，それは取得時効の趣旨に合わないとの批判がなされている。

④ 民法 177 条の「第三者」の範囲
 (1) 民法 177 条の「第三者」とは　　民法 177 条には，その登記をしなければ「第三者」に対抗することができないと定められている。これは反対からいえば，民法 177 条の「第三者」に該当しない者に対しては登記がなくても対抗できることを意味する。そこで，民法 177 条の「第三者」とはどのような者が該当するのか，「第三者」の範囲が問題となる。
　かつては，条文の文言上何の制限も設けていないことから，物権変動の当事者（たとえば，売買契約の当事者や時効取得における元の所有者と時効取得者など）とその包括承継人以外のすべての者が第三者に含まれると解していた（無制限説）。しかしこの立場に立つと，たとえば A から土地を譲り受けたが，まだ登記名義を移転していない B は，土地の不法占拠者 C に対しても所有権の取得を対抗できなくなってしまう。これはあまりに不当であることから，「第三者」に該当する者を制限する必要があった。
　このため判例は，民法 177 条の「第三者」とは，物権変動の当事者およびそ

の包括承継人以外の者で，かつ，登記の欠缺を主張する正当な利益を有する者をいうとする立場を示した（大連判明 41・12・15 民録 14・1276）。この判例により，民法 177 条の「第三者」は，物権変動の当事者およびその包括承継人以外の者で，かつ，利害が相反する相手方の登記の欠缺を主張する正当な利益を有する者だけが該当することになり，その範囲が制限されることになった。現在この立場が通説である（制限説）。

　なお，二重譲渡における第二譲受人が第一譲渡について悪意であったとしても，民法 177 条の「第三者」に含むと解するのが通説・判例の立場である。仮に，悪意か否かが物権変動の効力に影響を及ぼすことになると，登記制度の客観性，画一性を著しく害することになるため，たとえ悪意であっても，登記の先後により画一的に決するべきというのがその理由である。しかし，「第三者」に悪意者は含まないとする見解も有力に主張されている（悪意者排除論）（後述）。

 Topics

民法 177 条の「第三者」

　制限説を採用した最初の判決は，大連判明治 41 年 12 月 15 日（民録 14・1301）であり，原告 X が，A から買い受けた未登記の建物の所有権確認を被告 Y に対して求めた事案である。Y は，当該家屋は X 所有であると以前一度承認したにもかかわらず，その後，当該家屋は自ら建築して原始取得したと主張したことから争いとなった。X からの所有権確認の訴えに対して，Y は，X は登記を備えていない以上 Y に所有権取得を対抗できないと主張したが，大審院は，民法 177 条の「第三者」とは，当事者および包括承継人以外の者で，不動産に関する物権の得喪変更の「登記欠缺ヲ主張スル正当ノ利益ヲ有スル者」という基準を示して，X の請求を容認した。民法の起草者は，民法 177 条の第三者について無制限説の立場をとっていたとされるが，この判決を機に，制限説の立場が定着した。また，これまで登記の先後による画一的処理を想定していたが，登記の欠缺を主張する正当な利益があるか個別具体的に判断することになった。後述の背信的悪意者排除論は，取得者の主観的態様も含めて個別具体的に正当な利益の有無を判断することから，制限説の考え方を徹底するものであるという評価がされている。

　(2)　民法 177 条の「第三者」に含まれる者　　民法 177 条の「第三者」には，同一不動産について互いに相容れない権利を有する者が含まれる。両立し得な

い物権相互間の優先的効力を争う第三者，または食うか食われるかの関係にある第三者，とも表現される。以下，具体例を示す。

(a) 物権を取得した者　　A所有地をBが取得した場合に，Bは登記を備えなければ，同一不動産について所有権，地上権，抵当権その他の物権を取得したCに対して所有権の取得を対抗できない。仮に，Cが所有権を取得したのであれば典型的な二重譲渡の場面であり，先に登記を備えた者に所有権が確定的に帰属する。また，Cが地上権や抵当権を取得した場合は，Bの所有権取得登記よりも先にそれらの登記を備えれば，BはCの地上権や抵当権の負担がついた所有権を取得することになる。

取引対象である不動産が未登記であった場合も同様である。たとえば，A所有建物をBが取得し，同じ建物をAからCが取得した場合には，先に保存登記をした者が所有権を取得する。また，Bが保存登記をしない間に売主のAが自己名義に保存登記をして，建物を目的とするCの抵当権を設定した場合には，Cの抵当権の負担のついた所有権をBは取得することになる。

(b) 差押債権者　　A所有の不動産を差し押さえたCも「第三者」に含まれる（最判昭39・3・6民集18・3・437）。差押債権者は，当該不動産を競売してそこから自己の債権の回収を図るのであり，不動産の譲受人と相容れない関係といえるからである。具体的には，A所有不動産をBが取得したが，所有権移転登記未了の間にAの債権者Cが当該不動産を差し押さえた場合は，Bは第三者異議の訴え（民執38条）を提起して所有権をCに対抗することができず，Cの差押えが有効となる。

これに対して，Cが差押えまでしていない一般債権者である場合，「第三者」には当たらない。一般債権者は，債務者の一般財産（執行可能な全財産）に利害関係はあるが，目的となっている不動産に直接利害関係はないからである。

(c) 目的不動産の賃借人　　A所有不動産をCが賃借していたところ，Aが当該不動産をBへ譲渡したというような場合に，新所有者Bと賃借人Cとの関係が対抗関係となるか争いがある。そもそも賃借権は債権であり，物権の取得を争う関係ではないが，不動産賃借権の物権化によって対抗関係に立つと

解される場合がある。

　まず，新所有者Bが，Cの賃借権を認めずに明渡しを求める場合は，BCは対抗関係であり，Cは「第三者」にあたる。したがって，BがCへ明渡しを請求するには，Cが賃借権について対抗要件（民605条の登記，借地借家10条・31条）を備える前に，Bが所有権の登記を備えなければ対抗できない。先に賃借権の対抗要件が備わった場合は，Bは賃借権の負担のついた所有権を取得することになる。

　これに対して，新所有者Bが，Cの賃借権を争わずに賃料をCに請求する場合は，明渡しを求める場合と異なり賃借権の存在を認めており，対抗関係ではないようにも思われる。しかし，判例はこの場合も，土地の賃借人としてその借地上に登記ある建物を所有するCは，土地の所有権の得喪につき利害関係を有する第三者であるとして，Bは登記がなければCに対抗できない（したがって賃貸人の地位も移転せず，賃料を請求できない）とし（最判昭49・3・19民集28・2・325），この判例法理が平成29年に明文化された（民605条の2第3項）。

　学説上は，対抗問題ではないとしつつ，貸主として賃料を請求したり，賃貸借契約を解除したりするためには，Bが確実に所有権を取得しているということを明らかにして，Cが不安定な地位（Aの二重譲渡によりCが賃料を二重払いすることになるなど）に陥ることを防ぐために，登記が必要であるとする。もっとも，この場合の登記は，対抗要件としての登記と区別して，権利保護資格要件としての登記であると解されている。

　(3)　民法177条の「第三者」に含まれない者　　民法177条の「第三者」に含まれない者とは，権利を争う相手方に登記がないことを理由に，物権変動が生じたことを否定することが許されない者である。不法占拠者などが典型例である。このような者は「第三者」に含まれないため，権利を争う者は登記がなくても対抗できることになる。

　　(a)　不動産登記法5条に該当する者　　不登法5条では，詐欺，強迫により登記の申請を妨げた第三者（同条1項），また他人のために登記を申請する義務を負う第三者（同条2項）は，相手に登記がないことを主張して自分が権利

者であることを対抗できない旨定めている。他人のために登記の申請義務がある者とは，法定代理人，破産管財人や登記を受任した司法書士などである。

(b) 無権利者・不法占拠者　書面を偽造するなどして，実体上の権利はないが登記名義だけ備えたような無権利者は，たとえ登記名義を備えていたとしても，「第三者」に含まない。たとえば，Cが文書を偽造してC名義に登記したというような場合，Cは無権利者であってたとえ登記を備えたとしてもそのような登記は無効である。したがって，Cは民法177条の「第三者」に含まれない。

同じく，不法占拠者も「第三者」に含まない。たとえば，A所有地をBが買い受けた場合に，その土地を不法占拠しているCに対して，Bが自己の所有権に基づき明渡しを求めたり，損害賠償を求めたりする際に，Bは登記を備えていなくてもよい。なぜなら，Cは，Bが登記を備えていないことを主張する正当な利益を有していないからである（最判昭25・12・19民集4・12・660）。

(c) 前主と後主の関係にある者　不動産がAからB，BからCへと順次譲渡されたが，まだAに登記がある場合に，CはAに対して登記名義を備えなくても所有権の取得を対抗できる。AはBに登記移転義務があり，Aの義務の履行によりBがCに登記を移転できる関係にあり，そもそもAはCの登記の欠缺を主張する正当な利益がないからである（最判昭39・2・13判タ160・71）。

(d) 背信的悪意者　不登法5条のような明文に該当するような場合でなくても，登記の欠缺を主張する正当な利益がないといえるような者を**背信的悪意者**とよび，民法177条の「第三者」に含まないとする判例法理が確立している。判例は，たとえばAからB，AからCへと不動産が二重譲渡された場合に，第二譲受人CがAB間の第一売買について悪意であったとしても，それだけではCを「第三者」からは排除せず，BCいずれか先に登記を備えた者が所有権を取得するとしている。しかし，仮にCが暴利をむさぼる目的であるなど，単なる悪意ではなく背信性があると認められるような場合には，Cを背信的悪意者として民法177条の「第三者」から排除し，Bは登記がなくてもCに対

抗できるとする。

　この法理は明文の規定はなく判例により形成されてきたことから，どのような場合に背信的悪意者と認められるかの判断基準ないし類型が問題となる。以下，AB 間で第一売買がなされた後に AC 間で第二売買がなされたという事案に即して，背信的悪意者の類型を示す。

　　(ｱ)　不動産登記法 5 条に類似する者　　詐欺または強迫によって登記の申請を妨げた者，また他人のために登記申請をする義務を負う第三者は，民法 177 条の第三者に含まれない（不登 5 条）。しかし，たとえば C が AB 間の取引の際の立会人や仲介人として関与していた場合などは，確かに不登法 5 条に示されている者に該当しないが，それに類するといえることから，背信的悪意者に該当するといえる（最判昭 43・11・15 民集 22・12・2671。AB 間の山林贈与をめぐる紛争解決のために C が立会人となって B の所有権を認める和解が成立した後，C が B の登記の欠缺を主張する正当な利益を有しないとされた事案）。

　　(ｲ)　害意がある者　　単なる悪意ではなく，第一譲受人を害して暴利をむさぼる目的であるなど，C に害意がある場合には，背信的悪意者として「第三者」から排除される。たとえば，B が A から取得した山林の名義が A のままであることを知った C が，B に高値で売りつけて利益を得る目的で A から時価の 10 分の 1 にも満たない価格で買い取り登記を備えて，B へ買い取るよう求めたという事案で，最高裁は，C の主張は信義則に反し，このような信義則に反する主張をなす C は背信的悪意者に該当し，B は登記がなくても C に対抗できると解した（最判昭 43・8・2 民集 22・8・1571）。

　　(ｳ)　当事者と同視できる者　　たとえば，C が A の配偶者など A の親族であるとか，A が雇用している従業員であるなど，A と密接な関係があり実質的に見て物権変動の当事者と同視できる場合は，背信的悪意者として判断されることがある。

　(4)　背信的悪意者に関する近時の判例について　　平成 10 年に，通行地役権に関してこれまでの背信的悪意者の基準とは異なる最高裁の判断が示されたことをきっかけに，背信的悪意者以外の法理による未登記権利者の保護の議論

が活発になっている。

平成10年の判例は，A所有地上にBの通行地役権が設定されていたが未登記であり，その後A所有地がCへ譲渡された場合に，Bが新所有者Cに対して通行地役権を対抗できるか争われた事案であった。通行地役権とは，自分の土地（要役地）の便宜のために他の周囲の土地（承役地）を通行するための物権であるが，通行地役権の設定にも当然民法177条が適用されるため，未登記であれば，BはCへ通行地役権を対抗できないのが原則である。

しかし最高裁は，通行地役権の承役地が譲渡された場合，①譲渡の時に，承役地が要役地の所有者によって継続的に通路として使用されていることがその位置，形状，構造等の物理的状況から客観的に明らかであり，かつ，②譲受人がそのことを認識していたかまたは認識することが可能であったときは，譲受人は，通行地役権が設定されていることを知らなかったとしても，特段の事情がない限り，地役権設定登記の欠缺を主張するについて正当な利益を有する第三者に当たらないと解するのが相当であるとして，譲受人Cが，善意であっても過失がある場合には「第三者」には該当しないという判断を示した（最判平10・2・13民集52・1・65）。

平成10年の最高裁判決は，これまでの背信的悪意者を理由に177条「第三者」該当性を否定したわけではない点が注目された。しかしその後，A所有地を自己所有地と思い通路として使用していたBが，その後A所有地を時効取得し，他方で，当該土地をCがAから買い受けて所有権移転登記を備えたうえで，Bに対して通路として使用している土地の舗装の撤去を求めたという平成18年の最高裁の事案では，平成10年の最高裁判決と異なり，背信的悪意者の法理に従い判断された（最判平18・1・17民集60・1・27）。

平成18年の最高裁判決は，①Cが譲渡を受けた時点で，Bが多年にわたり占有を続けていることを認識しており，②Bの登記の欠缺を主張することが信義に反すると認められる事情が存するときは，Cは背信的悪意者に該当するとした。

一方，悪意の対象を，多年にわたり占有を続けていることであるとしており，

権原の存在についての認識まで求めていない。そのため，背信的悪意者か否か
を判断する際の悪意の判断基準を緩和したと解されている。

Case

認識の対象と背信性の判断（最判平 18・1・17 民集 60・1・27）

　前述の平成 18 年の事案では，B の時効完成後に C が所有権を取得して登記を備えて
おり，時効と登記の判例法理によれば，B は登記を備えていない以上 C に対抗できな
いのが原則である。しかしながら最高裁は，「B が時効取得した不動産について，その
取得時効完成後に C が当該不動産の譲渡を受けて所有権移転登記を了した場合におい
て，C が，当該不動産の譲渡を受けた時点において，B が多年にわたり当該不動産を占
有している事実を認識しており，B の登記の欠缺を主張することが信義に反するものと
認められる事情が存在するときは，C は背信的悪意者に当たるというべきである。取得
時効の成否については，その要件の充足の有無が容易に認識・判断することができない
ものであることにかんがみると，C において，B が取得時効の成立要件を充足している
ことをすべて具体的に認識していなくても，背信的悪意者と認められる場合があるとい
うべきであるが，その場合であっても，少なくとも，C が B による多年にわたる占有
継続の事実を認識している必要があると解すべきであるからである」として，占有継続
の事実の認識を根拠に背信的悪意者に当たるとして，登記がなくても時効完成後の第三
者に対抗できるという判断をした。この判断は，時効による所有権取得の対抗問題に限
定されているが，時効取得者は通常自己所有地であると思って占有しており，時効完成
後に登記を備えることが考えにくいという点を配慮したという評価がなされている。

---

　(5)　**背信的悪意者からの転得者について**　　A から B，A から C へと土地が
二重譲渡され，C が B よりも先に登記名義を備えたが，C は背信的悪意者であっ
たとする。その後，C は D へ当該不動産を譲渡して D が登記名義を備えたと
いう場合に，B は，背信的悪者からの転得者である D に対して登記なくして
所有権の取得を対抗できるかが問題となる。

　この点，第一譲受人 B は，背信的悪意者 C に対して登記がなくても対抗で
きる以上，C からの転得者 D に対しても，その善意・悪意を問わず対抗でき
るとする見解がある（**絶対的構成**）。

　これに対して判例は，たとえ C が背信的悪意者でも，D は，B との関係で D
自身が背信的悪意者と評価されない限り B に対抗できるとした。すなわち，
①C が背信的悪意者であったとしても，登記の欠缺を主張する正当な利益を

有しないだけで AC 間の売買自体の無効をきたすものではなく，D は無権利者から買い受けたわけではないこと，②背信的悪意者が民法 177 条の「第三者」から排除されるのは，第一譲受人 B に対してその登記の欠缺を主張することが信義則上許されないからであって，登記を経由した者が背信的悪意者の法理によって「第三者」から排除されるかどうかは，その者と第一譲受人との間で相対的に判断すべきであるとし，BD 間の優劣は民法 177 条で判断すべきとした（最判平 8・10・29 民集 50・9・2506）。このように，BC，BD と各人ごとに背信性を検討しており，最高裁は**相対的構成**の立場をとる旨を明らかにしたと評価されている。

　もっとも，背信的悪意者からの転得者が問題となる場面として，二つあることに注意すべきである。一つは，AC 間の取引が公序良俗違反などで無効であり，背信的悪意者 C が実体法上無権利者であるという場合である。この場合は，C はたとえ登記を備えていても無権利者であるため，その転得者である D も無権利の法理により権利を取得することはできないことになる（別途民法 94 条 2 項類推適用で保護されるかが問題となる）。

　もう一つの場面として，上述の判例のように，C 自身は背信的悪意者であるため B に対して所有権を主張することは信義則上許されないが，AC 間の取引そのものは有効であるという場合である。この場合は，C は無権利者ではないので，D は C から実体法上の権利を得ることは可能である。よって，D は民法 177 条の「第三者」に該当すると解することができ，BD 間は登記の先後で決することになる。

　(6)　悪意者排除論　　特定の不動産が A から B，A から C へと二重譲渡された場面において，判例は第二譲受人の C が AB 間の譲渡について悪意であっても民法 177 条の「第三者」に含まれるとして，BC を対抗関係ととらえて登記の先後で決する。このように，第二譲受人の C が悪意であっても第三者に含むと解する主な根拠は，①先に登記をするかどうかは自由競争の範囲内であるという考え方と，②登記をしなければ保護されないとすることで登記をうながし，登記制度を定着させるという点にある。しかし，これに対しては，①自

由競争というのは，AB 間の取引が成立する前の交渉段階においてであって，契約が成立した以上は AB 間の契約成立の要件でもない登記がなければ悪意の第三者にも負けるというのは，自由競争ではなく横領の奨励であるとの批判がなされている。また，②不動産登記制度の定着についても，すでに現在は制度が確立しており根拠にはならないと指摘して，悪意者は民法 177 条の「第三者」に含まないとする**悪意者排除論**が有力に主張されている。

　この立場をさらにすすめて，判例のいう背信的悪意者のなかには，単なる悪意者や善意有過失の者も含まれており，不動産登記法 5 条に類する者や害意のある者に限られないとの分析をふまえ，たとえ善意でも保護に値しない者は民法 177 条の「第三者」から排除すべきとする，悪意・有過失者排除論も主張されている。この立場は，たとえば，A 所有地を購入しようとする B は，通常は現地を確認するはずであり，そこに建物が建っていればその建物と土地に関する権利義務関係を確認するのが当然であるのに，それを怠るような第二譲受人は保護に値しない，という価値判断を示している。

3　不動産登記の公信力

① 公信の原則の不採用

　公信の原則によれば，たとえ虚偽の登記であっても権利の外形を信頼した人が保護されることになる。しかし，登記に公信力はないため，A 所有の土地について，B が書面を偽造するなどして勝手に B 名義へ登記を移転した場合に，その B 名義の登記を信頼して B と取引をした C が現れたとしても C は保護されない。この点が，動産の占有を信頼した者を保護する即時取得（民 192 条）を定めている動産取引とは異なる。

　しかし，登記に公信力を認めないとしつつも，判例は民法 94 条 2 項を類推適用することで事実上第三者を保護しており，結果的に登記に公信力を認めたのと等しい効果を生じさせている。

　たとえば，AB 間で A 所有の土地を B が購入する契約が成立したが，いずれ子 C が相続することになるのだからと，B が，子 C に相談せず勝手に A から直接 C 名義で登記をしたとする。その後 C が自己名義であることをいいことに第三者 D へ当該土地を売却した場合，無権利の法理によって D は所有権を取得できないのが原則である。仮に，D が C 名義の登記を信頼し，C が所有者であると善意無過失で信じていたとしても，登記に公信力がない以上 D は所有権を取得できない。

　しかし，自ら真実の権利関係と異なる虚偽の登記をした B が，その登記を信頼して取引をした第三者 D に対して所有権を対抗できるというのは，いかにも不公平である。そこで，判例により，民法94条2項を類推適用することで，虚偽の登記を信頼して利害関係を有するに至った第三者を保護する判断が積み重ねられてきた。しかしあくまでも民法94条2項の類推適用によるもので，登記に公信力を認めたわけではない。

　虚偽の登記を信頼した第三者を民法94条2項の類推適用を根拠に保護した事案は，真の権利者が虚偽の外観作出（虚偽の登記）にどの程度関与していたかによって場面が区別される。

　⑴　意思外形対応型　　(a) 外形自己作出型　　真の権利者が自ら虚偽の登記名義の作出に関与した場合である。たとえば，妻 A が購入した建物について，夫 B と相談の上で便宜上 B の妾 C 名義にしていたところ，C が第三者 D へ不動産を売却して D が登記名義を備えたという事案について，最高裁は民法94条2項を類推適用して，D が善意である場合には保護される旨示した（最判昭29・8・20民集8・8・1505）。AC 間で通謀があったわけではないため民法94条2項を適用することはできないが，買受人でない C 名義の所有権移転登記が A の意思に基づくならば，実質的にみて，A が一旦所有権移転登記を受けた後に C と通謀して虚偽の所有権移転登記をした場合と同じであるから，民法94条2項を類推適用して，善意の第三者 D に対抗できないと解するべきとした。

　このように，真の権利者が自ら虚偽の登記名義の作出に関与した以上は，た

とえ登記名義人との通謀がなくても民法 94 条 2 項を類推適用し，その外観を信頼した第三者に対抗できないとする。

(b) 外形他人作出型　真の権利者が自ら積極的に虚偽の登記名義の作出に関与したわけではないが，虚偽の登記名義を認識したにもかかわらず，その後放置しているような場合である。

具体的には，真の権利者 A が，B に印鑑や書類を持ち出されて勝手に B 名義に所有権移転登記をされたにもかかわらず，その後 B と結婚したということもあり B 名義のまま 4 年間放置した後に，第三者 C が B から当該不動産を取得したという事案において，最高裁は，民法 94 条 2 項を類推適用して，A は善意の C に対抗できない旨示した（最判昭 45・9・22 民集 24・10・1424）。その根拠として，不実の登記が真実の所有者の承認のもとに存続している以上は，その承認が登記経由の事前に与えられたか事後に与えられたかによって，登記による所有権帰属の外形を信頼した第三者の保護に差を設けるべき理由はないことをあげている。

(2) 意思外形非対応型　真の権利者が虚偽の登記を自ら作出したり，認識した上で放置したりする場合と異なり，真の権利者の意思に反する外形が作出されてしまったような場合にも，判例は民法 94 条 2 項とあわせて民法 110 条の趣旨も重畳適用して第三者を保護する。

X が，知人の A から個人名義の財産を持っていないと取引先の信用を得られないので名義だけでも貸して欲しいと頼まれ，X 所有の甲不動産について A に売買予約をしたと仮装し，A のために所有権移転請求権保全の仮登記手続をしたところ，A が委任状を偽造して A 名義の本登記をし，A から Y₁ へ，さらに Y₂ へと転売されてしまったという事案で，最高裁は「94 条 2 項，110 条の法意に照らし，外観尊重および取引保護の要請」から，Y らを保護した（最判昭 43・10・17 民集 22・10・2188）。

この事案は，最初の仮登記に関しては X の関与があるものの，その後の本登記に関して真の権利者 X は全く関与しておらず，また Y₁ は X が作出した仮登記を信頼したのではなくて X が関与していない虚偽の本登記を信頼した点

が，これまでとは異なる。すなわち，真の権利者 X は，第三者 Y_1 が信頼した外観を作出したわけではないため民法 94 条 2 項を適用することはできないが，その基礎となる仮登記については関与していたという点で帰責性があるため，94 条 2 項だけではなく，権限外の行為の表見代理の規定である民法 110 条の法意を合わせて，第三者を保護しようとする。

なお，民法 110 条も合わせることから，第三者の保護要件も単に善意だけではなく，善意，無過失であることが必要となる。

(3) 民法 94 条 2 項と民法 110 条の重畳適用の限界　　民法 94 条 2 項と民法 110 条を重畳適用して第三者を保護するという見解を最高裁が示したが，これを否定する事案もある。不動産の所有者 X が，不動産会社 A を買主として売買契約を締結した際に，A の代表者に騙されて登記済証，白紙委任状，印鑑登録証明書等を渡してしまい，A の代表者がこれらを悪用して，X が知らない 2 ヵ月ほどの間に A から Y_1，Y_2，Y_3（Y らはいずれも善意無過失と認定されている）へと順次所有権の移転登記がなされたことから，X が Y らに対してこれらの登記の抹消を求めた事案につき，最高裁は，「当該所有者が，虚偽の権利の帰属を示すような外観の作出につき何ら積極的な関与をしておらず，上記の不実の登記の存在を知りながら放置していたとみることもできないなど判示の事情の下においては」94 条 2 項，110 条を類推適用することはできない旨判示した（最判平 15・6・13 判時 1831・99）。

他方で，不動産所有者 X が，当該不動産の賃貸に関する事務や所有権移転登記を任せていた A に，登記済証を数ヵ月間預けたままにし，A のいうままに印鑑登録証明書を交付した上，A が X の面前で登記申請書に X の実印を押捺したのにその内容を確認することなく漫然とこれを見ていたなどの事情の下で X から A 名義に所有権移転登記がなされ，A から Y へ転売されたという事案で，登記手続をすることができたのは「X の余りにも不注意な行為によるものであり，A によって虚偽の外観（不実の登記）が作出されたことについての X の帰責性の程度は，自ら外観の作出に積極的に関与した場合やこれを知りながらあえて放置した場合と同視し得るほど重いものというべきである」として，

民法 94 条 2 項および民法 110 条の類推適用を認めた事案もある（最判平 18・2・23 民集 60・2・546）。

　この事案は，真の権利者が積極的に虚偽の登記を作出したり放置したりしたわけではなかったが，それと同視しうる程度の帰責性を根拠としており，これまでの重畳適用からさらに適用範囲を拡大している。真の権利者の帰責性をどこに求めるべきか，また両条文を根拠にどこまで第三者保護を認めるのかをめぐり，学説の評価は分かれている。

4　登記の推定力

　明文の規定はないものの，登記は，登記がある以上はそこに記録されている物権変動が実体上も生じているであろうという**推定力**を有する。判例は，登記簿上の所有名義人は，反証のない限りその不動産を所有すると推定しており（最判昭 34・1・8 民集 13・1・1），学説上も異論はない。ただし，登記の推定力は本登記にのみ認められており，仮登記にはないとされている（最判昭 49・2・7 民集 28・1・52）。また，推定力が認められるのは，権利の存在や帰属に関してであり，登記原因に及ばないとする見解が一般的である。たとえば，ある土地の登記簿に，売買契約に基づいて前主である B から A へと登記名義が移転されており，現在の所有者は A と登記されているとする。その際，現在 A が所有者であるという推定が働くため，A に所有権がない旨主張したい C がいた場合，C がその主張立証責任を負うことになる。しかし，登記原因に推定力は及ばないので，たとえば AB 間の契約は売買ではなく贈与であったということまでは推定されない。

　なお，登記の推定力は，登記の公信力とは異なる点に注意が必要である。たとえば，ある土地が A 所有名義になっている場合，その土地は A が所有者だろうという推定が働くだけであり，その登記名義を信頼して B が A から当該土地を購入したが真実の所有者は X であったという場合，登記に公信力はない以上，買主の B は保護されない（民法 94 条 2 項の類推適用によって B は保護される余地はあるが，登記の公信力によるものではない）。

1 引渡しとは

民法178条の「引渡し」は，本来は，動産の上の現実・直接の支配力を移転することを意味する。民法182条1項・2項の見出しに「引渡し」という文言を使っているのに対して，物が移転しない民法183条・184条は「占有する」という文言を使っていることからすれば，「引渡し」という文言は，もともとは現実に占有が移転する場合を指すものと考えるべきである。しかし，近代法において，経済活動の発展とともに動産所有権の譲渡の際に占有の移転を伴わない観念的な引渡し方法を認める必要性が生じ，現実の変動を伴わない占有の移転方法が，動産取引の公示の原則を緩和するために発展してきた。このような歴史的背景から，民法178条の「引渡し」は，広く占有の譲渡を意味すると解釈されている。

① **現実の引渡し**（民182条1項）　譲渡人から譲受人に対して，物に対する現実的支配を移転することをいう。いかなる場合に現実的支配が移転したかは，社会通念により判断される。典型的には手から手へ目的物を渡す場合であるが，たとえば，目的物である動産を保管している倉庫の鍵を交付すれば，現実的支配の移転があったと解する。

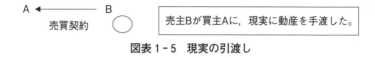

図表 1-5　現実の引渡し

② **簡易の引渡し**（民182条2項）　譲受人またはその占有代理人が，すでに目的物を現実に所持している場合には，譲渡人と譲受人との意思表示のみで譲受人は占有権を取得し，引渡しを受けたことになる。譲渡人と譲受

人間で合意があればよく，一度返還して改めて引き渡す必要はない。

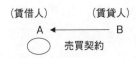

（賃借人）　　（賃貸人）
　A　◀━━━━━　B
　　　　売買契約

> A が B の自転車を借りていたが，気に入ったので B と交渉して売ってもらった場合，自転車は売買契約の時点ですでに A のもとにあるため，AB の合意のみで占有が移転する。

図表 1-6　簡易の引渡し

③　**占有改定**（民 183 条）　　現実には譲渡人の占有下に物が置かれたままの状態で譲受人に物を譲り渡し，譲渡人が以後譲受人のために物を占有する旨の意思表示をすることによって，引渡しがなされたものとすることをいう。つまり，譲渡人 A は，以後譲受人 B の占有代理人として占有を続けることになる。たとえば，A が B へ中古パソコンを売ったが，B が後日受け取りに来るまで預かっておく場合，A は，売買契約後は B のために占有するという意思表示をしたことになり，B は占有権を取得する。

　　占有改定による引渡しは，4 つの引渡しの態様の中で最も観念的である。譲受人 B は占有改定により引渡しを受け，対抗要件を備えたことになるが，目的物はそのまま A の手元にあることを可能とする。そのため，B に売却し無権利者となった A を所有者と信じて目的動産を譲り受ける C が現れることがある。このような第三者を保護し，動産取引の安全を図るために即時取得制度（民 192 条）が設けられている（後述）。

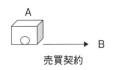

A
　　　━━━▶　B
売買契約

> A が，自分の工場にある工作機械を B に売却したが，B と交渉して賃貸借契約を締結し，売った機械を引き続き工場で使用しているという場合，譲受人 B は機械の所有権と，A を通じての間接的な占有を取得したことになる。

図表 1-7　占有改定

④　**指図による占有移転**（民 184 条）　　譲渡人が占有代理人（貸倉庫業者など）

によって占有をする場合に，譲渡人が占有代理人に対して以後第三者のためにその物を占有すべき旨を命じ，第三者がこれを承諾したときは，その第三者は占有権を取得する。指図による占有移転によれば，占有代理人に預けたままで，譲受人に目的物の占有を移転することが可能となる。指図による占有移転が有効になされるためには，譲渡人が占有代理人に指図することと，譲受人がこれを承諾することが必要である。気をつけなければならないのは，承諾をするのは譲受人であって，占有代理人ではない点である。占有代理人Cは，本人Bに占有を帰属させるという効果を生じさせるにすぎず，C自身がそれによって何か権利を取得するものではないので，自分が誰のために占有しているかを知ることができれば足り，Cの承諾は必要としない。

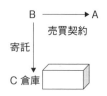

Bが，Cの倉庫に、大豆1トンを保管していたが，それをAに売却した際に，BがCに対して以後Aのために保管するよう指図し，Aが承諾した場合，新たにAが大豆の占有を取得したことになる。

図表1-8　指図による占有移転

2　引渡しの対抗力

① 民法178条の適用範囲

（1）民法178条の「動産」とは　　民法178条は，「動産に関する物権の譲渡」は，その動産の「引渡し」がなければ，「第三者」に対抗することができないと定めている。つまり，動産の物権変動の公示も不動産と同じく，民法178条が適用される「譲渡」の範囲，対抗要件である「引渡し」（＝占有の移転）の方法とその効力，また，「第三者」の範囲が問題となる。

さらに，動産の場合は，民法86条2項で不動産以外の物は全て動産である旨定められ非常に範囲が広いので，そもそも民法178条が適用される「動産」

を整理しておく必要がある。まず，①船荷証券（商757条），倉荷証券（商600条），複合運送証券（商769条）によって表象される商品については，これらの証券の交付が商品そのものの引渡しと同じ効力を有する旨が定められており（効力要件），その証券の所持人がそこに記載されている動産の受取人というルールがある。つまり，その証券の引渡しが物権の移転の効力要件であると同時に対抗要件であるため民法178条の適用の必要性がなく，適用範囲から外れる。また②船舶・自動車・航空機・建設機械などは登録制度があるため，不動産と同じく登録により権利関係を公示する。したがって民法178条の適用はなく，登録・登記が対抗要件となる。さらに③現金は価値そのものであり，現実の占有とともにその価値が移転する。したがって，引渡しは権利移転の成立要件であり，民法178条の適用はない。ただし，通常の動産として売買される古銭などには民法178条の適用がある。

(2) 民法178条の「譲渡」とは　民法178条は，民法177条の「物権の得喪及び変更」という文言と異なり，「動産に関する物権の譲渡」と定められている。これは，不動産と動産の違いから生じる差異である。まず，民法178条の「物権」は，所有権と質権の譲渡しか該当しない。なぜなら，物権のうち，用益物権（地上権，地役権，永小作権，入会権）は不動産上にしか成立しない。また，制限物権のうち，抵当権の客体は不動産のみであり（民369条），留置権と質権は，もともとその物権が発生するために占有ないし引渡しが成立要件であることから民法178条を適用する必要がない。動産先取特権も対抗要件を必要とせず，法定の要件に従って自動的に生じる権利である以上，やはり民法178条の適用から除外される。占有権は，そもそも占有することでその権利が生じるので民法178条適用の必要性がない。したがって，民法178条の「物権」には，所有権と，被担保債権とともに質権を移転する場合のみ含まれることになる。

次に，「譲渡」は，意思に基づく権利の移転，すなわち，譲渡と，譲渡と同視すべき取消し・解除などによる物権の復帰のみに限られている。なぜなら，時効，無主物先占，遺失物拾得などのような原始取得の場合は占有の取得が効

力要件とされており，178条が適用されず，また，相続などの包括的承継取得の場合は占有も承継取得されるため，占有の取得が問題にならないからである。

このように，民法178条の適用場面は，所有権または質権が，譲渡または取消しや解除に基づいて移転する場合に限定されると解されている（大判昭13・10・24民集17・2012）。

② 民法178条の「第三者」の範囲

(1) 民法178条の「第三者」とは　　民法178条の「第三者」の範囲については，不動産における民法177条の「第三者」の範囲と同じ問題がある。すなわち，契約当事者およびその包括承継人以外のすべての第三者に対して，引渡しがなければ対抗できないと解するべきか（無制限説），または，引渡しの欠缺を主張する正当な利益を有する第三者に対してのみ対抗できないと解するべきか（制限説）である。この問題について通説，判例は，不動産における解釈と同じく，引渡しの欠缺を主張する正当の利益を有する者が第三者にあたるとしており，制限説の立場をとっている（大判大14・12・25新聞2535・9。動産が順次譲渡された場合における前主は，民法178条の第三者に該当しないとされた事案）。

(2) 民法178条の「第三者」に含まれる者　　(a) 物権を取得した者　　たとえば，A所有の動産をBが買い受けた後に，同一動産について所有権を取得したCが先に引渡しを受けた場合は，Bは所有権の取得をCに対抗できない。この点は，不動産の二重譲渡と同じである。

しかし，動産の引渡し方法には占有改定も含まれており，現実の引渡しを受けなくても対抗要件を備えることができる一方，その公示方法が不完全であることから，第三者が不測の損害を被るおそれがある。たとえば，売買契約後しばらく売主Aのところに商品を預けておくといった場合，AB間の合意により占有改定による引渡しを受けており，Bは民法178条の対抗要件を備えたことになる。しかし，商品はAのところにあり外形上何の変更もないためAの所有物であると誤信して取引をする第三者Cが現れることもある。この場合に，Aは無権利者であり，本来Cは所有権を取得することはできないはずである。

しかし，登記制度と異なり占有による公示方法は不完全であることから，動産取引に関しては第三者を保護するため即時取得制度（民192条）が設けられており，一定の要件を満たせば第三者Cは所有権を取得することができる。

(b) 動産賃借人および受寄者　動産譲渡特有の論点として，動産の賃借人および受寄者が民法178条の「第三者」に含まれるかという問題がある。

具体的には，A所有の動産をBが賃借しているが，Aがその動産をCへ譲渡した場合に，新しく所有者となったCは，Aから引渡しを受けなければBに対して所有権の取得を対抗することができないのか問題となる。譲渡された動産はBが借りているため通常その引渡しは指図による占有移転（民184条）によるが，AがBに対して，以後Cのために占有することを指図しなければCはBに所有権取得を対抗できないのか，ということである。

主な学説は，賃借人は賃料支払の相手方や返還先を知るうえで，引渡しの欠缺を主張する正当な利益を有すると考え，動産の賃借人は民法178条の「第三者」に該当すると考える。判例も，所有権の譲受人に対して引渡しの欠缺を主張する正当な利益を有するとした（大判大4・2・2民録21・61）。

同様の問題は，Bが受寄者である場合にも生じる。たとえば，AがBに寄託している動産をCに譲渡した場合に，Cは引渡しがなくてもBに対抗できるか問題となるが，判例は，賃貸借の場合とは異なり，受寄者は動産を保管するに過ぎず，譲渡を否認する正当な利害関係を有するとはいえないことから「第三者」に該当しないとして，引渡しがなくても対抗できるとする（最判昭29・8・31民集8・8・1567）。この結論に対しては，受寄者にとって誰に返還するべきなのかは重要であり，新しい所有者が受寄者に返還を求めるためには，指図による占有移転を必要とするべきであるとの批判がなされている。

(3) 民法178条の「第三者」に含まれない者　不動産における民法177条の第三者の場合と同様に，無権利者，不法占拠者や，背信的悪意者は民法178条の「第三者」に含まれない。したがって，動産の譲受人は，これらの者に対しては引渡しがなくても対抗することができる。

また，AからB，BからCへと転々譲渡とされた前々主Aについても，不

動産と同様，引渡しの欠缺を主張する正当な利益を有する第三者にあたらないとされている（大判大14・12・25新聞2535・9）。

6 その他の公示

1 立木に関する権利の公示方法

立木は，土地の定着物であり，不動産に属するのが原則である（民86条1項）。しかし，土地に固定された状態の立木であっても，土地と区別して立木だけを独立した「物」として取引する必要性があり，慣習上もそのような取引が認められてきた。

他方，たとえばA所有の山林に植栽されている立木のみをAからBが譲り受けた場合に，Bが立木の権利を公示しようとしても民法上は直接の公示方法がなく，A土地上にBの地上権または賃借権を設定して公示するしかない。

そこで，立木だけを独立して取引した場合に，その権利関係を公示する方法として，①**立木法**（立木ニ関スル法律）に基づく登記，②**明認方法**，の二つが認められている。

1 立 木 法

土地上に生立している樹木の集団は，その所有者が保存登記をすることができ（立木1条），それによって土地から独立した「不動産」とみなされる（立木2条）。立木登記をすることにより，土地所有権や地上権の処分の効力が立木には及ばなくなり（立木2条3項），立木所有者は，当該立木だけを譲渡したり，抵当権の目的にしたりできる（立木2条2項）。

2 明 認 方 法

(1) 明認方法とは　立木法による登記は樹木の集団でなければならず，また取引目的によっては伐採までの期間が短く登記になじまない（製炭用に立木

を購入して伐採までの間そのままにしておく場合など）という問題がある。そこで慣習法上，明認方法というやり方で，立木の権利を公示することが認められている。通常は集団の樹木が対象となるが，とくに独立の取引価値がある場合は，個々の樹木を対象とすることも認められる（大判大 6・11・10 民録 23・1955）。

明認方法は，立木の皮を削って墨書するとか，立て札を立てるとかして，土地所有者とは別人がその立木を所有することが第三者から見て分かるやり方であればよいとされている。しかし，登記と比べると公示方法としては不十分であるため，公示される権利に抵当権などは含まず，あくまでも所有権の公示に限定される。また，動産譲渡担保権について，プレートを貼るなどして譲渡担保権の存在を公示することがあるが，この場合は，目的物である立木の所有権を土地と独立して取引の対象にすることに主眼がある明認方法とは異なり，譲渡担保権を公示して第三者を悪意有過失にし，目的物が即時取得されることを防ぐためになされる。

明認方法は，土地とは独立して取引をする必要性から生じてきたために主に立木が対象となるが，みかん，稲立毛などの未分離の天然果実も土地とは独立した物として取引され，また収穫までの比較的短期の保有を目的としており登記になじまないことから，明認方法による公示が認められている。また，温泉源利用権（湯口権）も，民法とは別の慣習上の公示方法として明認方法による公示を認めた事案がある（大判昭 15・9・18 民集 19・1611［鷹の湯温泉事件］）。

(2) 明認方法の継続　　明認方法は継続していなければならず，第三者が利害関係を取得する際に墨書が消えていた場合や立て札が消滅していた場合は，対抗力はない（最判昭 36・5・4 民集 15・5・1253）。明認方法は，立木法の適用を受けない立木の物権変動の公示方法として是認されているものであるから，登記に代わるものとして第三者が容易に所有権を認識することができる手段で，しかも，第三者が利害関係を取得する当時にもそれだけの効果をもって存在するものでなければならない。よって，B が A から立木の所有権を取得して明認方法を施したが，それが消滅し，その後に C が当該立木について二重譲渡をうけて明認方法を施した場合に，B は C へ立木の所有権を対抗できない。

(3)　明認方法を必要としない場合　　明認方法は，登記と同じ効力を有する。したがって，立木だけをAがBとCへ二重に譲渡した場合は，BCいずれか先に明認方法をほどこした者が立木の所有権を取得する。

　これに対して，本来立木は土地の定着物として土地と法的運命を共にするものであることから，土地と共に譲渡された場合に，そもそも明認方法を必要とする関係にあたらないと判断される。すなわち，A所有の山林にA所有の立木が植栽されている場合，AがBへ土地を譲渡すれば，立木は土地の定着物であり不動産として扱われ（民86条1項），土地所有権の処分に従って立木の所有権もBへ移転するため，明認方法によらなくても土地の登記により立木の所有権の公示をしたことになる。

　また判例は，AがBへ土地所有権と立木を譲渡し，同じくAがCへ土地所有権と立木をCへ二重譲渡した場合に，先にBが立木に関して明認方法を備えたが土地の登記名義はまだ移転していない段階で，Cが土地の登記名義を備えた場合には，Bは立木の所有権についてCに対抗できないとした（大判昭9・12・28民集13・2427）。さらに，立木のみの所有権取得者が，立木の所有権取得を公示するために地上権設定の仮登記をした場合に，その後に立木について仮処分をした第三者にも立木所有権を対抗できるとした（大判大9・7・20民録26・1077）。

(4)　立木所有権を留保した場合　　土地上の立木の所有権を土地所有者が留保して土地所有権のみを譲渡する場合には，少なくとも立木に関しては物権変動が生じたとはいえないとも考えられるため，立木の所有権の留保について第三者に対抗するために明認方法が必要となるか，見解が分かれる。

　この点判例は，Aが立木の所有権を留保して土地所有権のみをBへ譲渡し，さらにBがその土地を立木も含めてCへ譲渡した場合に，留保も物権変動の一場合と解するべきとして，AがCへ立木の所有権を対抗するためには，Cが登記を備えるよりも先に，明認方法を施す必要があるとする（最判昭34・8・7民集13・10・1223）。学説上も，立木自体に物権変動があったとはいえないためCは立木に関しては無権利者であり，Aは明認方法によらずに立木所有権をC

に主張できるとする見解もあるが，土地上の立木は通常土地と法的運命を共に
するのが原則であり，例外的に立木だけ所有権を留保するのであれば公示が必
要であるとする立場が一般的である。

2　動産譲渡登記

動産譲渡登記制度とは，法人が保有する在庫商品，機械設備，家畜等の動産
を活用した資金調達の円滑化を図るために，平成17年10月から運用が開始さ
れた制度である。

たとえば，これらの動産を譲渡担保に供して資金を調達する場合，動産その
ものは設定者である企業の占有下に置かれているのが通常である。この場合，
譲渡担保権者である債権者は占有改定という不完全な対抗要件を備えることし
かできないため，二重に担保が設定されその先後が争われたり，第三者へ売却
されたりした際に即時取得されてしまうおそれがある。このため，登記をすれ
ば，「当該動産について，民法第178条の引渡しがあったものとみなす」（動産
債権譲渡3条1項）と定め，第三者対抗要件が具備されるようにすることで，企
業が動産を担保に金融を得やすくする目的で設けられた制度である。

民法178条の引渡しがあったとみなされることにより，同一動産について二
重譲渡がされた場合の譲受人相互間の優劣は，登記の先後によって決定され，
また，動産譲渡登記と民法178条の引渡しが競合した場合の譲受人相互間の優
劣は，登記がされた時と引渡しがされた時の先後によって決定されることにな
る。たとえば，集合動産譲渡担保のように，倉庫の中の在庫商品を一括して担
保目的物として融資を受け，その際にその譲渡の事実を登記すれば譲渡担保権
者が民法178条の引渡しを受けたとみなされるので，第三者に目的物が二重譲
渡された場合でも，譲渡担保権の主張立証を容易にする効果がある。

もっとも，この登記は，過去にあった動産の譲渡の事実を公示することが目
的であり，動産の存在や所有権を公示するものではない点が，権利関係を公示
することを目的とする不動産の登記制度とは異なる。また，動産譲渡登記をす
ることができるのは，法人だけである。なお，公示制度が不十分な動産を目的

とする制度であることから，自動車や船舶のように，登録・登記制度がある動産には適用はない。

第2章 占有権

POINT

- 占有とは，物に対する事実的な支配の状態である。
- 占有権は，所有権などの他の物権とは異なり，占有により発生する法的効果や占有に対して与えられる法的保護のまとまりである。
- 占有には，本権を表象する機能がある。
- 占有には，占有者に所有権などの本権を取得させる機能がある。
- 占有が侵害された場合には，占有の訴え（占有訴権）によって侵害の排除を求めることができる。
- 物権的請求権には，物権的返還請求権，物権的妨害排除請求件，物権的妨害予防請求権がある。
- 物権的請求権の内容については，行為請求権か，忍容請求権かの争いがある。
- 管理不全土地・建物問題等に対処するために，新たな財産管理制度（管理不全土地管理命令及び管理不全建物管理命令，所有者不明土地管理命令及び所有者不明建物管理命令）が設けられた。

1 序

　占有権とは，占有という物に対する事実上の支配状態に与えられる法的な効果や保護のまとまりである。物を「持っている」という場合に，自分で買った自動車を自分で利用している場合もあれば，友人のパソコンを預かっている場合もあれば，お店で商品を手に取っただけの場合もある。自分で買った自動車を利用している場合は，物に対する自由で完全な支配権＝所有権（第3章で説明する）によって基礎づけられる「**所有**」をしている。しかし，友人のパソコンを預かっている場合には，預かっているパソコンを「持っている」が，それはあくまでも友人のものなので，「所有」はしていない。この場合，預かっているパソコンを「所有」はしていないが，事実上の支配状態にはあるので「**占**

73

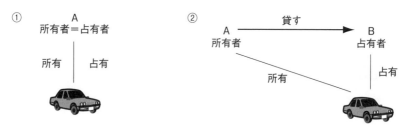

図表2-1 所有と占有のおおまかなイメージ

有」をしていることになる。なお，お店で商品を手に取った場合には，一時的には物を「持っている」が，そうした「持っている」状態には独立した事実上の物の支配は認められないので，「所有」も「占有」もしていないことになる。

　この章では，占有と占有権に関して解説をしていくが，詳細な解説に入る前に，占有と所有との違いについて大まかなイメージをつかんでおきたい。所有とは，物に対する全面的な支配権である所有権を有している物の支配であり，占有とは，物の事実上の支配状態である。

　図表2-1の①の場合のように，Aが自分で買って所有している車に乗っている場合に，Aは車の所有者であると同時に占有者であり，車を所有していると同時に占有しており，所有権を有していると同時に，占有をしていることによる法的な保護を受け，法的な効果が発生する（占有権）。

　他方で，②の場合のように，所有者であるAが自分で買って所有している車を友人のBに貸しているという場合には，Aがなお車の所有者であり，車を所有しており，車の所有権を有しているが，直接車を利用しているBが車の占有者であり，車を占有しており，占有をしていることによる法的な保護や効果（占有権）を受けることになる（より正確に述べると，AもBという占有代理人を通して，車を間接的に占有している）。

　このように，占有は，所有と重なる場合もあるし，重ならない場合もある。

Topics

ローマ法での所有と占有

　所有 (dominium) と占有 (possessio) との区別は，古代ローマで生まれた。当初，所有は私有地を対象とし，占有は私人が所有することのできない国有地を対象としており，占有訴権は，現に使用している人が妨害を受けた場合の妨害排除に限られており，所有と占有とは重なり合っていなかった。ところが，国有地が払い下げられ私有地化したことを契機に占有の対象が私有地へと拡大され，さらに動産へと広げられ，占有回収の訴えが認められるようになったことにより，所有と占有とは現在に至るまで重なり合う概念となっている。

2 ｜ 占有権の取得

1　占有権の意義

　わが国の民法では，「**占有権**」は，物権編に「占有権」という名称で規定されているが，所有権のような物権とは少し性格が異なる。「占有権」とは，占有という物に対する事実的支配に対して与えられている法的効果や法的保護のまとまりをいう。本書では，見出し等では，民法の表現に沿って「占有権」という表現を用いるが，近時では，「占有権」という表現を用いずに，単に「占有」と表現をすることも多くなっている。

2　占有取得の要件

　民法 180 条では，「**自己のためにする意思をもって**」「**物を所持**する」ことによって占有権を取得するとされている。以下でそれぞれについて説明をしていく。

 　自己のためにする意思

　(1)　自己のためにする意思とは，物を所持することによって事実上の利益を

受けようとする意思のことをいい，所有をする場合（所有の意思）に限らず，友人から物を借りて所持する場合も含まれるし，さらには，友人から保管を頼まれた物を所持する場合も含まれる。保管を頼まれた物を所持する場合には利益を受けていないように見えるが，物を所持しておくことで義務違反による責任を免れうるという意味で事実上の利益を受けることになる。

(2) 自己のためにする意思については，一般的，潜在的に存在すればよいとされ，現在の通説・判例は，物の所持者の内心の意思ではなく，所持をする原因（権原）の性質により（売買によって取得したのか，借りているのか，保管をしているのかなど）客観的に認められるとしている。物を盗んだ者も，物を利用したり処分したりするために盗んでいるので，自己のためにする意思は認められる。また，留守中に自宅に届けられてメールボックスに投函された物についても，自己のためにする意思が認められる。

(3) 自己のためにする意思は，占有取得のための要件であるので，継続している必要はない。

② 物 の 所 持

物の所持とは，社会通念からみて，ある人が独立して物を支配していると認められる状態を意味する。したがって，他人の物をごく一時的に使わせてもらう場合などには，支配が未確立だとして所持にあたらない場合もある。

また，必ずしも物理的に手元に置いている状態だけをいうのではない。たとえば，家屋の場合，鍵をかけて出かけていても，その鍵を所持していれば家屋を所持していることになるし，空き家について，隣家に居住して出入り口を常に監視して容易に他人の侵入を阻止できる状況にあるときには，鍵をかけていなくても所持をしているとした判例もある（最判昭 27・2・19 民集 6・2・95）。

3 占 有 の 態 様

占有とひとことで言っても，様々な態様の占有が存在し，その態様の違いによって法的効果を異ならせる場合がある。そうした法的効果の違いを生じさせ

る区分について以下では主として説明をしていく。また，併せて一見すると占有であるかのように見えるけれど独立の占有とは認められない場合についてもここで説明をする。

　なお，以下で登場する様々な占有の形態は重複をする。たとえば，自己占有であり善意占有であるとか，自己占有であり悪意占有であるという具合である。あるいは，自己占有であり善意占有であり単独占有であるといった具合である。ただし，ある状態の占有について，常にその性質を分析することが必要とされるわけではなく，ある法律効果が生じるか否かや，ある法律効果がどのように生じるかといった問題を考えるときに，随時問題となっている占有の態様について検討が行われる。

① 他人を介してする占有

　(1)　自己占有（直接占有）と代理占有（間接占有）　　(a)　意義　　本章の序で少しだけ触れたが，AがBに自己所有の建物を賃貸している場合に，直接建物を使用（支配）しているBが建物を占有しているのは当然だが，それに加えて，Bに建物を貸しているために直接建物を使用（支配）しているわけではないAも，建物を"間接的に"占有をしていると考える。

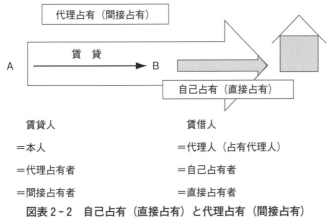

図表 2-2　自己占有（直接占有）と代理占有（間接占有）

このように，占有は観念化しており，直接物を所持していなくても占有が認められることがある。

　民法181条では，「占有権は，代理人によって取得することができる」と定められており，ここでいう代理人というのは，図表2-2のように本人Aに代わって占有を行う者（占有代理人）であり，民法99条以下の本人の代わりに意思表示を行う代理人とは異なる。この代理人Bの行う占有を，自分で直接物を所持するので**自己占有（直接占有）**といい，それに対して，Bという代理人に占有をさせて代理人を介して間接的に物を所持するAも占有を行っていると認められ，Aの行う占有を**代理占有（間接占有）**という。したがって，図表2-2のように，AがBに建物を賃貸しているという場合には，Bは本人Aに代わって建物を占有している代理人（占有代理人）であり，AはBを介して代理占有（間接占有）を行う代理占有者（間接占有者）であり，Bは自己占有（直接占有）を行う自己占有者（直接占有者）である。

　　(b)　要件　　代理占有は，①代理人が物を**所持**すること，②代理人が**代理占有に向けた意思**（本人のためにする意思）を有すること，③代理人と本人との間に**代理占有を基礎づける関係**があることによって成立する。

　③については，物の所持者（代理人）が，本人から物を借りていたり預かっていたりする場合のように，物を返還するべき義務を負っている場合に，本人と所持者（代理人）との間に認められる関係である。貸主と借主との間（使用貸借，賃貸借）や，寄託者と受寄者との間（寄託）の関係だけではなく，売買などの契約が取り消されたり解除されたりした場合に，契約の目的物がすでに引き渡されていたとき，引渡しを行っていた者（売主など）と引渡しを受けていた者（買主など）との間にも，代理占有を基礎づける関係が認められる。

　また，②については，民法204条1項2号で，代理人が本人のためにする意思を放棄することによる代理占有の消滅について定められているが，③の代理占有を基礎づける関係がある場合には，代理人に本人のためにする意思があることは当然であるから，代理占有の成立の要件として②は必要ないとする見解もある。

(c) 効果　代理占有では，本人も代理人も占有に基づく権利を有することになり，たとえば，両者ともに占有が侵害された場合には占有訴権を行使できる。同時に，両者ともに占有に基づく義務も負うことにもなる。

また，代理占有であっても，取得時効のための占有期間が継続される。この場合，平穏，公然，善意無過失といった占有の態様は，代理人について判断される。

(2) 自主占有と他主占有　(a) 意義　所有の意思をもってする占有を**自主占有**といい，それ以外の，賃貸借や寄託などによる占有を**他主占有**という。

所有の意思は，物を全面的に事実上支配する意思であり，所持者の内心の意思ではなく，占有取得の原因（権原），または占有に関する事情により，外形的客観的に判断される（最判昭 58・3・24 民集 37・2・131）。

所有者による物の占有は自主占有であるが，物を盗んだ者も自主占有を行っていることになる。それに対して，賃借人が賃借している物を占有している場合には，本人の内心では自分のものだと思っていても他主占有である。売買契約が無効であった場合や，他人物売買が行われた場合には，売買契約により占有が取得されたという権原から客観的に判断して，自主占有となる。

占有の原因が不明であったり，相続により占有を取得した場合のように占有ということからだけでは客観的に自主占有か他主占有かということの判断ができない場合には，自主占有であると推定される（民 186 条 1 項）。

(b) 区別による法的効果の違い　(ア) 取得時効　自主占有と他主占有との違いは，主に取得時効の場面で意味を持つ。民法 162 条では，取得時効により物の所有権を取得するためには，所有の意思をもってする占有すなわち自主占有が要求され，占有を開始するときに，たとえば使用貸借によって占有を開始していたが，返せと言われないのでずっと占有を継続したというような場合には，占有者がたとえ何年間占有を継続したとしても，占有物の所有権を時効で取得することはできない。

(イ) 無主物先占　次に，所有者のない動産に対して無主物先占が成立するためには，所有の意思をもって占有すること，すなわち自主占有が要求さ

れる（民239条1項，第3章第3節1参照）。

　(ウ)　占有者による損害賠償　　後で詳しく説明をするが，占有物が占有者の責めに帰すべき事由によって滅失または損傷したとき，占有者から物を回復するべき人に対して損害賠償をする義務が生じる。この時の損害賠償の範囲が，自主占有者と他主占有者とでは異なる（民191条ただし書）。

　(c)　他主占有から自主占有への変更　　他主占有によって占有を行っていた場合であっても，占有の途中で，他主占有から自主占有へと占有の性質を変更することができる。占有の性質の変更には，①自己に占有をさせた者に対して**所有の意思があることを表示**するか，②**新たな権原によりさらに所有の意思をもって占有を始める**かの方法がある（民185条）。

　(ア)　所有の意思があることの表示（意思の通知）　　所有の意思があることの表示は，必ずしも明示的なものでなくても良く，占有者が占有を取得させた者に対して，占有を正当化する権利（本権，占有権原）と明白に相容れない行為をすることによっても，所有の意思があることを事実上表示したものとするとした判例がある。

Case

明示的ではない所有の意思の表示

　農地の小作人が，いわゆる農地解放後に最初に地代を支払うべきであった時期にその支払いをせず，それ以降，所有者は小作人が本件土地につき地代等を一切支払わずに自由に耕作し占有することを容認していたなどの事実関係の下では，小作人が所有者らに対して本件土地につき所有の意思のあることを表示したものといえるとして，小作人による本件土地の時効取得を認めた。(最判平6・9・13判時1513・99)

　(イ)　新たな権原によりさらに所有の意思をもって占有を始める　　新たな権原によりさらに所有の意思をもって占有を始める場合とは，新たな自主占有を正当化する原因（**自主占有権原**）により所有の意思をもって占有を始めることをいい，たとえば，賃借人が借りていた物を新たに買い受けたような場合である。

　(ウ)　相続と占有　　被相続人の事実的な支配の中にあった物は，原則と

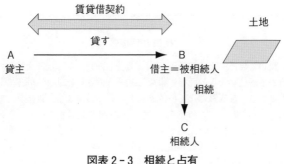

図表 2-3　相続と占有

して相続人の支配の中に承継され，その結果，物に対する占有（占有権）も承
継される。したがって，被相続人が死亡して相続が開始される場合には，特別
の事情のないかぎり，被相続人の物に対する占有は相続人によって相続される
（最判昭 44・10・30 民集 23・10・1881）。

　では，相続人が物を相続した場合に，相続という新たな権原によって占有を
開始したとして，被相続人の占有が他主占有だったとしても，以後自主占有と
するというように変更をすることは可能なのだろうか。たとえば，図表 2-3 の
ように，A 所有の土地を賃借していた B が死亡し，C が当該土地を相続した
場合に，当該土地は B 所有のものであったと信じて長年使用を継続したとき，
時効により取得できるかどうかということが問題となる。

　この点について，かつての判例は，被相続人の占有が他主占有であれば，相
続人の占有も，相続以外の新権原に基づく占有を開始しないかぎりは，常に他
主占有であるとして，相続は民法 185 条の新権原にあたらないとしていた（大
判昭 6・8・7 民集 10・763）。

　しかしその後，判例は，相続人固有の占有を新たな権原による占有の開始で
あると構成し，占有の性質が相続により自主占有へと変更されることを認める
ようになった（Case 参照）。

相続と新権原

　Yは出征に際して自己の土地の管理をAに委任したが，Aは当該土地の空いている部分に建物を建てて居住し，Aの死後も相続人Xらが同地に居住し，同地の時効取得を主張したという事案で，最高裁は，XらはAの死亡により，本権土地建物に対する同人の占有を相続により承継したばかりでなく，新たに本件土地建物を事実上支配することによりこれに対する占有を開始したものということができ，Xらに所有の意思があるとみられる場合には，Xらは，Aの死後民法185条にいう新たな権原により本件土地建物の自主占有をするに至ったと解するのが相当である，とした（なお，本件では，Xらは自主占有を取得したとは認められないとして，Xらの主張は認められていない。）（最判昭46・11・30民集25・8・1437）。

　この判例に対しては，相続が新権原にあたるとした点について批判があり，そうした立場からは，相続人の所持の外形的態様が所有の意思があることを客観的に示し，十分に社会的明がなされている場合には自主占有への変更を認めてもよいのではないかということが主張されている。

　また，最高裁は，他主占有者の相続人が独自の占有に基づく取得時効の成立を主張する場合において，その占有が所有の意思に基づくものであるといい得るためには，取得時効の成立を争う相手方ではなく，占有者である当該相続人において，その事実的支配が外形的客観的にみて独自の所有の意思に基づくものと解される事情を自ら証明すべきものと解するのが相当である，としている（最判平8・11・12民集50・10・2591）。

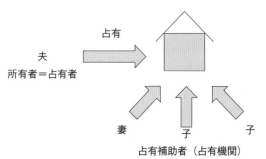

図表 2 - 4　占有補助者（占有機関）

(3) 占有補助者または占有機関による占有　前述のとおり，占有については他人を介してすることが認められているが，介在する他人が「独立の所持」を有しない場合には，これらの者を**占有補助者**または**占有機関**といい，本人にのみ占有（自己占有）が認められ，占有補助者または占有機関は，所持していたとしても占有をしていると認められない。

たとえば，レストランで食事中の客が食器を手にしていたとしても，占有補助者（占有機関）であり，独立の占有を持たない。以下，さらにいくつかの例を見ていく。

(a) 家に同居する家族　家屋の所有者とともにその家に居住する家族は，その所有者＝占有者の手足（機関）として物を所持する占有補助者（占有機関）にすぎず，家屋について独立の占有を持たないとされる。

しかし，両性の平等や，夫名義の家屋に居住する妻を単純に占有補助者とみてよいのかという疑問もあり，場合によっては夫婦は共同占有者となる。

なお，夫婦関係が破綻しているなど特段の事情がある場合に，妻の独自の占有を認めて，夫に対する妨害排除請求を認めるなどした下級審の裁判例もある（東京高判昭 48・6・19 判時 714・189）。

(b) 商店の従業員　商店の従業員は，店主の所持を補助するにとどまり，独立の所持を有さないので，独立の占有をなすものではない（最判昭 35・4・7 民集 14・5・751）。

(c) 法人の代表　法人の代表者が，法人の業務上物を所持した場合も，独立の所持ではないとされている。

Case

会社の代表者として土地を所持する者の占有権の有無

土地の所有者 X が，自己の土地を不法占拠する株式会社の代表取締役 Y に対して土地を明け渡すように求めた事件で，原審では，代表取締役は株式会社のために本件土地を代理占有者として占有しているから，本件土地を明け渡すべき義務があるとしたが，最高裁では，株式会社の代表取締役が会社の代表者として土地を所持する場合には，土地の直接占有者は会社自身であって，代表者は，個人のためにもこれを所持するものと認めるべき特段の事情がないかぎり，個人として占有者たる地位にあるものとはいえず

（本件土地を明け渡すべき義務はない），本件土地の占有者は株式会社であると判示し，裁判を差し戻した（最判昭 32・2・15 民集 11・2・270）。

② 占有の瑕疵

(1) 正権原に基づく占有　　占有を正当化する権利（本権，占有権原）に基づく占有を，正権原に基づく占有という。他方で，占有を正当化する権利（本権，占有権原）に基づかない占有を，正権原に基づかない占有という。

　売買や賃貸借によって占有を開始する場合が前者，他人の物を盗んだり他人の物を自分のものだと誤解したりして占有を開始する場合は後者となる。

(2) 善意占有と悪意占有，過失ある占有と過失なき占有　　前記の正権原に基づかない占有，すなわち，本権がなくて行われる占有のうち，本権がないのに本権があると誤信してする占有が**善意占有**，本権のないことを知っている場合や，本権があることに疑いをもっている場合の占有が**悪意占有**である。占有者は善意占有者だと推定される（民 186 条 1 項）。

　これらの区別により法的効果に違いが生じるのは，取得時効の期間（民 162 条・163 条），即時取得の成否（民 192 条），占有者の果実取得の可否（民 189 条・190 条），占有物が滅失または損傷した場合の賠償義務の有無（民 191 条），占有権原に基づかないで占有する占有者の費用償還請求の可否（民 196 条）といった場面である。

　善意占有であっても，本権があると誤信したことに過失がある場合が**過失ある占有**，過失がない場合が**過失なき占有**である。

　これらの区別により法的効果に違いが生じるのは，取得時効と即時取得の成否の場面である。即時取得の場合には，占有の無過失は推定されるが（民 188 条），取得時効の場合には，占有の無過失は推定されない（民 186 条 1 項，大判大 8・10・13 民録 25・1863）。

(3) 瑕疵なき占有と瑕疵ある占有　　(a) 瑕疵なき占有とは，善意・無過失・平穏・公然・継続などの要件をすべて備える占有をいい，瑕疵ある占有とは，完全な占有を妨げる事情のある占有をいい，瑕疵なき占有の場合と反対に，悪

意・過失・強暴（平穏でない）・隠秘（公然でない）・過失・不継続等の事情がある場合である。強暴とは，暴行もしくは脅迫による場合である。

　占有の瑕疵が問題となるのは，取得時効における瑕疵の承継（民187条2項）の場面と，即時取得の成否の場面である。

　(b)　瑕疵なき占有であることは，民法186条によって推定される。

　1項では，「占有者は，所有の意思をもって，善意で，平穏に，かつ，公然と占有をするものと推定する」と定められており，占有者が所有の意思をもった自主占有を行っていることが推定されるのとならんで，善意・平穏・公然に占有を行っていることが推定される。

　2項では，前と後の両方の時点で占有をしていた場合には，占有はその間継続していたものと推定される。

　なお，無過失については，判例は，取得時効の場合には推定規定がないことを理由に推定されないとしているが（大判大8・10・13民録25・1863など），即時取得の場合には民法188条により推定されるとしている（最判昭41・6・9民集20・5・1011）。

③　単独占有と共同占有

　ある物を，一人が単独で占有する場合を**単独占有**，数人が共同して占有する場合を**共同占有**という。共同占有となるのは，共有関係にある場合や数人の遺産相続人が共同相続をする場合に生じる。

　共同占有の場合，各共同占有者はそれぞれ自己のためにする意思を有していればよく，共同占有者全員のためにする意思は必要ない。

　共同相続の場合，果実取得（民189条），費用償還請求（民196条），占有訴権（民197条以下）などについて，共有に関する規定が類推される。

4　占有権の承継

①　占　有　の　承　継

　Aが自主占有している物を，売買などによってBが承継取得した場合，取

得者Ｂは，新しく占有意思と所持の要件を満たして新しい占有（占有権）を原始取得するし，同時に，Ａの占有（占有権）も承継取得し，２つの占有を並列して行っていることになり，いずれの占有を主張することもできる（民187条1項）。

　なお，以上のことは，相続による承継の場合にもあてはまる（最判昭37・5・18民集16・5・1073）。

　占有の承継が問題となるのは，次のような取得時効の場面である。

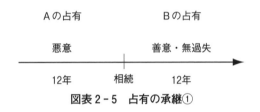

Ａの占有　　　　　　　　Ｂの占有

悪意　　　　　　善意・無過失

12年　　　相続　　　12年

図表 2 - 5　占有の承継①

　まず，図表2-5のようにＡが12年間占有をしていた土地をＢが相続によって取得した場合，Ｂは，自身の原始取得した占有を主張して，土地を12年間占有しているということによって時効取得することができるし（このとき，Ｂは善意・無過失で占有を開始しているので10年間の短期取得時効），同時に，Ａから承継取得した占有を主張して，Ａの12年間の占有とＢの12年間の占有とを合算して（民187条1項）土地を24年間占有しているということによって時効取得することもできる（20年間の長期取得時効）。

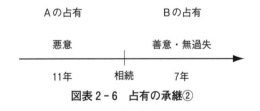

Ａの占有　　　　　　　　Ｂの占有

悪意　　　　　　善意・無過失

11年　　　相続　　　7年

図表 2 - 6　占有の承継②

　このとき，ＢがＡから承継取得した占有を主張し，自身の占有期間に前の占有者であるＡの占有期間を合算する場合には，前主の占有の瑕疵も承継し

なければならない（民187条2項）。たとえば，図表2-6のように，Aが悪意で土地の占有を開始し，11年間占有を続けた後，Bがその土地を相続によって取得して7年間占有を続けた場合には，両者の占有期間は合計18年となり，Bは善意・無過失で占有を開始しているために，短期の取得時効を主張できそうだが，B自身は善意であっても，Aの占有を承継して期間を合算する場合にはAが悪意で占有を開始したという瑕疵も承継するために，Bは悪意で18年占有を行っていることになり，もう2年待って長期の取得時効を主張するしかない。

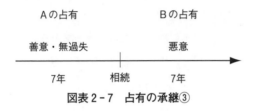

図表2-7　占有の承継③

　では，図表2-7のようにAが善意・無過失で土地の占有を開始し，7年間占有を続けた後，悪意のBがその土地を相続によって取得して7年間占有を続けた場合に，両者の占有期間は合計14年となり，BがAの善意・無過失の占有を承継取得したとして短期の取得時効を主張できるだろうか。この点については見解の対立があるが，判例では，Aが占有の開始時に善意・無過失であれば，B自身の占有開始時の悪意・有過失にかかわらず，Aの善意占有を援用できるとしている（最判昭53・3・6民集32・2・135）。

② 占有権原の変更

　占有を開始するときに，たとえば使用貸借によって占有を開始した場合には，占有者がたとえ何年間占有を継続したとしても，占有物の所有権を取得することはできない。しかし，前述のとおり，占有の途中で他主占有から自主占有へと占有の性質を変更することができ（民185条），変更が行われた場合には取得時効の対象となる。

3 ┃ 占有権の効力

　占有の効力としては，さまざまなものがある。まず，日本の民法では，取引の安全を図るために物に対する権利の現状や変動を外部から認識できる一定の外形（公示）にあらわすという，公示の原則が採用されており，不動産については登記によって物権の公示が行われているが，多くの動産には不動産登記のような公示制度が用意されていないことから，動産については引渡しすなわち占有の移転が物権変動を表象し，対抗要件となる（第１章第２節・第４節）。また，後に説明する即時取得制度（民192条以下）も，引渡しの公示の不十分さを補うという意味も持つので，物権変動を表象する機能を担う。

　また，占有をしていることによって権利の存在や適法性を推定し，占有を媒介として時効や即時取得による本権の取得を導き，占有の訴え（占有訴権）による保護を受けることができる。

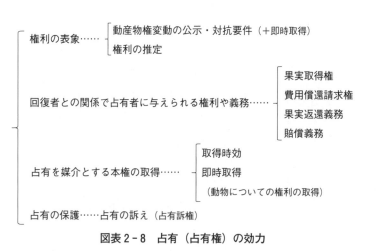

権利の表象……┌ 動産物権変動の公示・対抗要件（＋即時取得）
　　　　　　　└ 権利の推定

回復者との関係で占有者に与えられる権利や義務……┌ 果実取得権
　　　　　　　　　　　　　　　　　　　　　　　　│ 費用償還請求権
　　　　　　　　　　　　　　　　　　　　　　　　│ 果実返還義務
　　　　　　　　　　　　　　　　　　　　　　　　└ 賠償義務

占有を媒介とする本権の取得……┌ 取得時効
　　　　　　　　　　　　　　　├ 即時取得
　　　　　　　　　　　　　　　└（動物についての権利の取得）

占有の保護……占有の訴え（占有訴権）

図表 2-8　占有（占有権）の効力

1　権利の推定など

　(1)　権利の推定　　(a)　意義　　民法 188 条では,「占有者が占有物について行使する権利は, 適法に有するものと推定する」とされており, 占有者は, 占有している物に対して, 所有権・地上権・質権・賃借権などの**占有を正当化する権利 (本権, 占有権原)** を適法に有していることが推定される。このような推定がなされているのは, 占有者は何らかの本権を有している蓋然性が高いため, 現状を一応正しいものと認め, 保護することにより, 物の支配をめぐる秩序を保つためである。

　　(b)　推定の効果　　民法 188 条の推定は, 法律上の推定であるとされる。そのため, この推定を破るためには, 占有者が占有すべき権利を有していないことを証明しなければならず, 占有者の保護は強力なものとなる。

　占有の推定力が働くのは, 多くの場合は動産についてであり, 不動産については登記が権利関係の公示方法であり, 登記に権利の推定力があるために, 占有の推定力は働かない。ただし, 不動産が未登記である場合には, 占有の推定力が働く。

Topics

事実上の推定と法律上の推定

　事実上の推定とは, 裁判官の自由な心証により, 経験則を用いてある事実から他の推定事実を推認することを意味する。裁判所は, 争いのある事実に関して, 証拠から直接主要事実を認定するか, または証拠に基づいて間接事実を認定し, その間接事実に基づいて主要事実の存在を推定する。相手方が事実上の推定を覆すためには, 本権の存在に対する合理的疑いを生じさせる立証 (反証) に成功すればよい。

　法律上の推定は, 法律上の事実推定と法律上の権利推定とに分けられるが, 法律上の事実推定は, ある前提事実が認められると, 立証したい主要事実の存在が推定されることが法律によって認められていることを意味し, 法律上の権利推定は, ある前提事実が認められると, 立証したい権利の存在が推定されることが法律によって認められていることを意味する。主要事実や権利の立証責任が原告にあるとしても, 法律上の事実推定の効果により, その主要事実や権利の存在が推定され, 相手方の被告がそ

の主要事実や権利の不存在を証明しなければならず（本証），立証責任が原告から被告に転換される。

また，占有者に対して所有権にもとづく返還請求が行われる場合にも，占有の推定力は働かない（最判昭35・3・1民集14・3・327）。

(2) 占有者と回復者との間に生じる法律関係　物を盗んだ場合や，権利関係を誤認していた場合，取り消されうる法律行為を基礎としている場合などにも占有は生じるが，占有者は所有者などに物を返還する義務を負う。こうした場合に，占有者と物の返還を受ける者（**回復者**）との間の利益調整が必要となる。占有の効力として，こうした場合の占有者の権利や義務が定められている。

(a) 占有者の果実や使用利益の取得権　図表2-9のように，ABの売買契約によりA所有の土地をBが取得し，Bがこの土地をCに賃貸して賃料収入を得ていた場合に，AB間での売買契約が結果として無効であったとき，Bが得ていた賃料＝果実をAに返還しなければならないかどうかが問題となる。

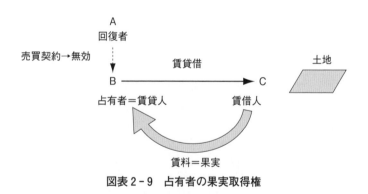

図表2-9　占有者の果実取得権

こうした場合，果実を得ている占有者が善意であるか悪意であるかによって，返還義務の有無が異なる。民法189条1項では，「善意の占有者は，占有物から生ずる果実を取得する」と定められており，善意の占有者は，占有物から生じる果実を取得し，回復者への返還義務を負わない。

　善意の占有者に果実の取得を認める理由は，果実は占有者が元物に自身の労力や資本を投下した結果生じることが多いことや，善意の占有者は果実を取得して日常生活で消費してしまうことが多く返還ないし代償を命じることは酷であることである。

　ここでいう善意とは，占有者が自身が果実を取得する権能のある本権（所有権や地上権など）を有すると誤信をしていることをいい，善意であれば過失の有無は問わない。

　果実には天然果実も法定果実も含まれるほか，法定果実が元物使用の対価であることと元物の使用価値の取得であるという点で共通する**使用利益**についても，果実に含まれる（大判大 14・1・20 民集 4・1）。

　善意の占有者であっても，本権の訴えで敗訴した場合には，その起訴の時から悪意の占有者とみなされる（民 189 条 2 項）。

　(b)　悪意占有者の果実返還義務　　(a)の場合に，占有者が悪意であるときと，暴行もしくは脅迫または隠秘で占有をしているときは，回復者に果実を返還する義務を負う（民 190 条）。

　悪意とは，占有者が自身が果実を取得する権能のある本権（所有権や地上権など）を有すると信じていないことをいう。

　悪意の占有者は，残存している果実を返還する義務を負うほか，果実を消費した場合や過失によって損傷した場合または過失によって収得を怠った場合にも，果実の代価を償還する義務を負う。

　この果実返還義務についての規定は，不当利得についての民法 703 条・704

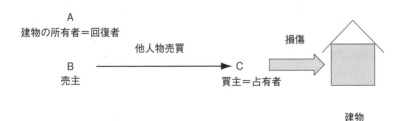

図表 2－10　占有者の損害賠償義務

条の特則であり（不当利得の規定にしたがえば，善意占有者でも現存する果実は返還しなければならなくなる），判例は，物の占有に関する不当利得については民法189条・190条の規定が優先的に適用されて，不当利得の規定の適用は排除されるとしている（前掲大判大14・1・20など）。

(c)　占有者の損害賠償義務　　図表2-10のように，Aの所有する建物をBがCに売却し，買主であるCが占有中に建物を過失により損傷してしまった場合，占有者は建物の所有者＝回復者に対して，損害賠償をする義務を負う。

民法191条では，占有物が占有者（自主占有者）の責めに帰すべき事由によって滅失し，または損傷したときは，占有者は回復者に賠償をする義務を負うと定められているが，損害賠償の範囲は，占有者が善意か悪意かによって異なる。善意の占有者は，その滅失または損傷によって現に利益を受けている限度において賠償をする義務を負う。現に利益を受けている限度（現存利益）とは，利益が元物のまま残っているか，形を変えて残っている場合（占有物を売却して代金を受け取った場合など）をいい，すでに消失した利益は含まない。したがって，占有者が自分に所有権があると信じて居住していた建物を損傷した場合には，損傷をしたまま建物を返還すればよいことになる。

なお，占有物の滅失の場合には，物理的な滅失だけではなく，紛失の場合や，

 Topics

損害賠償義務の範囲の異なる理由

善意の占有者と，悪意の占有者または他主占有者とで損害賠償義務の範囲が異なるが，このような区別は，悪意の不法占有者も他主占有者も，占有物を所有者へ返還するべき立場にあり，責めに帰すべき事由によって占有物を滅失または損傷させた場合には賠償義務を負って当然であるが，不法占有者であっても，自身に権利があると信じていた善意の占有者であれば，占有物を自己の物として扱うのが当然であり，占有物を慎重に扱わせ，損害について責任を負わせるわけにはいかないということが考慮されている。

第三者に譲渡して第三者の即時取得が成立した場合も含まれ，損傷の場合にも，物理的な損傷だけではなく，濫用による価値の下落も含まれる。

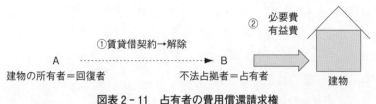

図表 2 - 11　占有者の費用償還請求権

　これに対して，悪意の占有者はその損害の全ての損害の賠償義務を負う。また，民法 191 条のただし書では，所有の意思のない占有者は，善意であるときであっても，全部の賠償をしなければならないことが定められており，他主占有者（賃借人，質権者，保管者など）は善意であっても全ての損害の賠償をしなければならない。

　　(d)　占有者の費用償還請求権　　(ア)　必要費と有益費　　図表 2 - 11 のように，AB 間での賃貸借契約により B が建物を賃借していたが，B の賃料不払いによって賃貸借契約が解除され，契約解除後も B が建物を不法に占拠し続け，不法占拠期間中に B が占有している建物に対して必要費や有益費を支出した場合，それらの費用を回復者 A に対して請求できるかということが問題となる。

　民法 196 条では，1 項で必要費について，2 項で有益費について定めている。**必要費**とは，物を保存，管理するために必要な費用である。たとえば，物の修繕費や物についての租税などが必要費に当たる。それに対して，**有益費**とは，物の改良，その他物の価格の増加に要した費用である。たとえば，店舗の模様替えのための造作（建物の構成部分ではないが建物に付加されて建物の便益に供される物。たたみ，建具，電気・水道施設など）の費用や，トイレのウォシュレットへの変更などが有益費にあたる。

　　(イ)　必要費の償還　　必要費については，占有者が善意か悪意かや，自主占有か他主占有かということを問わず，占有者は回復者に対して償還を求めることができる。

　ただし，占有者が占有物から生じる果実を取得した場合（第三者に賃貸して賃料を得ていたなど）には，通常の必要費は占有者が負担し，回復者に償還請

求できない（民196条1項ただし書）。通常の必要費が果実の額を上回っても差額を請求することはできないが，自然災害等を原因とする大修繕が行われる場合，その費用については必要費ではなく，占有者は回復者に対して費用の償還を請求することができる。

　　(ウ)　有益費の償還　　有益費については，占有者は，その価格の増加が現存する場合に限り，回復者の選択にしたがい，その支出した金額または増加額を，回復者に対して償還するよう請求することができる（民196条2項）。回復者が選択をしなかった場合には，いずれか低額の方に確定する（大判明35・2・22民録8・2・93）。

　占有者が悪意の場合にも有益費の償還請求は認められるが，裁判所は，回復者の請求により，その償還について相当の期限を許与することができる（民196条2項ただし書）。期限の許与がなされると，悪意の占有者が費用償還請求権を被担保債権として留置権を行使することを否定できるが（留置権については，第5章第2節参照），適法占有が途中から不適法占有にかわった場合に，自己に占有権原がないことを知る悪意の占有者については民法295条2項（占有が不法行為によって始まった場合には，占有者の留置権は否定される）を類推適用できるとして（大判大10・12・23民録27・2175など），回復者は，占有者が費用支出時に悪意であったことを立証するだけで占有者の留置権を否定することができる。

 Topics

賃貸借契約中の費用償還請求

　賃貸借契約の継続中に，賃借人が賃借している物に対して必要費を支出した場合には，賃借人は賃貸人に対して，直ちに全額償還を請求することができる。賃借人が有益費を支出した場合には，占有者の費用償還請求の場合と同じく，その価格の増加が現存する場合に限り，賃貸人の選択にしたがい，その支出した金額または増加額を償還するよう賃貸人に対して請求することができる。裁判所は，回復者の請求により，その償還について相当の期限を許与することができる（民608条）。

2　即時取得など

　占有には，占有を媒介として所有権などの実体的な権利を発生させるという効力がある。一定期間物の占有を継続することによって物に対する権利を取得することができる取得時効や，動産を取引行為によって取得した場合に物に対する権利を取得することができる即時取得である。

① 　取 得 時 効

　所有の意思をもった他人の物の占有が20年間（占有開始の時に善意無過失であれば10年間）継続した場合，その占有者は占有している物の所有権を時効によって取得する（民162条。その他の財産権については民163条）。

② 　動産の即時取得

　(1)　概要　　図表2-12のように，Aが所有するパソコンをBに貸していたところ，Bがそうした事情をなにも知らないCへとパソコンを売ってしまい占有も移転した，という場合に，本来のパソコンの所有者はAであるはずだが，民法は，Aによるパソコンの返還請求は認めずに，Cにパソコンについて行使する権利を与える。

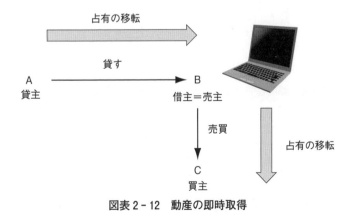

図表2-12　動産の即時取得

こうした制度を，**即時取得**という。即時取得は，民法192条に「取引行為によって，平穏に，かつ，公然と動産の占有を始めた者は，善意であり，かつ，過失がないときは，即時にその動産について行使する権利を取得する」と定められており，動産を占有している売主が無権利者であっても，売主が権利者であると信頼して買主が取引をした場合には，買主に即時に所有権などの権利を取得させる制度であると理解される。

　この制度は，動産の対抗要件である引渡しの公示の不十分さを補充し，また，取引の安全のため，早期に権利関係を確定するための制度であるといわれる。

 Topics

即時取得と善意取得

　即時取得については，「善意取得」という名称が用いられることもある。民法192条の表題として用いられているのは「即時取得」という呼び方であるが，この制度は取得者の善意や信頼を保護するための制度であると考える立場から，「善意取得」という名称も用いられている。しかし，善意取得という用語は，取得時効などをも含んだより広い範囲を持つ用語であるはずである点，それから，取得者の善意や信頼の保護という目的のためだけでは，本来の所有者の権利を消滅させて善意の取得者に所有権を取得させるということの説明としては十分でなく，それに加えて，安心して動産の取引ができるようにする（取引の安全）という社会的な利益を保護するということが目的とされているうえに，平成16年の民法現代語化にともなって192条に加えられた修正の中で，「取引行為によって，」という文言が明記され，取引の安全保護という視点が強められたと考えられることなども含めて，ここでは「即時取得」という名称を用いている。

　(2)　要件　　即時取得が成立するための要件は，民法192条に書かれている通り，①**目的物が動産**であること，②**取引行為による取得**であること，③前主が無権利者であること，④**占有を開始**，⑤**取得が平穏，公然，善意無過失**で行われたことである。

　(a)　目的物が動産であること　　即時取得の目的物は，動産に限られるが，登録または登記制度のある動産については即時取得が成立しない場合がある。

　(ア)　登録または登記の可能な動産　　飛行機（航空3条の3），船舶（商

687 条)，自動車（道運車両 5 条，自抵 5 条 1 項），建設機械（建抵 7 条）などは，登録または登記の制度があるために，不動産に準じた扱いを受け，即時取得が成立しない。

　自動車については判例があり，既登録自動車については，道路運送車両法上の登録が所有権の得喪および変更等の公示方法とされていることを理由に，即時取得は成立しないとしている（最判昭 62・4・24 判時 1243・24）。他方で，未登録ないし登録抹消後の自動車については，即時取得が成立するとしている（最判昭 45・12・4 民集 24・13・1987）。

　　(イ)　立木，稲立毛（いなたちげ）　伐採された樹木は動産として即時取得の対象となるが，土地から分離されていない立木や稲立毛（刈取り前の稲）については，即時取得の対象とはならない。しかし，土地から分離された立木は動産となるので，即時取得の対象となるし，成熟期の稲立毛について一種の動産として即時取得の成立を認めた判例がある（大判昭 2・8・8 新聞 2907・9）。

　　(ウ)　金銭　金銭については，特別の場合を除いて，物としての個性を持たない単なる価値そのものであるので，金銭の所有権者はその占有者と一致すると解されており，即時取得が成立する余地がない。

　　(b)　取引行為による取得であること　前述のように，かつては即時取得の要件として，民法 192 条に「取引行為によって，」という文言が明記されておらず，争点とされた。他人の山林を自己のものだと誤信して植物を採取した場合や，他人の遺失物を拾得した場合には，事実行為による取得であり，即時取得は成立しない。

　また，取引行為がそれ自体として有効なことが必要とされる。

　　(c)　前主が無権利者であること　即時取得が適用されるのは，取得者が，前主が権利者であるか，または，前主に処分権限があると誤信した場合であって，譲渡人が権利能力を有することや，法律行為に瑕疵がない（錯誤等によらない）ことについて誤信したという場合には，即時取得は取引の瑕疵を治癒するものではないので，民法 192 条は適用されない。

　また，他人物売買が行われた場合は即時取得の成立する場面であるが，譲渡

人が動産所有者の代理人として取引を行った無権代理による場合にも，即時取得は成立しない。

　なお，所有権を有する譲渡人からの第1買主が，占有改定または指図による占有移転によって所有権移転の対抗力を備えた後に，第2買主が前主を所有者だと誤信して動産を購入した場合（二重譲渡）や，譲渡担保が介在する場合も，厳密には無権利者からの取得とはいえないが，即時取得が成立しうる。

　　(d)　占有を開始　　即時取得に要件として，取得者が「占有を始めた」こと，すなわち，引渡しを受けることが必要とされる。ところが，第1章で説明されたように，引渡しには，①現実の引渡し（民182条1項），②簡易の引渡し（同2項），③占有改定（民183条），④指図による占有移転（民184条）という4つの種類があるが，これらのいずれであっても即時取得が成立するかという点では問題がある。①と②の場合には，取得者が物を直接占有することになる（自己占有，直接占有）ので，この要件を充たすことに問題はない。問題となるのは，③と④の場合である。

　　　(ア)　占有改定の場合の即時取得の成否　　図表2-13のように，Aからパソコンを借りていたBが，処分権限がないにもかかわらず，善意のCに売り，占有改定による占有の移転を行った場合，パソコン自体は依然としてBのもとにあり，こうした場合でも，Cが占有を始めたことになるのかが問題となる。

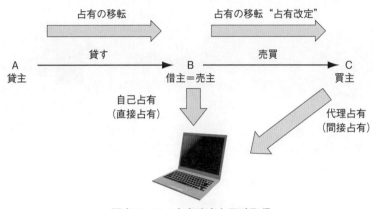

図表2-13　占有改定と即時取得

　判例では，譲受人が民法192条によりその所有権を取得しうるためには，一般外観上従来の占有事実の状態に変更を生じるような占有を取得することが必要であるとして，占有改定による即時取得の成立を認めなかった（最判昭35・2・11民集14・2・168）。

　この判例に対して，占有改定でも一応即時取得は成立するが，それは確定的ではなく，後に取得者が現実の引渡しを受けることによって確定的になるとする見解（折衷説）も有力に主張されている。

　　(イ)　指図による占有移転の場合の即時取得の成否　　AがBに賃貸していた機械を，BがDへと保管を頼み（寄託），Dが保管していた。そして，Bがその機械をCへと売り，Dに保管をさせたままで，指図による占有の移転により引渡しを行った。こうした場合も，占有状態に外形上の変化がないために，即時取得の成立が問題となる。

　判例は，指図による占有移転の場合には，即時取得の成立を認めている（最判昭57・9・7民集36・8・1527。Case 参照）。

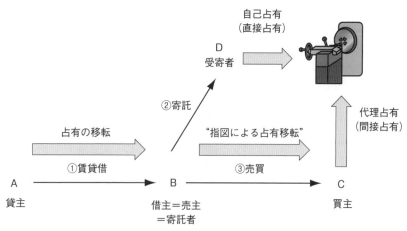

図表 2 - 14　指図による占有移転と即時取得

指図による占有移転と即時取得

　B社は，アメリカのA社から冷凍豚肉を輸入した。AB間の契約では，Bが売買代金を決済した上で豚肉につき発行された船荷証券（輸入者にとっては船荷の引換証になる）を取得することによって豚肉の所有権を取得するとされていたが，Bは代金を支払うことができず，船荷証券を取得することができなかった。しかし，Bは豚肉の海上運送人であったY会社に懇請し，船荷証券取得前の「保証渡し」により豚肉の引渡しを受けた。

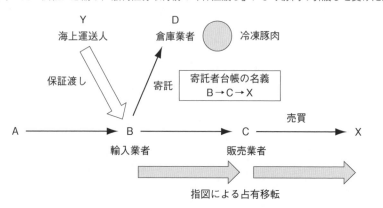

100

Yはこの引渡しの責任を問われ、Aに損害金を支払い船荷証券を取得した。豚肉の通関手続中、Bは豚肉をDに寄託した。そして、豚肉が日本に到着する前にBは豚肉をCに売り、CはこれをXに転売した。このとき、豚肉を引き渡す手段として、受寄者であるDに豚肉を買受人に引渡すことを依頼する荷渡指図書がそれぞれ発行され、正本をDに、副本をC次いでXに交付し、Dは譲受人の意思を確認したうえで、寄託者台帳上の寄託者名義をBからC、CからXへと変更するという方法がとられた。Xが豚肉の換価代金につき所有権を有することの確認を求めて訴えを提起した。

原審では、占有移転が、寄託者台帳上の寄託者名義の変更という一定の書面上の処理を伴い客観的に認識することが可能であって、善意の第三者の利益を犠牲にすることはないとして、即時取得の成立を認め、最高裁も、原審の判断は正当であるとして、即時取得の成立を認めた（前掲最判昭 57・9・7）。

(e) 取得が平穏、公然、善意無過失で行われたこと　　取引行為によって動産が取得されたことが要件とされているので、基本的には平穏かつ公然と取得されたことにはなるが、平穏、公然と取得されたということと善意で取得されたということは、民法 186 条 1 項により推定される。取得者の無過失についても、判例は、民法 188 条により推定されるとしている（最判昭 41・6・9民集 20・5・1011）。188 条により無過失が推定されるのは、占有をしている譲渡人から取得する場合に、譲渡人は占有をしていたことをもって譲渡目的物について行使する権利を適法に有すると推定されるので、物を占有していた譲渡人であれば通常処分権限があるだろうと信じた譲受人も無過失であると推定されるからである。ただし、譲受人が当該の取引において通例行われることすらしなかった場合や、譲受人に権利を疑わせるような具体的事情があるにもかかわらず適当な調査を怠った場合には、過失があると判断される場合もある。

Case

刀剣の取引と登録証原本の交付

美術刀剣等の売買業者Xが刀剣を第三者に預託したところ、同人がこれを美術工芸品の販売等を業とするYへと譲渡し、XがYに刀剣の引渡しを請求したところYが即時取得を理由として拒んだという事件で、東京地裁は、刀剣の売買や貸付等取引については、厳格な法規制の下、現物とともに登録証原本を交付するという取扱いが、刀剣を扱う業界において厳守されており、このことは商慣習としてYも十分認識していたものであるから、同人が、上記第三者による登録証原本なしの刀剣自体の所持をもって、

（3）　効果　　即時取得の要件が満たされると，取得者は，動産について行使する権利を取得し，その反射として，本来の権利者の権利は消滅する。

即時取得の対象となる権利は，所有権と質権である。また，動産の先取特権は法定担保物権で当事者間の取引によって取得される権利ではないが，即時取得についての民法192条から195条までの規定が準用される（民319条）。

賃借権については，債権であるために，即時取得は認められない。

即時取得は権利の原始取得であり，動産に付着していた負担は原則として消滅する。権利の消滅した本来の権利者から即時取得者に対する不当利得返還請求は，即時取得は不当利得ではないために認められない。本来の所有者は，自分が動産を委ねた者や動産を盗んだ者などに対して，債務不履行や不法行為による損害賠償を請求していくことになる。

（4）　盗品・遺失物の場合　　Ａが所有するパソコンをＢが窃取した場合でも，Ｂが善意無過失のＣに売却し，Ｃが即時取得の要件を満たしていた場合には，即時取得が成立する。しかし，所有者が自らの意思によってＢに動産の占有を委ねた場合（占有委託物）とは異なり，所有者の意思によらずに遺失や窃盗により動産が失われた（占有離脱物）場合には，例外的に，真の所有者（遺失

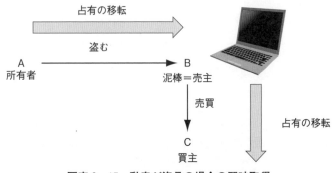

図表 2-15　動産が盗品の場合の即時取得

者または被害者）に，2年間，取得者からの物の回復を認めている（民193条）。占有委託物の場合には，真の所有者は物自体を取り戻すことはできず，自分が物を委ねた相手に対して損害賠償請求などをすることになる。

　盗品についてはその範囲が狭く解されており，詐欺や横領，恐喝によって占有が移転した場合は含まれない。

Case

即時取得と準拠法

　ドイツ在住のＡは，ドイツで新規登録された自動車を使用していたが，イタリアで本件自動車の盗難被害にあい，Ｘ保険会社からの保険金の支払いを受けた。本件自動車は，アラブ首長国連邦の中古車販売業者を経由して日本で販売され，Ｙが取得した。ＸがＹに対して，所有権に基づいて自動車の引渡し等を請求した。

　法の適用に関する通則法13条2項では，動産の得喪についての準拠法（問題が複数の国に関係する場合に基準とされる法律）は，その原因となる事実が完成した当時におけるその目的物の所在地法によるとされているが，それがいずれの国の法なのかが争点となった。たとえば，自動車の登録されているドイツ法であれば，盗品に対する即時取得は認められていないし（BGB935条），盗難の行われたイタリア法では，盗品に対しても即時取得が認められ，回復請求も認められていない（cc1153-1157条）。最高裁は，即時取得における所有権取得の原因事実の完成時は，買主が本件自動車の占有を取得した時点であるとして，日本法を準拠法とし，即時取得が成立していることを理由に，Ｘの請求を認めなかった。（最判平14・10・29民集56・8・1964）

---

　(5)　**盗品・遺失物の回復と代価の弁償**　　図表2-16のように，所有者Ａが，盗まれたパソコンがＤのもとにあることを発見した場合には，民法193条により，2年間はパソコンを取り戻すことができる。しかし，パソコンを取得したＤが，善意で同種の物を売る商人から購入していた場合，Ｄの利益が害されることになる。そこで，Ａが盗まれたパソコンを回復する場合には，Ｄがパソコンを購入するのに支払った代価を弁償しなければならない。

　民法194条では，取得者が，盗品・遺失物を，競売もしくは公の市場において，または同種の物を販売する商人から善意で買い受けていた場合，被害者または遺失者は，取得者が支払った代価を弁償しなければ，盗品または遺失物を回復できない，ということが定められており，これによって，回復者の利益と取得者との利益との調整がはかられる。

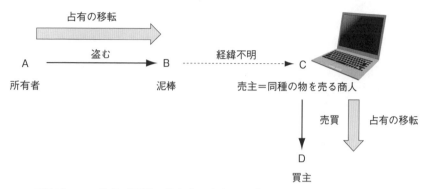

図表 2 - 16　盗品が同種の物を売る商人から購入された場合の代価の弁償

　また，回復請求が行われるまでの動産の使用利益については，判例は，代価の弁償を受けるまでは物の使用収益権限は占有者が有しており，所有者は，使用利益を不当利得であるとして返還請求を行うことができないとしている。(最判平 12・6・27 民集 54・5・1737)

Case

民法 194 条の回復請求と使用利益の返還

　X の所有する土木機械バックホーが A らに盗取され，その後，Y が無店舗で中古土木機械の販売業等を営む B から善意無過失で本件バックホーを購入し引渡しを受け，以後占有使用していた。X が Y に対して，所有権に基づく本件バックホーの引渡しを求めるとともに，不当利得または不法行為を理由として本件バックホーの使用利益ないし賃料相当額の支払いを求めて訴えを提起したが，訴訟継続中に Y は X に自主的にバックホーの返還を行った。

　最高裁は，盗品等の占有者が，民法 194 条による回復請求が行われる場合，代価弁償の提供があるまでの間，動産の使用収益権を持つか，言い換えると，動産の回復請求が行われる場合に，占有者が原所有者に動産の使用利益を返還しなければならないか，という点について，被害者等と占有者との公平を理由として善意占有者の使用収益権を認め，使用利益の返還を不要であるとした。また，民法 194 条の代価弁償について，抗弁権であるとしていた判例 (大判昭 4・12・11 民集 8・923) を変更し，代価弁償を請求権であると認め，自主的な物の返還が行われた場合でも，代価を請求できるとした。(前掲最判平 12・6・27)

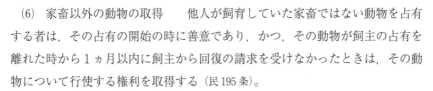

Topics

盗品売買と古物商

　動産の即時取得という制度があると，盗品の売買を認めることになってしまう。そこで，盗品等の売買の防止や，速やかな発見等を図るため，古物営業に係る業務について必要な規制等を行い，それによって窃盗その他の犯罪の防止を図り，その被害の迅速な回復に資することを目的として，古物営業法が制定されている。古物営業法では，古物商が古物を買い取る場合には売主の住所等を確認し控える義務を負い（古物営業法15条），不正品の疑いがある場合には直ちに警察に通報する義務を負い（同法15条3項），警察から捜査の協力が求められた場合には持っている情報を提供しなければならない（同法19条・22条）。また，古物商は，盗品または遺失物の所有者に対して1年間無償で返還する義務を負う（同法20条）。

　また，質屋営業法にも同様の規定が置かれている。

　(6)　家畜以外の動物の取得　　他人が飼育していた家畜ではない動物を占有する者は，その占有の開始の時に善意であり，かつ，その動物が飼主の占有を離れた時から1ヵ月以内に飼主から回復の請求を受けなかったときは，その動物について行使する権利を取得する（民195条）。

　家畜が逃げ出した場合には，一種の遺失物として扱われ，遺失物拾得の手続き（民240条）によるか，取得時効の期間を経過しなければ，拾得者は家畜についての権利を取得することはできない。

　なお，動物も動産であるため，取引を経た場合には，即時取得が成立する可能性もある（民192条）。

　民法195条が問題となった事例は少ないが，古い判例では，家畜以外の動物とは，もともと人の支配に服さないで生活するのを通常とする動物を指すとしており（大判昭7・2・16民集11・138），どういった動物が家畜でどういった動物が家畜以外なのかは，地方や時代によって異なる。牛，馬，鶏，犬などは家畜であるとされ，猿や狸や猪などは家畜以外であるとされる。

　ペットについても，ペットであったかどうかではなく，上記判例の基準に当てはめ，その地域で一般に人に飼われてその支配に服して生活している動物な

のか，そうでなく野生に生活している動物なのかによって，扱いを変える。

Case

九 官 鳥 事 件

　Xは，自宅に飛び込んできた九官鳥をとらえ，そのまま飼育していた。3年後に，所有者だと称するYが警官を伴ってXの家を訪れ，自分の家で飼っていた九官鳥であるとしてXの妻の拒絶にもかかわらず持ち去った。XはYを相手に，九官鳥は家畜以外の動物であるから民法195条により自分が所有権を取得したとして所有権に基づく返還請求の訴えを提起した。

　大審院は，家畜以外の動物とは，人の支配に服さずに生活するのが通常の状態の動物であるとし，九官鳥は一般に人に飼われてその支配に服して生活するから家畜外の動物には該当しないと判断し，Xの請求を認めなかった。（前掲大判昭7・2・16）

3　占 有 訴 権

1　占有の訴え（占有訴権）

　借りた土地が不法占拠されていた場合のように，占有が侵害された場合には，占有者は占有の訴えを行使し，侵害をやめさせることができる。占有訴権には3種類あり，(1)**占有回収の訴え**，(2)**占有保持の訴え**，(3)**占有保全の訴え**である。

　占有の訴えは，占有の権原の有無等を問わずに侵害の排除を請求することを認めるものであり，占有者が泥棒や不法占拠者であっても保護される。これは，事実的支配状態をあるがままの状態として保護することで社会秩序を維持することを目的としているためである。

　占有の訴えは，自己占有者だけではなく，代理占有者も行使することができる（民197条）。

　(1)　占有回収の訴え　　占有者は，占有している物が意思に反して奪われた場合には，その物の返還および損害賠償の請求をすることができる（民200条1項）。

　自ら占有を委ねた場合や，遺失した場合，詐欺により交付した場合は，占有が奪われたことにはならないので，占有の訴えは行使できない。

　占有回収の訴えは，占有を侵奪した者の特定承継人（譲受人）に対しては行

使できないが，特定承継人が侵奪の事実を知っていた場合には，行使できる（同
条 2 項）。

　占有回収の訴えは，占有を奪われた時から 1 年以内に提起しなければならな
い（民 201 条 3 項）。

　(2)　占有保持の訴え　　占有者は，占有が妨害された場合には，その妨害の
停止および損害の賠償を請求することができる（民 198 条）。

　占有保持の訴えは，妨害の存する間またはその消滅した後 1 年以内に提起し
なければならない（民 201 条 1 項）。ただし，工事により占有物に損害を生じた
場合において，その工事に着手した時から 1 年を経過し，またはその工事が完
成したときは，占有保持の訴えを提起することができなくなる（民 201 条 1 項た
だし書）。

　(3)　占有保全の訴え　　占有者は，占有を妨害されるおそれがあるときは，
その妨害の予防または損害賠償の担保を請求することができる（民 199 条）。

　占有保持の訴えは，すでに占有が何らかの妨害をされている場合に用いるが，
占有保全の訴えは，まだ占有が妨害されているわけではないが，占有が妨害さ
れるおそれがある場合に用いる。

　占有保全の訴えは，妨害の危険の存する間は，提起することができる（民
201 条 2 項）。工事により占有物に損害を生ずるおそれがあるときは，その工事
に着手した時から 1 年を経過し，またはその工事が完成したときは，占有保全
の訴えを提起することができなくなる。

② 自力救済の禁止

　(1)　占有の侵奪と自力救済の禁止　　私人が法の定める手続によらずに自己
の権利を実現することは，自力救済であるとして，侵害が切迫していて，かつ，
後で権利を実現することが困難となる事情がある場合など例外的な場合を除い
て禁止されている。

　占有が侵奪された場合にも，正当な権利者でも国家の定める救済手続によら
ずに私力によって権利の回復を図ることはできない。

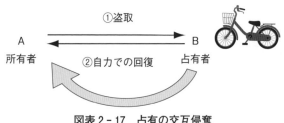

①盗取

A　　　　　　　　　　　　B
所有者　　②自力での回復　　占有者

図表 2 - 17　占有の交互侵奪

　(2)　占有の交互侵奪　　図表 2 - 17 のように，A の所有する自転車が B に
よって盗取された。このとき，A が自分の自転車を B の家の前で発見して，
そのまま持ち帰ったとする。すると，当初の侵奪者 B が占有を奪われたこと
になり，A に対して占有回収の訴えを行うことができるだろうか。このような
場面を，**占有の交互侵奪**という。

　B は盗んだものであっても自転車の占有をしており，その占有が侵奪された
のであるから，占有回収の訴えの要件は充たされているが，B が占有回収の訴
えを行使して占有を回収しても，A も占有回収の訴えを行使したりまたは本権
（所有権）に基づく訴えを反訴として提起したりすることができるために，訴
訟経済上の理由から侵奪者に占有の訴えを認めることには批判的な見解がある。

　判例は交互侵奪の事案で占有回収の訴えを認めている（大判大 13・5・22 民集 3・
224），と通説的には理解されている。

　また，A が占有回収の訴えを行使できる 1 年以内は，侵奪者 B の新しい占
有はまだかく乱状態であるため，B による侵奪から 1 年以内は B の訴えは否
定されるべきだとする見解もある。

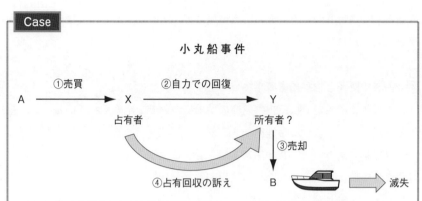

```
Case
```

小 丸 船 事 件

X は，A から購入した小丸船を河岸に繋留していたが，Y らが船を奪取し，自己の河岸に回漕し使用していた。そこで，X は Y に対して船の引渡しを求めたが，Y が当該船はもともと自分が所有していたものであり，窃盗にあい探していたものであるなどとしてこれに応じず，X は船の引渡しと損害金の支払いを求めて訴えた。その後，船は B に売却された後に滅失した。

原審である東京地裁は，Y による占有侵奪の事実を認め，船の引渡しと船値の賠償請求は退けたものの，占有侵奪から船の滅失までの間に船舶を自ら使用できなかったことによって被った損害の賠償を認めた。

大審院は，占有回収の訴えを規定している民法 200 条 1 項について，悪意の占有者であっても，占有侵奪者に対してその侵奪によって生じた損害の賠償を請求することができるとして，Y の上告を棄却した（前掲大判大 13・5・22）。

本判決は，占有の交互侵奪が主たる争点ではなかったが，占有の交互侵奪の場面で占有訴権を認めた判決であるとして扱われている。

③　占有の訴えと本権の訴えとの関係

所有権等にもとづく物権的請求権（第6節参照）と占有訴権との関係については，所有し占有する物が盗まれたような場合には，所有者（＝占有者）は占有回収の訴えと所有権に基づく返還請求権のいずれを選択して行使することもできる（民 202 条 1 項）。一方で敗訴したのちに他方を行使することも，判例は両訴を別のものとみて肯定しているが，否定する見解が有力である。

占有の訴えが提起された場合に，訴えられた者が所有権などの本権があることを理由に請求を免れることは認められていない（民 202 条 2 項）。しかし，訴えられた者が所有者である場合，所有権に基づく返還請求を別訴で行うことが

できるし，占有者からの占有の訴えに対して，所有権に基づく返還請求を行う反訴も認められている（最判昭 40・3・4 民集 19・2・197）。

④ 占有の訴えと損害賠償請求

占有の訴えの規定では，損害賠償の請求についても定められている。この損害賠償請求は，不法行為を理由とする債権的請求権で，要件と効果は不法行為の一般原則に従うので，侵害者の故意・過失を必要とする（民 709 条）。賠償の対象となるのは，侵害された物の使用利益である。

4 | 占有権の消滅

① 占有（占有権）の消滅

占有（占有権）は，目的物の消滅によって消滅する。占有（占有権）は消滅時効などによっては消滅しない。目的物の滅失以外の場合の占有権の消滅事由は民法 203 条と 204 条に定められているが，民法 180 条に定められていた占有（占有権）成立の要件の裏返しとなっている。

② 自己占有の消滅

自己占有の場合には，占有（占有権）は①占有者が占有意思を放棄することによって，または②占有者が占有物の所持を失うことによって消滅する（民203 条）。ただし，占有者が占有物の所持を失った場合でも，占有回収の訴えを提起し，勝訴すれば，所持を失ったことによる占有（占有権）の喪失は生じなかったものとされる（同条ただし書）。そのため，占有が侵奪された場合でも，取得時効は中断されず，また，本来動産質権は継続して占有をしなければ第三者に対抗できないが（民 352 条），第三者への対抗力を失わせない。

③ 代理占有の消滅

代理占有の場合には，本人の占有（占有権）は，①本人が代理人に占有をさ

せる意思を放棄すること（民204条1項1号）か，②占有をしている代理人が，本人に対して，以後自己または第三者のために占有物を所持する意思を表示すること（同項2号）か，③代理人が物の所持を失うこと（同項3号）のいずれかにより消滅する。

①については，本人が代理人に占有させないという意思を積極的に表示した場合には，本人は占有（代理占有）を失うが，代理人は物の所持を続けており，代理人固有の占有は継続し，本人も自己占有を開始するわけではない。

また，代理占有を生じる原因となった法律関係（賃貸借や寄託など）が終了しても，それだけでは代理占有は消滅しない（同条2項）。賃貸借契約が終了しても賃借人が物の所持を継続している場合には，代理人の物を返還すべき地位は消滅しないので，代理占有はなお失われない。

5 準　占　有

1　準占有の意義

占有は物に対する事実的な支配状態であり，一定の法的な保護が与えられるが，特定の債権や知的財産権等の財産権に対する事実的な支配（自己のためにする意思をもって財産権の行使をする場合）を**準占有**と呼び，占有に関する規定が準用され，占有と同様に一定の法的な保護が与えられる。

2　準占有の対象となる財産権

準占有の対象となる財産権には，電話加入権などの特定の債権関係，特許権，著作権，商標権などの知的財産権のほか，先取特権，抵当権といった担保物権や鉱業権，砕石権，漁業権のような特別法上の物権などがある。

地役権についても，争いはあるが，判例は準占有の対象となることを認めている（大判昭12・11・26民集16・1665）。

一般の債権については，債権の準占有者への弁済の規定では対象とされるが，

債権の性質上，準占有だとしてすべての占有についての規定が準用されるわけ
ではない。

3　準占有の効果

(1)　占有についての規定の準用　　準占有には，占有に関する規定が準用される（民205条）。

しかし，動産の占有を前提とする即時取得の規定は準用されない。準用されるのは，取得時効，占有の訴え（占有訴権），果実の取得，費用償還請求権，権利の推定などの規定である。

(2)　取得時効　　時効に関して，民法163条では「所有権以外の財産権の取得時効」が財産権に対する準占有の効果として認められるし，同様に，地役権の準占有による取得時効（民283条）や不動産賃借権の準占有による取得時効も認められる。ただし，賃借権などの場合には，財産権の行使に物の占有も伴うので，準占有は問題とならない。

(3)　債権の準占有者への弁済　　また，関連する事項として，債権の準占有者に対する弁済の効力があり，債権の準占有者（債権者ではないが債権者のように見える者）に対してした弁済は，その弁済をした者が善意無過失である場合には有効となり，債権が消滅する（民478条）。なお，民法478条は，「債権の準占有者」とは表見受領権者であるという見地から，民法改正（2020年4月1日施行）により「取引上の社会通念に照らして受領権者としての外観を有する」者へと改められた。

6 | 物権的請求権

1　意　　義

物に対しての物権の行使が妨げられたり，妨げられるおそれがある場合に，物権者が実力でそれを阻止すること（**自力救済**）は許されない。自力救済をす

ることは許されないが，物権者は，自らの物権の完全な行使を可能にするために，その侵害の除去または予防を請求することが認められている。その請求権は，「**物権的請求権**（または，物上請求権）」と呼ばれる。判例も「物権ノ効力トシテ」物権的請求権の存在を認めている（大判昭 3・11・8 民集 7・970）。物権的請求権は，占有回収の訴え（民 200 条），占有保持の訴え（民 198 条），占有保全の訴え（民 199 条）の 3 つが認められる「占有の訴え（占有訴権）」（民 197 条）とパラレルに，**物権的返還請求権**，**物権的妨害排除請求権**，**物権的妨害予防請求権**の 3 つに区別される。物権的返還請求権では，物の占有を失った場合に，物の取戻しを請求することができ，物権的妨害排除請求権では，物権の行使に対しての妨害の排除を請求することができ，物権的妨害予防請求権では，物権の行使に対して妨害のおそれがある場合に，その予防を請求することができる。

　物権に対しての侵害から物権者を保護するための救済制度としては，その他に，不法行為（民 709 条）が挙げられる。物権的請求権との相違は，物権的請求権は，侵害を排除して物権の完全な行使を回復することを目的とし，不法行為は，物権に対しての侵害によって生じた損害を填補すること（損害賠償請求）を目的とする。物権的請求権は，後述のように，侵害者の故意・過失が要件とされていないが，不法行為では，その立証が必要となる。

　令和 5（2023）年 4 月，民事基本法制の見直し（「民法等の一部を改正する法律」［令和 3 年法律第 24 号］）が行われた。本節にも関わる改正は次の点である。

　隣地の竹木の枝が境界線を越えるときは，竹木の所有者に，その枝の切除を求めることができる（民 233 条 1 項［竹木が共有の場合は，同条 2 項］）。しかし，竹木の所有者が，①土地の所有者からの催告にもかかわらず，相当の期間内に切除しないとき，②竹木の所有者が所在等不明なとき，③急迫の事情があるときには，土地の所有者が竹木を切除できることが認められた（民 233 条 3 項）（相隣関係については，第 3 章 所有権 第 2 節 所有権の意義 3 相隣関係を参照）。

　また，隣地や隣家が所有者不明や管理不全の場合の新たな財産管理制度（管理不全土地管理命令など）が創設された（後述，**8** 管理不全土地管理命令と管理不全建物管理命令，所有者不明土地管理命令と所有者不明建物管理命令を参照）。

2 法 的 性 質

　物権的請求権の性質について，物権の効力の一つであり，独立した権利では
ないとする見解，物権とは別個の債権または債権に準ずるものであるとする見
解が主張されている。物権は物に対する権利であり，物権的請求権は人に対す
る権利であるから，別個の権利ではあるが，物権がなければ，物権的請求権も
存在しないことから，物権の存在を前提とした請求権であると解される。した
がって，物権的請求権だけが物権とは別個に譲渡されることはなく（前掲大判
昭3・11・8），また，物権的請求権が物権とは別個に消滅時効により消滅するこ
ともない（大判大5・6・23民録22・1161，最判平7・6・9判時1539・68）。

3 根　　　拠

　物権的請求権を規定する条文は存在しない。しかし民法は，物権者に物権的
請求権が認められることを当然の前提としていると解される。
　物権的請求権が認められる法理論的な根拠として，次のような説明がなされ
る。
①　物の事実上の支配が妨げられた場合でさえ，占有者には「占有の訴え（占
　　有訴権）」が認められる（民197条）のだから，実体法上の物権の行使が妨
　　げられた場合には，物権者に物権的請求権が認められるのは当然である（勿
　　論解釈）。
②　民法202条では，占有の訴えと本権の訴えとの関係が規定されている。
　　本条文からも，民法が，「本権の訴え」として物権的請求権の存在を前提
　　としていることが理解できる。
③　たとえば，民法353条では，動産質権者が質物の占有を奪われたときに
　　は，占有回収の訴え（民200条）によってのみ質物を回復することができ
　　ると規定されている（その他，民302条も参照）。このことは，物権の行使が
　　妨げられた場合に，物権者には，原則として，物権的返還請求権が与えら
　　れることを前提としていると考えられる。

また，物権的請求権が認められる実質的根拠として，物権の絶対性，直接支配性や排他性にその根拠を求める説明や，権利の通有性としての不可侵性にその根拠を求める説明などが主張されている。かつては，物権の直接支配性に根拠を求める説が有力だったが，最近は，物権の排他性にその根拠を認める説が有力である。

4 物権の内容と物権的請求権

すべての物権に3つの請求権が認められるわけではなく，物権の内容に応じて，認められる請求権と認められない請求権が存在する。

所有権は，物に対しての完全な支配を内容とする権利（民206条）なので，3つの請求権すべてが認められる。

占有権には，「占有の訴え（占有訴権）」と呼ばれる固有の請求権が認められている（民197条）。占有回収の訴え（民200条），占有保持の訴え（民198条），占有保全の訴え（民199条）である。

用益物権のうち地上権（民265条），永小作権（民270条）については，その客体（土地）の使用を内容とする権利であることから，3つの請求権すべてが認められる。

地役権とは，他人の土地（承役地）を自己の土地（要役地）の便益のために利用する権利である（民280条）。地役権は，その客体（承役地）を恒常的に占有する権利ではないので，妨害排除請求権と妨害予防請求権が認められるにとどまる（最判平17・3・29判時1895・56［妨害排除請求権］）。

担保物権については，それぞれの担保物権の内容に応じて異なる。

留置権は，物の留置を内容とする担保物権であり，留置権者が留置物の占有を失うことで消滅する（民302条）ことから，留置権者に返還請求権は認められず，妨害排除請求権と妨害予防請求権だけが認められる。もっとも，留置物を奪われた留置権者には占有回収の訴え（民200条）が認められる。

また，先取特権は，その客体（目的物）の占有を取得する権利ではないので，債務者の総財産を対象とする一般の先取特権（民306条）では，物権的請求権

は認められない。特定の動産を対象とする動産の先取特権（民311条）は，目的動産を第三者に譲渡した後は行使することができない（民333条）ので，返還請求は認められないが，妨害排除請求権と妨害予防請求権は認められる。特定の不動産を対象とする不動産の先取特権（民325条）についても，妨害排除請求権と妨害予防請求権が認められる。

　質権について，動産質では，質物の占有がその成立や効力発生に関わるので，質物の占有が奪われた場合には，返還請求権は認められないが，占有回収の訴えが認められる（民353条）。不動産質には利用権限が認められる（民356条）ので，3つの物権的請求権すべてが認められる。

　抵当権は，物の交換価値を把握する価値権であるから，抵当不動産が滅失・損傷された場合に，抵当権侵害として抵当権に基づく妨害排除請求権と妨害予防請求権の行使が認められる（大判昭6・10・21民集10・913，大判昭7・4・20新聞3407・15）。また，抵当権が実行段階となり，抵当不動産に占有者がいる場合に，その占有に競売手続妨害の目的が認められ，その占有が抵当不動産の交換価値を減少させるときには，抵当権に基づく妨害排除請求として，その排除を求めることができ，抵当不動産の所有者が抵当不動産を適切に維持管理することが期待できないときには，抵当権者に明渡しを求めることが認められる（最大判平11・11・24民集53・8・1899，最判平17・3・10民集59・2・356を参照）。

　それぞれの物権の物権的請求権による保護については，それぞれの物権の箇所の説明を参照して欲しい。

　なお，判例・通説は，対抗要件を備えた不動産賃借権については，それに基づく妨害排除請求権の行使を認めている（最判昭28・12・18民集7・12・1515，最判昭30・4・5民集9・4・431）。

5　物権的請求権の内容

　物権的請求権の内容について，「**行為請求権**」か「**忍容請求権**」かの争いがある。

　「行為請求権」とは，物の返還や物権行使の妨害の除去や予防を相手方（侵

害者）に求めるものである。その根拠は，物権の行使が妨げられたならば，物権者には，その回復を求める権利が認められ，相手方は客観的に違法な状態を作りだしている以上，その責任を免れることができないことにあるとされる。

「忍容請求権」とは，物権者自らが物を取り戻し，物権行使の妨害状態の排除や予防を行い，相手方（侵害者）にその受忍を認めるものである。物権は，万人に対して主張することができる絶対性をもった権利なので，それに基づいて主張できるのは，物権の行使が妨げられないよう，万人に対して不作為を求めること，すなわち忍容を求めることだけであり，相手方に行為を求めることは，相手方の自由を侵害することになる（相手方の私的自治への侵害）と考える。

物権的請求権の内容が行為請求権か忍容請求権かという問題は，物の取戻しや物権行使の妨害状態の除去や予防を誰の費用で行うかという費用負担の問題と密接に関わる。すなわち，行為請求権説によれば，相手方（侵害者）が費用を負担することになる。これに対して，忍容請求権によれば，物権者自らが費用を負担することになるが，侵害行為が相手方の故意・過失で生じた場合には，相手方の不法行為責任を追及することで，物権者が支出した費用を損害として相手方から回収することができるとされる。

たとえば，次のケースを例に考えてみよう。Ｂは，Ａから建物を賃借して，その建物に，Ｃから賃借した機械を設置して工場を経営していた。Ａ・Ｂ間の建物の賃貸借契約は終了したが，Ｂは，Ｃから賃借した機械を放置して行方が分からなくなってしまった（大判昭5・10・31民集9・1009を参照）。

このケースを，行為請求権説に従って考えると，建物所有者Ａは，機械所有者Ｃに対して，Ｃの費用で機械を撤去するよう求めることができる（妨害排除請求権の行使）。他方で，Ｃは，自らの所有する機械がＡの建物内にあることにより，機械に対しての所有権の行使が妨げられているとして，Ａに対してＡの費用で機械を返還するよう請求することができる（返還請求権の行使）。この場合，Ａの妨害排除請求権とＣの返還請求権の衝突が生じて，Ａ・Ｃどちらが先に物権的請求権を行使するかで，その費用の負担者が決定する。いわば，早い者勝ちの状態が生ずることになる。

行為請求権説の立場に立ちつつ，返還請求権についてのみ，相手方が自らの意思で物の占有を取得したのでない場合には，例外的に，物権者が自らの費用で物を回収することを相手方に忍容させることができる（忍容請求権）とする見解も主張されている。これは，「修正行為請求権説」と呼ばれる。ただし，この説は，妨害排除請求権と妨害予防請求権については，物権の侵害が不可抗力や第三者の行為によって生じた場合でも，行為請求権であると主張する。この説によれば，先のケースは，建物所有者Ａは，機械を自らの意思で取得したのではないので，機械所有者Ｃは，Ａに建物への立入りを忍容させて，自らの費用で機械を回収することになる（忍容請求権）。他方，Ａは，Ｃを相手どって機械の撤去を求めることができる（行為請求権）。したがって，Ａ・Ｃいずれの物権的請求権が行使されても，費用はＣ負担になるので，物権的請求権の衝突は生じない。この見解に対しては，相手方が自らの意思で物の占有を取得したのでない場合に，物権的請求権が例外的に忍容請求権になることの根拠が明らかでないなどの批判がなされている。

　これに対して，このケースを忍容請求権説に従って考えてみると，建物所有者Ａは，自らの費用で機械を撤去しなければならない（妨害排除請求権の行使）。すなわち，機械所有者Ｃは，自分の所有物である機械がＡによって撤去されるのを忍容しなければならない。他方で，Ｃは，自らの費用で機械を回収しなければならず，機械の回収のためにＡに対して建物への立入りの忍容を求めなければならない。この場合も，Ａの妨害排除請求権とＣの返還請求権の衝突が生ずる。すなわち，先に物権的請求権を行使すると，自らの費用で侵害状態の除去を行わなければならないことから，いずれの当事者も物権的請求権を行使することをせず，違法状態が放置される可能性がある。いわば，遅い者勝ちの状態が生じる。

　忍容請求権説の立場に立ちつつ，相手方に故意・過失がある場合には，行為請求権となるとする見解も主張されている。これは，「**責任説**」と呼ばれる。この説によれば，相手方に物権侵害の帰責事由が存在すれば，相手方に侵害状態の除去を求めることができるが，先のケースのような場合，いずれの当事者

にも帰責事由がないことから，責任説によっても，忍容請求権説と同様に，遅い者勝ちの状態は解消されない。また，物権の行使に対する客観的な違法状態の解消のために認められる物権的請求権の内容の判断に，故意・過失のような帰責要素を組み込むことは妥当ではないという批判がなされている。

判例（前掲大判昭5・10・31［妨害排除請求権］，大判昭7・11・9民集11・2277［妨害予防請求権］，大判昭12・11・19民集16・1881［妨害予防請求権］など）は，物権の侵害や危険が不可抗力に基づくか，被害者自らが侵害や危険を忍容すべき義務を負う場合以外は，侵害や妨害が相手方の行為に基づくかどうか，侵害や妨害が相手方の故意・過失で生じたものかどうかに関わらず，相手方が侵害を除去し，侵害の危険を防止すべき義務を負うとした。判例は，原則として，行為請求権説の立場に立って，相手方の費用で侵害の除去や危険の防止が行われるべきであると考えていると解される。もっとも，判例では，物権の侵害や危険が不可抗力に基づく場合や，被害者が侵害や危険を忍容すべき場合には，そもそも物権的請求権が認められないのか，または，行為請求権ではなく，忍容請求権としての物権的請求権が認められるのか，不明である。

最近の有力説は，次のように解している。先のケースを，社会観念上，客観的に観察すると，機械所有者Cは，その機械がBによって建物所有者Aの建物内に放置されたことで，Aの建物の使用，すなわち建物に対しての所有権の行使を侵害しているが，Aは，Cの機械がAの建物内に放置されていたからといって，Cの機械の使用，すなわち機械に対しての所有権の行使を侵害しているとはいえないと法的に評価することができる。すなわち，Aは，Cの機械を自己のためにする意思をもって占有している（民180条）のではないと評価されるのである。したがって，このような場合には，物権的請求権の衝突はなく，CのAに対しての機械の返還請求権は成立せず，AのCに対しての妨害排除請求権だけが成立すると解される。この見解は，「**侵害基準説**」と呼ばれる（もっとも，この説によっても，物権的請求権の内容が，行為請求権説なのか，忍容請求権説なのかは決まらない）。ところで，この場合に，Cに機械の返還請求権は認められないが，Cは機械の回収のために，建物への立入りをAの利

益を害しない限度で認めるよう A に請求することができるとされる（この請求権は，物権的請求権ではなく，物権の効力として当然に認められる権利であると説明されるか，または，忍容請求権としての返還請求権であると説明される）。C が機械の回収を申し出たのに，A がそれを拒んだ場合に，A は C の機械を自己のためにする意思をもって占有している（民 180 条）と評価されて，A から C に対しての妨害排除請求権は消滅して，反対に，C から A に対しての機械の返還請求権が成立することになると解される。

　学説では，以上のような問題や不都合を回避するために，その他にも様ざまな説が主張されている。たとえば，行為請求権説に従いつつ，物権侵害の状態の発生について，請求者（物権者）自身にも帰責性があるときには，過失相殺の規定（民 722 条 2 項）を類推適用して，請求者と相手方との間で費用を分担するとする説や，とくに隣接地の間で物権侵害の状態が生じている場合に，相隣関係上の相互考慮義務に基づいて，民法 223 条，224 条，226 条を類推適用して，費用を折半すべきであるとする説（静岡地浜松支判昭 37・1・12 下民集 13・1・1，東京高判昭 58・3・17 判タ 497・117 を参照）などである。

　もっとも，東日本大震災での巨大津波のような不可抗力に基づいて物権侵害が生じた場合には，その原状回復費用は，行政によって負担されることになる。

6　物権的請求権の種類

　以下，所有権を例に各物権的請求権について説明していく。

1　物権的返還請求権

　物の所有者が，その占有を失ったか，奪われた（占有侵奪）場合に，物の返還を請求する権利である。動産の場合，引渡しを，不動産の場合，明渡しを請求することになる。

　(1)　請求権者　　物の占有を失ったか，奪われた所有者が請求権者である。所有者が，対抗要件（不動産の場合，登記。動産の場合，引渡し）を備えている必要はないとされる。所有者と相手方（侵害者）との関係は，対抗関係にはな

らないからである。

　(2)　請求の相手方　　返還請求権の相手方は，現にその物を客観的に違法に
占有している者である。物の占有者が，その物の占有を故意・過失で取得した
ことも，物の占有者に責任能力があることも要求されない。現に物を客観的に
違法に占有しているという事実だけが必要である。相手方に物を占有する権原，
たとえば借地権などがある場合には，返還請求権は認められない。

　無権原者が，物を誰か他の者に賃貸している場合，物の所有者は，物を占有
している賃借人（直接占有者）に対して返還を請求することもできるし，その
無権原者（賃貸人，間接占有者）に対して返還を請求することもできる（大判昭
13・1・28民集17・1）。また，無権原者がその賃借人に対してもつ返還請求権の
譲渡を請求することもできる（大判昭9・11・6民集13・2122）。

　また，違法転貸借を理由に賃貸人が賃貸借契約を解除した場合（民612条2項）
には，賃貸人は転借人に対して返還を求めることができる。また，判例は，賃
貸人が賃貸借契約を解除していない場合にも，賃貸人は転借人に対して直接に
返還を求めることができるとする（最判昭26・5・31民集5・6・359，最判昭41・
10・21民集20・8・1640，最判昭55・12・11判時990・188）。これに対して，学説は
批判的であり，賃貸借関係が解除されていないのだから，賃借人（転貸人）に
返還すべきであるとする。

　さらに，他人の土地上に無権原で建築された建物について，建物の登記名義
人と現実の占有者とが異なる場合に，土地所有者は，どちらの者を相手どって
物権的請求権を行使できるかについて，判例は，建物の登記名義人ではなく，
現実に家屋を所有することで，その土地を現実に占拠して，土地の所有権を侵
害している者を相手方とすべきであるとした（最判昭35・6・17民集14・8・1396，
最判昭47・12・7民集26・10・1829）。これに対して，最判平6・2・8民集48・2・
373は，土地所有権に基づく物権的請求権を行使して，建物収去・土地明渡し
を請求するには，現実に建物を所有することによってその土地を占拠し，土地
所有権を侵害している者を相手方とすべきであるとして，従来の判例の立場を
維持しつつも，他人の土地上の建物の所有権を取得した者が自らの意思で所有

権取得の登記を経由した場合には，その建物を他の者に譲渡したとしても，登記名義を保有する限り，土地所有者に対して，建物所有権の喪失を主張して，建物収去・土地明渡しの義務を免れることはできないと判示した。その理由は，①土地所有者は，土地利用の点で，地上建物の所有権の帰属について重大な利害関係を有するので，土地所有者と地上建物の譲渡人との関係は，「土地所有者が地上建物の譲渡による所有権の喪失を否定してその帰属を争う点で，あたかも建物についての物権変動における対抗関係にも似た関係」（民177条）ということができ，建物所有者は，自らの意思に基づいて自己所有の登記を経由した以上，土地所有者との関係では，建物所有権の喪失を主張できないと解され，②建物の「実質的所有者」を建物収去・土地明渡しの相手方とする場合，土地所有者は，建物の実質的所有者を探索しなければならず（土地所有者の負担の増大），③相手方も，建物の所有権を移転して，容易に明渡しの義務を免れることができ，④また，建物所有者は，建物を譲渡したのであれば，移転登記を行うことは困難ではなく，社会の不動産取引慣行にも合致することから，自分に登記名義がありながら，所有権の喪失を主張して，建物の収去義務を免れようとすることは，信義にもとり，公平の見地から許されないとされた。②の理由から考えると，土地所有者が建物の所有権の移転を知っていた場合には，従来の判例法理の立場に戻ることになり，登記名義人に対しての請求は認められないと解される。また，①の理由づけについて，本事件を民法177条で解決することに，対抗問題を歪めるものとの批判もなされている。

(3) 実現の方法　　物の取戻しは，直接強制の方法で行う（民414条1項，民執168条・169条）（強制履行の方法については，『スタンダール民法シリーズⅢ債権法総論［第3版］』第2章 債権の効力 第1節 序 **3** 履行強制の意義を参照）。

(4) 所有者と相手方（侵害者・返還者）との関係　　相手方（侵害者・返還者）が物を使用・収益して利益を得た場合には，相手方が善意占有者のときは，果実の返還義務はなく（民189条1項），悪意占有者だったときには，果実その他を返還しなければならない（民190条1項）。また，相手方が物に必要費や有益費を支出した場合には，その費用の償還を請求することができる（民196条。民

702条（事務管理）も参照）。さらに，相手方の故意・過失で物が滅失・損傷した場合には，所有者は相手方に対して不法行為責任を追及することができる（民709条）が，自分の物であると信じて占有していた善意の自主占有者は，現に利益を受けている限度で返還すればよく，悪意の占有者は，全ての損害を賠償しなければならない（民191条）。

② 物権的妨害排除請求権

物に対しての所有権の行使が部分的に妨げられている場合に，その妨害の排除や妨害行為の停止を請求することができる権利である。なお，不動産の占有が妨害されている場合，返還請求権が行使されるのか，妨害排除請求権が行使されるのか，その区別が難しいが，不動産の占有が全面的に奪われている場合に，返還請求権が認められ，その占有が部分的に妨げられている場合に，妨害排除請求権が認められると解されている。

(1) 請求権者　物に対しての所有権の行使が妨げられている所有者である。

(2) 請求の相手方　妨害排除請求権の相手方は，物に対しての所有権の行使を現に客観的に違法に妨げている者である。返還請求権の場合と同様に，妨害者の故意・過失も，妨害者の責任能力も必要とされない。また，妨害が始まった理由も問われない。強風によって立木が隣地に倒れたケースのように，妨害が自然の力で生じた場合や，盗難自転車が自分の土地に放置されたケースのように，土地所有権への妨害が第三者の行為で生じた場合であっても，妨害物（倒木や盗難自転車）の所有者が妨害排除請求の相手方となる。現に目的物に対しての物権の行使を妨害しているという事実だけが必要である（たとえば，前掲大判昭5・10・31）。

所有権留保（所有権留保については，第8章 非典型担保 第4節 その他 1所有権留保を参照）で自動車が売却されて，その自動車が駐車場に放置された場合に，駐車場の所有者が，自動車の所有者（留保所有権者）を相手どって妨害排除請求権を行使できるのかどうかが争われた。最判平21・3・10民集63・3・385では，駐車場の所有者Xが，駐車場に放置されている自動車について，その

自動車の購入代金を立替払いして自動車の所有権を留保している留保所有権者Yに対して，その自動車の撤去と駐車場の明渡しなどを求めた。この事件で，最高裁判所は，Yは，その自動車の代金の残債務の弁済期が到来するまでは，特段の事情がない限り，その自動車の撤去義務や不法行為責任を負うことはないが，残債務弁済期の経過後は，撤去義務や不法行為責任を免れることはできないと判示した。その理由は，「留保所有権者が有する留保所有権は，原則として，残債務弁済期が到来するまでは，当該動産の交換価値を把握するにとどまるが，残財務弁済期の経過後は，当該動産を占有し，処分することができる権能を有するものと解される」からとされた。すなわち，留保所有権者は，弁済期到来前は，目的物の交換価値を把握するだけだから，妨害排除請求の相手方とすることはできないが，弁済期到来後は，目的物に対しての占有処分権限を有することから，妨害排除請求の相手方とすることができるとされた。

　また，自分の不動産に不法な登記がなされているような場合にも，不動産に対しての所有権に基づいて不法登記の抹消請求をすることができる（前掲大判昭3・11・8。大判大8・10・8民録25・1859，大判昭15・5・14民集19・840［両判決ともに，先順位抵当権設定登記の抹消登記手続請求を認めた]）。これも妨害排除請求権とみることができる。

　所有権に基づく妨害排除請求権が認められる場合でも，所有者の利益と相手方（妨害者）の社会経済的な不利益とが比較衡量されて，その請求が**権利濫用**（民1条3項）と評価されて，妨害排除請求権の行使が認められなかった事件がいくつか存在する（大判昭11・7・10民集15・1481，大判昭13・10・26民集17・2057，最判昭40・3・9民集19・2・233）。たとえば，他人所有の山林の一部（約2坪の土地）に無権原で温泉の木管が引かれていることを知った者が，その2坪の土地を買い受けて，その土地の所有権に基づいて，温泉の木管の所有者に対して，その木管を撤去する（妨害排除請求権の行使）か，その2坪の土地と隣接地を高値で買い取るよう請求した事件で，その妨害排除請求権の行使が権利濫用に当たるとされて，妨害排除請求権の行使が認められなかった（大判昭10・10・5民集14・1965〔**宇奈月温泉事件**〕）。

(3) 実現の方法　無権原の建物の収去などの代替的作為義務については代替執行，非代替的作為義務や不作為義務については間接強制により行う（民414条1項，代替執行については，民執171条，間接強制については，民執172条・173条）（強制履行の方法については，『スタンダール民法シリーズⅢ債権法総論［第3版］』第2章 債権の効力 第1節 序 3 履行強制の意義を参照）。

③　物権的妨害予防請求権

　物に対しての所有権の行使が，将来，客観的に違法に妨げられるおそれがある場合に，その原因を除去して，妨害を未然に防ぐ措置を講ずるよう請求する権利である。隣地の掘削の中止などの相手方の不作為（たとえば，大判大9・5・14民録26・704）や，擁壁の補強工事などの相手方の作為（たとえば，前掲大判昭7・11・9，前掲大判昭12・11・19）を請求することができる。侵害が現実に少しでも生じたことまでは要求されない。将来の妨害・侵害に対しての予防を求めることができるという点で，事後的な救済手段である不法行為（民709条）とは異なる。

　請求権者は，所有権の行使に対しての妨害のおそれに直面している物の所有者である。請求権の相手方も，所有者の所有権の行使に対して，将来，客観的に違法な妨害状態を生じさせる可能性の高い状況を引き起こしている者である。自然災害や不可抗力でそのような状態が生じた場合でも良い。

　違法建築の差止めなど不作為義務については間接強制，崩壊のおそれのある擁壁の補強など代替的作為義務については代替執行により行う（民414条1項，間接強制については民執172条・173条，代替執行については民執171条）（強制履行の方法については，『スタンダール民法シリーズⅢ債権法総論［第3版］』第2章 債権の効力 第1節 序 3 履行強制の意義を参照）。

7　その他の請求権との競合

　物権的請求権と契約に基づく返還請求権とが競合する場合がある。たとえば，Xがその所有する自転車をYに賃貸したが，その賃貸期間が経過した後も，Y

が自転車を返還しない場合に，Xが自転車の返還を求めるためには，その手段として，賃貸借契約終了に基づく返還請求権と，自転車の所有権に基づく返還請求権（物権的請求権）の二つが考えられる。判例は，契約に基づく返還請求権と物権的請求権との競合を認めている（**請求権競合説**）。たとえば，土地建物の買主が，内金（代金 12,500 円のうち 8,500 円）を支払って，移転登記を得たが，引渡しは受けず，残代金も支払わずに，10 年以上が経過した事件で，残代金債権および売買契約に基づく土地建物の明渡請求権ともに消滅時効の完成が認められたが，買主は「売買契約の履行として本件土地建物の明渡を求めるものでなく，売買契約により取得した所有権に基きその明渡を求めるものであつて，所有権に基く明渡請求権は消滅時効にかかるものではない」とされた（大阪高判昭 33・5・26 高民集 11・4・276。大判大 11・8・21 民集 1・493 ［寄託契約の寄託者の契約に基づく返還請求権と寄託物の所有権に基づく物権的請求権との競合を認める]）。

これに対して，有力説は，契約が前提となっている関係については，契約法の規定が物権法の規定に優先して適用されるべきであるとして，契約に基づく返還請求権によるべきであるとしている（**法条競合説（請求権非競合説）**）。

両説の相違点は，権利行使期間の相違にある。契約に基づく返還請求権は，一般の消滅時効期間に服する（民 166 条）ことになり，所有権に基づく物権的請求権については，所有権が消滅時効にかからないので，物権的請求権も消滅しない（いつまでも返還請求をすることができる）。なお，契約に基づく返還請求権が時効消滅することがある法条競合説のデメリットを回避するために，契約に基づく返還請求権が時効消滅した後は，所有権に基づく返還請求権の行使が可能であるとする折衷説も主張されている。

8　管理不全土地管理命令と管理不全建物管理命令，所有者不明土地管理命令と所有者不明建物管理命令

所有者不明土地問題や空き家問題，さらには，土地・建物が適切に管理されていないために隣接地などに悪影響を及ぼす問題が発生している。所有者不明土地問題に対処するために，令和 5（2023）年 4 月に民事基本法制の見直しが

行われて，新たな財産管理制度が設けられた。管理不全土地管理命令（民264条の9第1項）と管理不全建物管理命令（民264条の14第1項），所有者不明土地管理命令（民264条の2第1項）と所有者不明建物管理命令（民264条の8第1項）である。

　土地や建物の所有者の土地・建物の管理が不適当であることによって，他人の権利または法律上保護される利益が侵害されているか，侵害されるおそれがある場合に，裁判所は，必要があると認めるときは，利害関係者の請求によって，当該土地や建物を対象として，管理不全土地管理人・管理不全建物管理人による管理を命ずる処分（**管理不全土地管理命令・管理不全建物管理命令**）をすることができる（民264条の9第1項・264条の14第1項）。利害関係人には，管理不全土地や管理不全建物によって自分の土地や建物が侵害されている者や，侵害のおそれがある者も含まれる。このような場合，被侵害者は，物権的妨害排除請求権や物権的妨害予防請求権を行使して，侵害や侵害のおそれを排除することもできるが，管理不全土地管理命令や管理不全建物管理命令の発令を裁判所に請求して，それが認められることで，管理不全土地管理人や管理不全建物管理人に土地・建物の管理を求めることができる（管理不全土地・建物管理人の権限については，民264条の10・264条の14第4項を参照。なお，管理不全土地・建物管理人が選任された後も，管理不全土地・建物の所有者の所有権の行使は妨げられない）。

　管理不全の土地・建物について，その所有者を知ることができず，または，その所在を知ることができない場合には，隣地所有者を含む利害関係人は，裁判所に対して，**所有者不明土地管理命令・所有者不明建物管理命令**の発令を請求することもできる（民264条の2第1項・264条の8第1項）。

　なお，令和5（2023）年の民法改正の検討過程で，土地所有者が，管理不全の隣地の所有者に対して，管理不全状態の除去を請求することができる制度（管理措置請求制度「他の土地等の瑕疵等に対する工事」）の設置が検討された。しかし，物権的請求権との整合性をとることが難しいことなどから，改正提案は見送られた。

第3章　所　有　権

POINT

- 所有権は，物を全面的に支配できる権利であり，法令の制限内で所有物を自由に使用・収益・処分することのできる権利である。
- 隣接する不動産の所有者相互の利用を調整するために相隣関係の規定が設けられている。
- 民法は，所有権の原始取得原因として，時効取得・即時取得以外に無主物先占，遺失物拾得，埋蔵物発見，添付について規定している。
- 民法が物権編で定める共有は，数人が1つの物を共同で所有する場合で，各自が目的物に対して持分を有し，その持分を自由に処分でき，またいつでも共有物の分割請求ができる共同所有の形態である。
- 1棟の建物を区分して利用する場合に，その建物の部分が構造上他の部分と区分され，それ自体独立の建物としての用途に供することができるときにはその部分を所有権の目的とすることができる。

1　序

　民法206条は，「所有者は，法令の制限内において，自由にその所有物の使用，収益，及び処分をする権利を有する」と規定する。民法が定める「自由な所有権」は，近代市民革命の産物である。前近代社会における土地の所有関係は身分制による政治的支配と結び付いていたが，封建的所有権が近代市民革命によって否定され，封建時代の身分的・共同体的拘束から解放された「自由な所有権」となった。そして，物を交換価値としてとらえる近代社会では，所有権は，現実の物支配とは独立して承認され（観念性），純粋に私法上の権利として位置付けられた（私的性質）。このような性質を有する所有権は，すべての第三者に対して主張でき（絶対性），国家もこの権利を侵すことはできない（不

可侵性)。しかし，絶対的で自由な近代的所有権は，資本主義の発展に伴うさまざまな社会問題の発生により修正を余儀なくされた。このような流れを受けて，日本国憲法 29 条 2 項は，「財産権の内容は，公共の福祉に適合するやうに，法律でこれを定める」と規定し，また，民法 1 条 1 項も，「私権は，公共の福祉に適合しなければならない」としている。

2 所有権の意義

1 所有権の意義と性質

　所有権は法令の制限内で所有物を自由に使用・収益・処分することのできる権利である（民 206 条）。所有権は，他人の土地を一定の目的のために使用・収益できる用益物権や，自己の債権担保のために他人の物を利用できる担保物権と異なり，物を全面的に支配できる権利である（全面性）が，こうした所有権の支配権能は，使用・収益・処分等の権能の単なる束ではなく，それらの機能が渾然一体となった支配権である（渾一性）。そこで，同一物について所有権と他の物権が同一人に帰属したときには，他の物権は消滅する（民 179 条）。所有権は，地上権等の他物権が設定されると，その範囲で制約を受けるが，期間の満了等によって他物権が消滅すれば，所有権は再び元の円満な状態に復帰する（弾力性）。また，所有権自体は，存続期間を限定されることもなく，時効により消滅することもない（恒久性）。

2 所有権の内容と制限

1 所有権の内容

　所有権の内容は，法令の制限内で，自由にその所有物を使用・収益・処分することである（民 206 条）。ここで「使用」とは，目的物を物理的に利用することであり，「収益」とは，目的物から果実を取得することであり，「処分」とは，目的物の物理的処分（消費・改造・毀滅・放棄など），または，目的物の法律的

処分（譲渡もしくは用益物権・担保物権の設定など）のことである。使用，収益，処分の各権能は，物の全面的支配権の代表的な権能の例示と考えられている。

② 所有権の制限

(1) 法令による制限　　所有権の内容は法令により制限される（民206条）が，憲法29条2項より，ここでいう法令とは法律および法律により委任された命令をいう。法令による制限の目的・内容・態様などは多岐にわたる。制限の理由となる社会的利益には，警察（消防法［昭和23年法律186号］，建築基準法［昭和25年法律201号］，覚せい剤取締法［昭和26年法律252号］，麻薬及び向精神薬取締法［昭和28年法律14号］，大気汚染防止法［昭和43年法律97号］，水質汚濁防止法［昭和45年法律138号］など），公益（土地収用法［昭和26年法律219号］，道路法［昭和27年法律180号］，下水道法［昭和33年法律79号］，河川法［昭和39年法律167号］など），文化（文化財保護法［昭和25年法律214号］など），産業（漁業法［昭和24年法律267号］，鉱業法［昭和25年法律289号］，森林法［昭和26年法律249号］，農地法［昭和27年法律229号］など）などがある。制限の態様には，他人の侵害を受忍する義務を課すもの（民209条・210条，消防29条，収用2条以下，下水道11条・13条など），所有権の行使を抑止する義務を課すもの（民234条1項・235条，建基55条以下，文化財30条～34条，農地3条～5条など），所有者が積極的行為をなす義務を課すもの（民223条・225条，建基8条・19条以下，道44条3項など）などがある。

(2) 判例による制限　　所有権の行使は私権の行使に関する一般原則による制約を受け，それが権利の濫用（民1条3項）と解されるときには認められない。判例は，侵害による損失の程度が軽微で，かつ侵害の除去が著しく困難で，侵害の除去のために莫大な費用を要する場合に，もっぱら不当な利益を得るためになされた所有権に基づく妨害排除請求は，権利の濫用として許されないとする（大判昭10・10・5民集14・1965）。

3　相　隣　関　係

民法は209条ないし238条に，隣接する不動産の所有者相互の利用を調整す

ることを目的として相隣関係の規定を設けている。相隣関係に関する規定は隣接する不動産相互の利用の調整を目的とするものであることから地上権にも準用される（民267条）が，同様に永小作権や不動産賃借権にも準用されると解されている。判例（最判昭36・3・24民集15・3・542）も土地賃借人に民法213条の隣地通行権を認める。地役権も近接する土地の利用の調整を目的とする制度である点では相隣関係に類似するが，相隣関係が，所有権の内容を法律上当然に制限・拡張するのに対して，地役権は，当事者間の契約によって所有権を制限・拡張する点で異なっている。

① 隣 地 の 使 用

(1) **隣地使用権**　土地の所有者は，①境界またはその付近における障壁，建物その他の工作物の築造，収去または修繕，②境界標の調査または境界に関する測量，③民法233条3項の規定による枝の切取りのために必要な範囲内で，隣地を使用することができる。ただし，居住者の承諾がなければ，住家に立ち入ることはできない（民209条1項）。住家への立入りについて居住者の承諾が得られない場合に判決でこれに代えることはできない。隣地の使用の日時，場所および方法は，隣地の所有者および隣地を現に使用している者（隣地使用者）のために損害が最も少ないものを選ばなければならない（同条2項）。また，隣地を使用する者は，あらかじめ，その目的，日時，場所および方法を隣地の所有者および隣地使用者に通知しなければならない。ただし，あらかじめ通知することが困難なときは，使用を開始した後，遅滞なく，通知することをもって足りる（同条3項）。なお，隣地使用により隣地の所有者または隣地使用者が損害を受けたときは，その償金を請求することができる（同条4項）。

(2) **隣地通行権**　他の土地に囲まれて公道に通じない土地（**袋地**）の所有者は，公道に出るため，その土地を囲んでいる他の土地（囲繞地）を通行することができる（民210条1項）。池沼，河川，水路，海または著しい高低差のある崖を通らなければ公道に出られない場合（準袋地）も，同様に隣地を通行することができる（同条2項）。

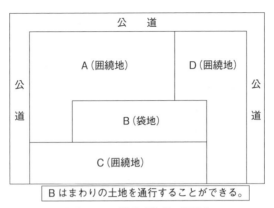

図表 3-1　隣地通行権（原則）

公道には狭義の公道のみでなく，公衆が自由に通行しうる私道も含まれる（東京高判昭 29・3・25 下民集 5・3・410，高松高判昭 32・6・8 下民集 8・6・1080）。たとえ公道に通ずる道があっても，自然の産出物を搬出できない土地の状態にあっては，その搬出に必要な限度において隣地を通行することができる（大判昭 13・6・7 民集 17・1331）。

自動車による通行を前提とする隣地通行権の成否について，判例は，自動車による通行を前提とする 210 条通行権の成否およびその具体的内容は，他の土地について自動車による通行を認める必要性，周辺の土地の状況，自動車による通行を前提とする 210 条通行権が認められることにより他の土地の所有者が被る不利益等の諸事情を総合考慮して判断すべきとする（最判平 18・3・16 民集 60・3・735）。

ところで，建築基準法 43 条は，原則として，建築物の敷地は道路に 2 メートル以上接しなければならないとしているが，既存の通路が建築関係諸法令の要件を満たしていない場合に，要件を満たす内容の通行権の主張ができるかどうかが問題となる。判例は従来の通路が建築基準法に基づき制定された東京都建築安全条例の要求する幅員を満たさないため隣地への拡幅を請求した事例で，条例が要求する通路の幅員は建物の増築のため建築安全条例上必要とされるに

過ぎず，いわば通行権そのものの問題でないとし（最判昭37・3・15民集16・3・556），また，隣接地の利用の調整を目的として袋地の効用を全うさせようとする民法210条と主として避難または通行の安全を期して公法上の規制を課する建築基準法43条1項本文の各規定は，その趣旨，目的等を異にするため，接道要件を満たさないとの一事をもって，接道要件を満たすべき内容の囲繞地通行権が当然に認められることにはならないとする（最判平11・7・13判時1687・75）。

袋地の所有権を取得した者は，所有権取得登記を経由していなくても，囲繞地の所有者ないしこれにつき利用権を有する者に対して，囲繞地通行権を主張することができる（最判昭47・4・14民集26・3・483）。

通行の場所および方法は，通行権を有する者のために必要であり，かつ，他の土地のために損害が最も少ないものを選ばなければならない（民211条1項）。通行権者は，必要があるときは，通路を開設することができる（同条2項）。通行権者は，通行地の損害に対して償金を支払わなければならないが，通路開設のために生じた損害に対するものを除いて，1年ごとにその償金を支払うことができる（民212条）。

袋地または準袋地が分割や一部譲渡により生じた場合には，その土地の所有者は，分割または譲渡された他の一方の土地だけに通行権（無償の通行権）を有する（民213条）。本条は土地所有者が一筆の土地を分筆して，そのそれぞれを全部同時に数人に譲渡したことにより袋地が生じた場合（最判昭37・10・30民集16・10・2182），同一人の所有に属する数筆の土地の一部が担保権の実行として競売されたことにより袋地が生じた場合にも適用される（最判平5・12・17判時1480・69）。また，本条による隣地通行権の負担のある土地につき特定承継が生じた場合にも従前の通行権は消滅しない（最判平2・11・20民集44・8・1037）。

(3) **継続的給付を受けるための設備の設置等**　　土地の所有者は，他の土地に設備を設置し，または他人が所有する設備を使用しなければ電気，ガス，水道水の供給その他これらに類する継続的給付を受けることができないときは，継続的給付を受けるため必要な範囲内で，他の土地に設備を設置し，または他

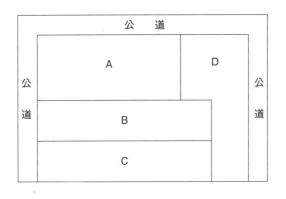

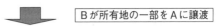

B が所有地の一部を A に譲渡

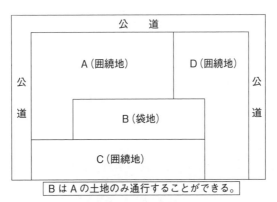

B は A の土地のみ通行することができる。

図表 3-2　隣地通行権（例外）

人が所有する設備を使用することができる（民 213 条の 2 第 1 項）。設備の設置または使用の場所および方法は，他の土地または他人が所有する設備（以下，他の土地等）のために損害が最も少ないものを選ばなければならない（同条 2 項）。また，他の土地に設備を設置し，または他人が所有する設備を使用する者は，あらかじめ，その目的，場所および方法を他の土地等の所有者および他の土地を現に使用している者に通知しなければならない（同条 3 項）。

　土地の分割または一部譲渡によって他の土地に設備を設置しなければ継続的

給付を受けることができない土地が生じたときは，その土地の所有者は，継続的給付を受けるため，他の分割者または譲渡者の所有地のみに設備を設置することができる（民213条の3）。

② 水に関する相隣関係

（1） 排水に関する相隣関係　　(a) 自然的排水　土地の所有者は，隣地から水が自然に流れて来るのを妨げてはならない（民214条）。水流が天災その他避けることのできない事変により低地において閉塞したときは，高地の所有者は，自己の費用で，水流の障害を除去するため必要な工事をすることができる（民215条）。費用の負担について別段の慣習があるときは，それに従う（民217条）。

　(b)　人工的排水　　人工的排水のために他人の土地を使用することは原則として許されない。したがって，土地の所有者は，直接に雨水を隣地に注ぐ構造の屋根その他の工作物を設けてはならない（民218条）。

　他の土地に貯水，排水または引水のために設けられた工作物の破壊または閉塞により，自己の土地に損害が及び，または及ぶおそれがある場合には，その土地の所有者は，当該他の土地の所有者に，工作物の修繕もしくは障害の除去をさせ，または必要があるときは予防工事をさせることができる（民216条）。費用の負担について別段の慣習があるときは，それに従う（民217条）。

　高地の所有者は，その高地が浸水した場合にこれを乾かすため，または自家用もしくは農工業用の余水を排出するため，公の水流または下水道に至るまで，低地に水を通過させることができる（民220条前段）。この場合，低地のために損害が最も少ない場所および方法を選ばなければならない（同条後段）。また，土地の所有者は，その所有地の水を通過させるため，高地または低地の所有者が設けた工作物を使用することができる（民221条1項）。この場合，他人の工作物を使用する者は，その利益を受ける割合に応じて，工作物の設置および保存の費用を分担しなければならない（同条2項）。

（2）　流水に関する相隣関係　　(a)　水流変更権　　溝，堀その他の水流地の所有者は，対岸の土地が他人の所有に属するときは，その水路または幅員を変

更してはならない（民 219 条 1 項）。両岸の土地が水流地の所有者に属するときは，その所有者は，水路および幅員を変更することができる（同条 2 項）。ただし，水流が隣地と交わる地点において，自然の水路に戻さなければならない（同条同項ただし書）。以上と異なる慣習があるときは，それに従う（同条 3 項）。

(b) 堰の設置および利用　水流地の所有者は堰を設ける必要がある場合には，対岸の土地が他人に属するときであっても，その堰を対岸に付着させて設けることができる（民 222 条 1 項）。ただし，これによって生じた損害に対して償金を支払わなければならない（同条同項ただし書）。対岸の土地の所有者は，水流地の一部がその所有に属するときは，その堰を使用することができる（同条 2 項）。この場合，その利益を受ける割合に応じて，堰の設置および保存の費用を分担しなければならない（同条 3 項）。

③ 境界に関する相隣関係

(1) **境界標設置権**　土地の所有者は，隣地の所有者と共同の費用で，境界標を設けることができる（民 223 条）。境界標の設置および保存の費用は，相隣者が等しい割合で負担する（民 224 条本文）。ただし，測量の費用は，その土地の広狭に応じて分担する（同条ただし書）。

土地の境界が不明なときには，境界確定の訴えを提起できる。相隣者間において境界を定めた事実があっても，合意の事実のみにより境界を確定することは許されない（最判昭 42・12・26 民集 21・10・2627）。また，土地の所有権登記名義人等は，筆界特定登記官に対し，当該土地とこれに隣接する他の土地との筆界について，筆界特定の申請をすることができる（不登 131 条 1 項）。

筆界特定の申請があったときは，筆界特定登記官は，その旨を公告し，かつ，関係人にその旨を通知しなければならない（同法 133 条 1 項）。この公告および通知がされたときは，法務局または地方法務局の長は，対象土地の筆界特定のために必要な事実の調査を行うべき筆界調査委員を指定しなければならない（同法 134 条 1 項）。

筆界調査委員は，指定を受けたときは，対象土地または関係土地その他の土

地の測量または実地調査をすること，筆界特定の申請人もしくは関係人または
その他の者からその知っている事実を聴取し，または資料の提出を求めること，
その他対象土地の筆界特定のために必要な事実の調査をすることができる（同
法135条1項）。筆界調査委員は，対象土地の筆界特定のために必要な事実の調
査を終了したときは，遅滞なく，筆界特定登記官に対し，対象土地の筆界特定
についての意見を提出しなければならない（同法142条）。筆界特定登記官は，
筆界調査委員の意見が提出されたときは，その意見を踏まえ，登記記録，地図
または地図に準ずる図面および登記簿の附属書類の内容，対象土地および関係
土地の地形，地目，面積および形状ならびに工作物，囲障または境界標の有無
その他の状況およびこれらの設置の経緯その他の事情を総合的に考慮して，対
象土地の筆界特定をし，その結論および理由の要旨を記載した筆界特定書を作
成しなければならない（同法143条1項）。

　筆界特定がされた場合において，当該筆界特定に係る筆界について民事訴訟
の手続により筆界の確定を求める訴えに係る判決が確定したときは，当該筆界
特定は，当該判決と抵触する範囲において，その効力を失う（同法148条）。

　(2)　**囲障設置権**　　2棟の建物がその所有者を異にし，かつ，その間に空地
があるときは，各所有者は，他の所有者と共同の費用で，その境界に囲障を設
けることができる（民225条1項）。囲障の種類および高さについて当事者間に
協議が調わないときは，その囲障は，板塀または竹垣その他これらに類する材
料のものであって，かつ，高さ2メートルのものでなければならない（同条2項）。
囲障の設置および保存の費用は，相隣者が等しい割合で負担する（民226条）。
相隣者の1人は増加費用を負担すれば，これより良好な材料を用いたり，高さ
を増したりすることもできる（民227条）。囲障の設置に関し以上と異なる慣習
があるときは，それに従う（民228条）。

　(3)　境界線上の工作物の所有関係　　境界線上に設けた境界標，囲障，障壁，
溝および堀は，相隣者の共有に属するものと推定される（民229条）。ただし，
共有物分割請求は認められない（民257条）。民法229条の例外として，1棟の
建物の一部を構成する境界線上の障壁，高さの異なる2棟の隣接する建物を隔

てる障壁の低い建物を超える部分で，かつ防火障壁でないものについては共有の推定を受けない（民230条）。

(4) 共有障壁の増築権　相隣者の1人は，共有の障壁の高さを増すことができる。ただし，その障壁がその工事に耐えないときは，自己の費用で，必要な工作を加え，またはその障壁を改築しなければならない（民231条1項）。障壁の高さを増したときは，その高さを増した部分は，その工事をした者の単独の所有に属する（同条2項）。この工事により隣人が損害を受けたときは，その償金を請求することができる（民232条）。

4　竹木の切除に関する相隣関係

隣地の竹木の枝が境界線を越えるとき，土地の所有者は，その竹木の所有者に，その枝を切除させることができる（民233条1項）。①竹木の所有者に枝を切除するよう催告したにもかかわらず，竹木の所有者が相当の期間内に切除しないとき，②竹木の所有者を知ることができず，またはその所在を知ることができないとき，③急迫の事情があるときには，土地の所有者は，その枝を切り取ることができる（同条3項）。竹木が数人の共有に属するときは，各共有者は，その枝を切り取ることができる（同条2項）。隣地の竹木の根が境界線を越えるとき，土地の所有者は，その根を切り取ることができる（同条4項）。

5　境界線付近の工作物築造に関する相隣関係

(1) 境界線から一定の距離を保つべき義務　(a) 建物　建物を築造するには，境界線から50センチメートル以上の距離を保たなければならない（民234条1項）。これに違反して建築をしようとする者があるときは，隣地の所有者は，その建築を中止させ，または変更させることができる。ただし，建築に着手した時から1年を経過し，またはその建物が完成した後は，損害賠償の請求のみをすることができる（同条2項）。以上と異なる慣習があるときは，それに従う（民236条）。

建築基準法は，防火地域または準防火地域内にある建築物で，外壁が耐火構

造のものについては，その外壁を隣地境界線に接して設けることができると規定する（建基63条）。そこで，この規定と民法234条1項との関係が問題となるが，判例は，建築基準法65条（現63条）につき民法234条の特則を定めたものと解する（最判平元・9・19民集43・8・955）。

(b) 建物以外の工作物　井戸，用水だめ，下水だめまたは肥料だめを掘るには境界線から2メートル以上，池，穴蔵またはし尿だめを掘るには境界線から1メートル以上の距離を保たなければならない（民237条1項）。導水管を埋め，または溝もしくは堀を掘るには，境界線からその深さの2分の1以上の距離を保たなければならない。ただし，1メートルを超えることを要しない（同条2項）。境界線付近でこれらの工事をするときは，土砂の崩壊または水もしくは汚液の漏出を防ぐため必要な注意をしなければならない（民238条）。

(2) **目隠しの設置義務**　境界線から1メートル未満の距離において他人の宅地を見通すことのできる窓または縁側（ベランダを含む）を設ける者は，目隠しを付けなければならない（民235条1項）。この距離は，窓または縁側の最も隣地に近い点から垂直線によって境界線に至るまでを測定して算出する（同条2項）。以上と異なる慣習があるときは，それに従う（民236条）。

3 | 所有権の取得

所有権を取得する方法には，売買や相続などにより前主の所有権をそれに対する負担とともに引継ぐ「承継取得」と，時効取得のように前主の権利とは無関係に新たに所有権を取得する「原始取得」がある。所有権の原始取得原因のうち，ここでは，民法239条から248条までに規定されているものについて述べる。

1 先占・拾得・発見

① 無主物先占

所有者のない動産（無主の動産）は，所有の意思をもって占有することによっ

て，その所有権を取得することができる（民239条1項）。これを無主物先占という。「無主の動産」を「所有の意思」もって「占有する」ことが要件である。

　無主物とは現に所有者のない物をいい，野生の動物や海洋の魚介類がその典型である。また，一度所有されたものであっても所有者が放棄すれば無主の動産となる。金銀精錬のため粉砕した鉱石を沈殿池に入れ沈殿させる際に流出し，鉱業権者が遺棄して顧みない土灰は無主物である（大判大4・3・9民録21・299）。これに対し，ゴルファーが誤ってゴルフ場内の人工池に打ち込み放置したロストボールは，ゴルフ場の所有に帰し，無主物ではないとされる（最決昭62・4・10刑集41・3・221）。

　占有の取得は占有代理人や占有機関によっても可能である。占有が取得されたかどうかはその者の支配に属したと認められるかどうかで判断されるが，判例は野生のタヌキを狭い岩穴に追い込み，石塊でその入り口をふさぎ逃げられないようにしたときに，占有の取得を認める（大判大14・6・9刑集4・378）。

　所有者のない不動産（無主の不動産）は，国庫に帰属する（民239条2項）。

② 遺失物拾得

　遺失物は，遺失物法（平成18年法律73号）の定めるところに従い公告をした後3ヵ月以内にその所有者が判明しないときは，拾得者がその所有権を取得する（民240条）。遺失物とは，占有者の意思によらないでその所持を離れた物のうち，盗品でないものをいう。遺失物の拾得者は，速やかに，拾得をした物件を遺失者に返還し，または警察署長に提出しなければならない（遺失4条1項）。

　管理者が常駐する建築物その他の施設（車両，船舶，航空機その他の移動施設を含む）において物件の拾得をした拾得者は，速やかに，当該物件を当該施設の施設占有者に交付しなければならない（同法4条2項）。交付を受けた施設占有者は，速やかに，交付を受けた物件を遺失者に返還し，または警察署長に提出しなければならない（同法13条1項）。ただし，不特定多数の者が利用する施設占有者のうち，交付を受け，または自ら拾得する物件が多数に上り，かつ，これを適切に保管することができる者として政令で定める者に該当するもの

（特例施設占有者）は，交付を受け，または自ら拾得した物件（政令で定める高額な物件を除く）を遺失者に返還することができない場合において，交付または拾得の日から2週間以内に，当該物件に関する事項を警察署長に届け出たときは，当該物件を警察署長に提出しないことができる（同法17条）。

　警察署長は，提出を受けた物件を遺失者に返還するが，提出を受けた物件の遺失者を知ることができず，またはその所在を知ることができないときは，①物件の種類および特徴，②物件の拾得の日時および場所を公告しなければならない（同法6条・7条）。特例施設占有者より届出を受けた物件の遺失者を知ることができず，またはその所在を知ることができないときも，警察署長は同様の公告をしなければならない（同法18条）。公告後3ヵ月内にその所有者が判明しないときは拾得者がその所有権を取得するが，拾得者がその所有権を取得した日より2ヵ月以内に物件を引き取らないときは所有権を喪失し（同法36条），その所有権は当該警察署の属する都道府県または特例施設占有者に帰属する（同法37条）。

　個人の身分もしくは地位または個人の一身に専属する権利を証する文書，図画または電磁的記録や，個人の秘密に属する事項が記録された文書，図画または電磁的記録等については公告後3ヵ月内にその所有者が判明しないときであっても拾得者はその所有権を取得できない（同法35条）。

　また，拾得の日から1週間以内に提出をしなかった拾得者や管理者が常駐する建築物その他の施設における拾得の時から24時間以内に交付をしなかった拾得者等は，拾得者としての権利を失う（同法34条）。

　公告後3ヵ月内に物件の返還を受けるべき者が判明したときは，その返還を受ける遺失者は，物件の価格の100分の5以上100分の20以下に相当する額の報労金を拾得者（管理者が常駐する建築物その他の施設で拾得した場合は拾得者と施設占有者に2分の1ずつ）に支払わなければならない（同法28条1項・2項）。

③　埋蔵物発見

　埋蔵物とは，土地その他の物の中に外部からは容易に目撃できないような状

態に置かれ，しかも現在何人の所有であるか分かりにくい物をいう（最判昭 37・6・1 訟月 8・6・1005）。

埋蔵物は，遺失物法の定めるところに従い公告をした後，6 ヵ月以内にその所有者が判明しないときは，これを発見した者がその所有権を取得する（民241 条）。ただし，他人の所有する物の中から発見された埋蔵物については，これを発見した者およびその他人が等しい割合でその所有権を取得する（同条ただし書）。

公告後 6 ヵ月内に物件の返還を受けるべき者が判明したときは，その返還を受ける埋蔵物所有者は，物件の価格の 100 分の 5 以上 100 分の 20 以下に相当する額の報労金を発見者に支払わなければならない（遺失 28 条 1 項）。

埋蔵物が文化財であるときには，文化財保護法の適用があり，その所有者が判明しないときは，文化庁長官や国の機関等の発掘調査により発見されたものについては，国庫に帰属する。この場合，文化庁長官は当該文化財の発見された土地の所有者にその旨を通知し，かつ，当該文化財の価格の 2 分の 1 に相当する額の報償金を支給する（文化財 104 条）。都道府県等による発掘調査により発見されたものや都道府県の教育委員会の鑑査を経たものについては，国庫に帰属するものを除き，発見された土地を管轄する都道府県に帰属する。この場合，当該都道府県の教育委員会は当該文化財の発見者およびその発見された土地の所有者にその旨を通知し，かつ，当該文化財の価格に相当する額の報償金を支給する。発見者と土地所有者が異なるときは，報償金は，折半して支給される（同法 105 条）。

2 添　　付

所有者の異なる 2 つ以上の物が付合したり，混和し，これをもとに戻すことが著しく困難となったり，損傷しなければ分離できなくなったときには，これを無理に分離・復旧することは社会経済上の見地から不利益となる。そこで，民法は，その全体を 1 個の物として扱い，当事者にその分離・復旧の請求を認めないこととした。これが添付の制度であり，民法は添付として，付合，混和，

加工の 3 種を認めている。添付により物の所有権が消滅したときは，その物について存する他の権利も消滅する（民 247 条 1 項）。ただし，添付の結果，その物の所有者が，合成物，混和物または加工物（合成物等）の単独所有者や共有者となったときは，その物に存した他の権利は，合成物等またはその共有持分の上に存続する（同条 2 項）。添付によって所有権を失うなどして損失を受けた者は，不当利得の規定に従って，その償金を請求することができる（民 248 条）。

1 付　　合

　付合とは所有者の異なる 2 個以上のものが結合して 1 個の物となることをいい，不動産の付合と動産の付合とがある。

　(1) **不動産の付合**　　不動産の所有者は，その不動産に従として付合した物の所有権を取得する（民 242 条本文）。

　判例は，無権原者が他人の土地に播種し成育した苗は土地に付合するとしている（最判昭 31・6・19 民集 10・6・678）。建物の賃借人などが増築をした場合に，増築部分が本体たる建物に付合するかについては，増築部分が建物と別個独立の存在を有せずその構成部分となっている場合には，増築部分は建物所有者の所有に帰するとされる（最判昭 38・5・31 民集 17・4・588）。増築部分の独立性の有無は，建物の物理的構造のみならず，取引または利用上の独立性を考慮して判断される（最判昭 39・1・30 民集 18・1・196）。

　ただ，民法 242 条ただし書は権原によってその物を附属させた他人の権利を妨げないとする。そこで，農作物が権原に基づいて植栽された場合には，土地に付合しない（大判昭 7・5・19 新聞 3429・12）。ここで「権原」とは，地上権，永小作権・土地賃借権など不動産に動産を附属させることを内容とする権利をいう。なお，民法 242 条ただし書に基づく所有権につき対抗要件を具備する必要があるか否かにつき，判例は，農作物や立木の所有権を第三者に対抗するためには，明認方法などの公示方法を備えなければならないとする（最判昭 35・3・1 民集 14・3・307）。

(2) **動産の付合**　所有者を異にする数個の動産が，付合により，損傷しなければ分離することができなくなったとき，または分離するのに過分の費用を要するとき，その合成物の所有権は，主たる動産の所有者に帰属する（民243条）。主従の区別につき，判例は，船舶用発動機は据付船舶に比し著しく高価であるため，発動機を主たる動産として取引される場合もあることから，発動機に対して船舶がつねに主たる動産であるとはいえないとする（大判昭18・5・25民集22・411）。付合した動産について主従の区別をすることができないときは，各動産の所有者は，その付合の時における価格の割合に応じてその合成物を共有する（民244条）。付合により物の所有権が消滅したときは，その物について存する他の権利も消滅する（民247条1項）。ただし，付合の結果，その物の所有者が合成物の単独所有者や共有者となったときは，その物に存した他の権利は，合成物またはその共有持分の上に存続する（同条2項）。付合によって所有権を失った者は，不当利得の規定に従って，その償金を請求することができる（民248条）。

なお，互いに主従の関係にない甲，乙2棟の建物が，その間の障壁を除去する等の工事により1棟の丙建物になった場合においても，これをもって，甲建物あるいは乙建物を目的として設定されていた抵当権が消滅することはなく，抵当権は，丙建物のうちの甲建物または乙建物の価格の割合に応じた持分を目的とするものとして存続する（最判平6・1・25民集48・1・18）。

② 混　　和

穀物などの固形物が混ざりあったり（混合），酒などの流動物が混ざりあって（融和），識別することができなくなった場合には，その混和物の所有権は，主たる動産の所有者に帰属し，混和物について主従の区別をすることができないときは，各動産の所有者はその混和の時における価格の割合に応じてその混和物を共有する（民245条）。一括購入された宝くじにつき，共同購入分と個人購入分とは観念的には区別できるが実際には識別できず，したがって，一括購入された段階で動産の混和が生じ，一括購入された全部につき共有となること

から，そのうちの1枚が当選すれば，その賞金は出資の割合に応じて分配すべきとされ（盛岡地判昭57・4・30判タ469・210），混和が認められている。

③ 加　工

　他人の動産に工作を加えて新たな物を製作することが加工であり（大判大13・1・30刑集3・38），他人の動産に工作を加えた場合，その加工物の所有権は，材料の所有者に帰属する。ただし，工作によって生じた価格が材料の価格を著しく超えるときは，加工者がその加工物の所有権を取得する（民246条1項）。また，加工者が材料の一部を供したときは，その価格に工作によって生じた価格を加えたものが他人の材料の価格を超えるときに限り，加工者がその加工物の所有権を取得する（同条2項）。加工物につき所有権を失った者は，加工物の所有者となった者に対し償金請求権を有する（民248条）。建築途中のまだ独立の不動産に至っていない建前に，第三者が材料を提供して工事を施し，独立の不動産である建物に仕上げた場合における建物所有権の帰属については，民法246条2項に基づいて決定すべきとされる（最判昭54・1・25民集33・1・26。Case参照）。

Case

建前に第三者が工事を施し完成させた場合の所有権の帰属

事実

　Xの被相続人Aは，Yから本件建物の建築工事を請け負ったBからこの工事の下請けをして建築に着手し，棟上げを終え屋根下地板を張り終えた。しかし，Bが約定の請負報酬を支払わなかったため，その後は屋根瓦も葺かず，荒壁も塗らず，工事を中止したまま放置した。そこでYは，Bとの請負契約を合意解除し，Cに対し，工事進行に伴い建築中の建物の所有権はYの所有に帰する旨の特約を付してこの建築の続行工事を請け負わせた。Cは，請負契約に従い自らの材料を供して工事を行い，AのCに対する仮処分の執行により工事の続行が差し止められるまでに屋根を葺き，内部荒壁を塗り上げ，外壁もモルタルセメント仕上げに必要な下地板をすべて張り終えたほか，床を張り，電気，ガス，水道の配線，配管工事全部および廊下の一部コンクリート打ちを済ませ，未完成ながら独立の不動産である建物独立の建物とした。本件建物は，Aが建築工事を中止した時点ですでに独立した不動産たる建物となっていたもので，その所有権はAに原始的に帰属し，その後のCによる加工部分は不動産に従たるものとして民法242条によりその所有権はAに帰属すると主張して，XはYに対し本件建物の明渡し

等を求めた。

　最高裁は,「建物の建築工事請負人が建築途上において未だ独立の不動産に至らない建前を築造したままの状態で放置していたのに,第三者がこれに材料を供して工事を施し,独立の不動産である建物に仕上げた場合においての右建物の所有権が何びとに帰属するかは,民法 243 条の規定によるのではなく,むしろ,同法 246 条 2 項の規定に基づいて決定すべきものと解する。けだし,このような場合には,動産に動産を単純に附合させるだけでそこに施される工作の価値を無視してもよい場合とは異なり,右建物の建築のように,材料に対して施される工作が特段の価値を有し,仕上げられた建物の価格が原材料のそれよりも相当程度増加するような場合には,むしろ民法の加工の規定に基づいて所有権の帰属を決定するのが相当であるからである」とした（最判昭 54・1・25 民集 33・1・26）。

4 ┃ 共　　　有

1 民法上の共有

1 共同所有の諸形態

　共同所有とは,数人が 1 つの物を共同で所有することをいうが,これには,民法 249 条以下に規定されている共有（狭義）のほか合有,総有の 3 つの形態がある。

　(1)　**狭義の共有**　　狭義の共有の場合,共有者の間に強い結合関係はないことから,各共同所有者は,目的物に対してそれぞれが持分を有し,その持分を自由に処分でき,またいつでも共有物の分割請求ができる。民法 249 条以下に規定されている共有は,このような共同所有関係である。また,数人で所有権以外の財産権（地上権,地役権などの用益物権,抵当権などの担保物権,著作権,特許権などの無体財産権,賃借権など）を有する場合は**準共有**と呼ばれ,法令に特別の定めがある場合を除いて,民法 249 条ないし 263 条の共有の規定が準用される（民 264 条）。

　(2)　**合有**　　各組合員の出資その他の組合財産は,総組合員の共有に属する

（民668条）が，組合員は，組合財産についてその持分を処分したときは，その処分をもって組合および組合と取引をした第三者に対抗することができず（民676条1項），組合員は，清算前に組合財産の分割を求めることができない（民676条3項）。このように共同所有者が目的物に対して持分を潜在的に有するが，共同目的遂行まで持分を自由に処分することができず，また，分割請求もできない共同所有形態は合有と呼ばれる。分割前の相続財産の共有を通常の共有とみるか，合有とみるかにつき学説上争いがあるが，判例は，民法249条以下に規定する共有とその性質を異にするものではないとする（最判昭30・5・31民集9・6・793）。

　（3）　**総有**　村落住民が，山林や原野など入会地を共同で支配し，使用・収益する権利である入会権は，村落住民各自が共有におけるような持分権を有するものではなく，村落において形成されてきた慣習等の規律に服する団体的色彩の濃い共同所有の権利形態である（最判平6・5・31民集48・4・1065）。このように共同所有者が団体的規制を受け，目的物に対して持分を有せず，したがって，持分の処分や分割請求もできない共同所有形態は総有と呼ばれる。

　権利能力のない社団の財産につき，権利能力なき社団の財産は，実質的には社団を構成する総社員のいわゆる総有に属するものであるから，総社員の同意をもって，総有の廃止その他財産の処分に関する定めがなされない限り，現社員および元社員は，当然には財産に関し，共有持分権または分割請求権を有するものではないとされている（最判昭32・11・14民集11・12・1943）。

　以下では，これら3つの共同所有の形態のうち，狭義の共有のみを扱う。

図表 3 - 3　共同所有の諸形態

	持分権	持分権の処分	分割請求	例
共有（狭義）	有	自由	可	共同購入した土地
合有	有（潜在的）	制限	原則不可	組合財産
総有	無	不可	不可	共有の性質を有する入会権

② 共有の成立

共有は当事者の意思または法律の規定により成立する。数人の共同の出資をもって土地を購入した場合，反証がない限り，その土地は出資をした者の共有に属するものと推定される（大判大6・4・18民録23・799）。法律の規定により共有関係が生ずる場合としては，境界線上に設けた境界標，囲障，障壁，溝および堀（民229条），他人の所有する物の中から発見された埋蔵物（民241条ただし書），主従の区別をすることができない動産の合成物（民244条），混和物（民245条），夫婦のいずれに属するか明らかでない財産（民762条2項）などがある。

③ 共有の性質

共有の性質については，1個の所有権を各共有者が量的に分有している状態とみる見解と，各共有者がそれぞれ1個の所有権を有するが，目的物が1個であるため，その所有権が一定の割合において制限し合って，その内容の総和が1個の所有権の内容と等しくなっている状態であるとみる見解が対立している。判例は，共有につき数人が共同して1つの所有権を有する状態であって，共有者は物を分割してその一部を所有するのではなく，各共有者は物の全部につき所有権を有し，他の共有者の同一の権利によって減縮されるに過ぎないとする（大判大8・11・3民録25・1944）。

④ 共有の内部関係

(1) **持分権**　各共有者が共有物に対して有する権利を持分権（または共有持分権）という。持分権の性質については，共有の法律的構成についての2つの見解に対応して，1個の所有権の分量的一部とみる見解と，同一物の上に成立する他の所有権によって制限された1個の所有権とみる見解に分かれる。判例は，持分権につき，単独所有者の権利と性質，内容を同じくし，ただその分量および範囲に広狭の差異があるだけとする（前掲大判大8・11・3）。

なお，民法で「持分」という場合に，持分権を意味する場合（民252条・255条）と，持分の割合を意味する場合（民249条・250条・253条・261条）がある。

(2) **持分の割合**　　各共有者の持分の割合は，共有者の意思表示または法律の規定（民 241 条ただし書・244 条・900 条以下）によって決まるが，明らかでないときには，各共有者の持分の割合は相等しいものと推定される（民 250 条）。不動産につき共有の登記をする場合には各自の持分の割合を記載しなければならない（不登 27 条 3 号・59 条 4 号）。

　共有者の 1 人がその持分を放棄したとき，または死亡して相続人がないときは，その持分は，他の共有者に，各自の持分の割合に応じて帰属する（民 255 条）。相続人なしに死亡した者の財産に共有持分権が含まれていた場合につき，判例は，共有者の 1 人が死亡し，相続人の不存在が確定し，相続債権者や受遺者に対する清算手続が終了したときは，その共有持分は，他の相続財産とともに特別縁故者に対する財産分与の対象となり，財産分与がされず，当該共有持分が承継すべき者のないまま相続財産として残存することが確定した時にはじめて民法 255 条により他の共有者に帰属することになるとしている（最判平元・11・24 民集 43・10・1220）。

(3) **共有物の使用**　　各共有者は，共有物の全部について，各共有者の持分の割合に応じた使用をすることができる（民 249 条 1 項）。共有者は，善良な管理者の注意をもって，共有物を使用しなければならない（同条 3 項）。また各共有者は持分の割合に応じた収益もできる。具体的な使用・収益の方法は共有者間の協議によって決せられる。自己の持分を超える使用については別段の合意がある場合を除いて他の共有者に対して使用の対価を償還する義務を負う（同条 2 項）。

(4) **共有物の管理**　　共有物の管理行為（広義）は，保存行為，管理行為（狭義），および変更行為の 3 つに分かれる。

　(a) 保存行為　　共有物の管理に関する事項であっても，保存行為は，各共有者が単独でこれをすることができる（民 252 条ただし書）。保存行為とは共有物の現状を維持する行為であって，共有建物の修繕などがこれに当たる。共有物の妨害に対する妨害排除請求は保存行為であり，各共有者単独でなすことができる（大判大 10・7・18 民録 27・1392）。また，判例は，共有者の 1 人がその持

分に基づき登記簿上所有名義人たる者に対してその登記の抹消を求めることは，妨害排除請求に外ならず，保存行為に属するとする（最判昭31・5・10民集10・5・487）。ただし学説では，不実の登記が持分権の侵害にあたるとして，各共有者は持分権に基づいて単独で登記の抹消を請求できるとするのが多数説である。

　(b)　管理　　共有物の管理に関する事項は，各共有者の持分の価格に従い，その過半数で決定される（民252条1項前段）。管理には狭義の管理のほか共有物の形状または効用の著しい変更を伴わない変更も含まれる。共有物の事項に関する決定は，共有物を使用する共有者があってもできる（民252条1項後段）。ただし，その決定が，共有者間の決定に基づいて共有物を使用する共有者に特別の影響をおよぼすべきときは，その承諾を得なければならない（同条3項）。また，民法252条の2に規定する共有物の管理者の選任および解任を含む（民252条1項前段括弧書）。

　賃借権その他の使用および収益を目的とする権利（賃借権等）であって，①樹木の栽植または伐採を目的とする山林の賃借権等は10年，②①以外の土地の賃借権等は5年，③建物の賃借権等は3年，④動産の賃借権等は6ヵ月を超えないものは管理にあたる（民252条4項）。共有者が共有物を目的とする貸借契約を解除することは共有物の管理に関する事項に該当し，民法544条1項の規定の適用は排除される（最判昭39・2・25民集18・2・329）。共同相続人の1人が相続財産である家屋の使用借主である場合，他の共同相続人による使用貸借の解除は252条本文の管理行為に該当することから，共有者（共同相続人）の過半数で決しなければならない（最判昭29・3・12民集8・3・696）。

　(c)　変更行為　　各共有者は，他の共有者の同意を得なければ，共有物に変更（その形状または効用の著しい変更を伴なわないものを除く）を加えることができない（民251条）。共有山林の林木を伐採したり，宅地造成工事を行って農地を非農地化したりすることなどが共有物の変更に当たる（大判昭2・6・6新聞2719・10，最判平10・3・24判時1641・80）。

　共有者の1人が他の共有者の同意を得ずに変更行為をすることは他の共有者の所有権を侵害することに外ならないから，他の共有者は，自己の権利に基づ

きその禁止を求めることができる（大判大8・9・27民録25・1664）。すでに変更行
為がなされた場合も，共有物を原状に復することが不能であるなどの特段の事
情がある場合を除き，行為により生じた結果を除去して共有物を原状に復させ
ることを求めることができる（前掲最判平10・3・24）。

　共有者が他の共有者を知ることができず，またはその所在を知ることができ
ないときは，裁判所は，共有者の請求により，当該他の共有者以外の他の共有
者の同意を得て共有物に変更を加えることができる旨の裁判をすることができ
る（民251条2項）。

　　(d)　共有物の管理者　　共有者は，各共有者の持分の価格に従い，その過
半数による決定をもって共有物の管理者の選任および解任をすることができる
（民252条1項括弧書）。管理者は共有物の管理に関する行為をすることができる
が，共有者全員の同意を得なければ共有物に変更（その形状または効用の著しい
変更を伴わないものを除く）を加えることができない（民252条の2第1項）。共有
者が共有物の管理に関する事項を決定した場合には，共有物の管理者はこれに
従ってその職務を行わなければならない（同条3項）。共有者の決定に違反して
行った共有物の管理者の行為は，共有者に対してその効力を生じないが，共有
者は，これをもって善意の第三者に対抗できない（同条4項）。

　　(e)　共有物の負担　　各共有者は，その持分に応じ，管理の費用を支払い，
その他共有物に関する負担を負う（民253条1項）。共有者が1年以内にこの義
務を履行しないときは，他の共有者は，相当の償金を支払ってその者の持分を
取得することができる（同条2項）。

　共有者の1人が共有物について他の共有者に対して有する債権は，その特定
承継人に対しても行使することができる（民254条）。共有名義の土地につき，
その一部を譲り受け，登記を完了した者が，共有者間の内部においては，土地
を分割し，その部分を譲受人の単独所有として独占的に使用しうること，およ
び後に分筆登記が可能となったときは直ちにその登記をなすこと，を約した場
合，譲受人が他の共有者に対して有する分割契約上の債権は，その後同土地に
つき共有持分を他の共有者から譲り受けた第三者に対しても行うことができる

とされる（最判昭 34・11・26 民集 13・12・1550）。

　また，共有者の 1 人が，他の共有者に対して共有に関する債権を有するときは，分割に際し，債務者に帰属すべき共有物の部分をもって，その弁済に充てることができる（民 259 条 1 項）。債権者は，この弁済を受けるため債務者に帰属すべき共有物の部分を売却する必要があるときは，その売却を請求することができる（同条 2 項）。

　(5)　持分権の処分　　共有持分権は所有権の実質を有することから，各共有者は，その持分権を自由に処分することができる。各共有者は，持分の譲渡のほか抵当権等の担保権の設定，放棄なども自由にすることができる。ただし，土地の共有者中一部の者だけが他の共有者の同意なくその共有地につき用益的権利を設定することはできない（最判昭 29・12・23 民集 8・12・2235）。

5　共有の外部関係

　(1)　持分権の対外的主張　　各共有者が物の全部につき他の共有者の権利によって減縮される範囲において有する持分権確認の訴えは，各共有者の有する権利の確認を求めるものであることから，各共有者は単独で第三者を相手方として提起することができる（大判大 13・5・19 民集 3・211）。

　共有物の妨害に対する妨害排除請求は保存行為であり，各共有者単独でなすことができ（前掲大判大 10・7・18），共有者以外の第三者により共有物の占有が奪われた場合，各共有者は保存行為として単独で共有者全員のために共有物の返還を求めることができる（大判大 10・6・13 民録 27・1155）。

　共有物に対して第三者による侵害があった場合の損害賠償請求権については，共有物に対する不法行為による損害賠償請求権は，各共有者が自己の持分に応じてのみこれを行使しうべきもので，他人の持分に対しては何ら請求権を有するものではないとされる（最判昭 41・3・3 判時 443・32）。

　(2)　共有関係の対外的主張　　共有関係の主張は各共有者が単独ですることはできず，共有者全員が共同ですることを要する。共有者の一部の者による第三者に対する所有権の確認につき，共有物の所有権は総共有者に属することか

ら，共有物の所有権の確認の訴えを提起するには共有者全員でなすことを要し，各共有者が単独でなすことはできないとされる（大判大5・6・13民録22・1200）。したがって，土地の共有者が境界の確定を求める訴えを提起する場合，その全員が原告となるべきであるが，共有者のうちに境界確定の訴えを提起することに同調しない者がいるときには，その余の共有者は，隣接地の所有者とともに境界確定の訴えを提起することに同調しない者を被告として訴えを提起することができる（最判平11・11・9民集53・8・1421）。

6　共有物の分割

(1)　分割請求権　　各共有者は，いつでも共有物の分割を請求することができる（民256条1項本文）。ただし，5年を超えない期間内は分割をしない旨の契約をすることを妨げない（同条1項ただし書）。共有者の中に破産手続開始の決定を受けた者があるときは，その共有にかかる財産の分割の請求は，不分割契約があるときでも，することができる（破52条）。また，不分割契約は更新することができる。ただし，その期間は更新の時から5年を超えることができない（民256条2項）。不分割契約の効力は共有持分権の特定承継人も拘束する（民254条）が，共有物が不動産の場合には登記を要する（不登59条6号）。

(2)　分割の手続・方法　　共有物分割の手続には，共有者間の協議による分割と裁判による分割がある。

(a)　協議による分割　　協議による分割は，共有者の協議によってなされるが，その分割方法にとくに制限はない。主な分割方法としては「現物分割」，「代金分割」，「価格賠償による分割」がある。現物分割は，共有物そのものを分量的に分割する方法である。代金分割は共有物を売却してその代金を分割する方法である。価格賠償による分割とは，共有物を共有者のうちの1人の単独所有または数人の共有とし，これらの者から他の共有者に持分の価格を賠償させる方法である。

(b)　裁判による分割　　共有物の分割について共有者間に協議が調わないときまたは協議をすることができないときは，その分割を裁判所に請求するこ

とができる（民258条1項）。協議が調わないときには，現実に共有者が協議したが不調に終わった場合だけでなく，一部の共有者が分割の協議に応じる意思のないことが明らかな場合も含まれる（大判昭13・4・30新聞4276・8）。共有者の一部の者が分割の協議に応じないときは，他の共有者と協議の交渉をしないでただちに共有者全員を相手として共有物分割の訴えを提起することができる（前掲大判昭13・4・30）。

　裁判による分割の方法は，共有物の現物を分割する方法（現物分割）と共有者に債務を負担させて，他の共有者の持分の全部または一部を取得させる方法（賠償分割）を原則とする（民258条2項）。現物分割も賠償分割もできないとき，または分割によってその価格を著しく減少させるおそれがあるときは，裁判所は共有物の競売（民執195条）を命じ，その代金を分割する（民258条3項）。裁判所は，共有物の分割の裁判において，当事者に対して，金銭の支払，物の引渡し，登記義務の履行その他の給付を命ずることができる（同条4項）。

　共有者が多数である場合，その中のただ1人でも分割請求をするときは，ただちにその全部の共有関係が解消されるものと解すべきでなく，請求者に対してのみ持分の限度で現物を分割し，その余は他の共有者の共有として残すこと（一部分割）も許される（最大判昭62・4・22民集41・3・408）。また，共有物を共有者のうちの特定の者に取得させるのが相当であると認められ，かつ，その価格が適正に評価され，共有物を取得する者に支払能力があって，他の共有者にはその持分の価格を取得させることとしても共有者間の実質的公平を害しないと認められる特段の事情が存するときは，共有物を共有者のうちの1人の単独所有または数人の共有とし，これらの者から他の共有者に対して持分の価格を賠償させる方法，すなわち全面的価格賠償の方法による分割をすることも許される（最判平8・10・31民集50・9・2563。Case参照）。

　なお，共有物の全部またはその持分が相続財産に属する場合に，共同相続人間で当該共有物の全部またはその持分について遺産の分割をすべきときは，当該共有物またはその持分について民法258条の規定による分割をすることができない（民258条の2第1項）。共有物の持分が相続財産に属する場合において，

相続開始の時から10年を経過したときは，相続財産に属する共有物の持分について民法258条の規定による分割をすることもできるが，当該共有物の持分について遺産の分割の請求があった場合に相続人が当該共有物の持分について民法258条の規定による分割をすることに異議の申出（当該相続人が裁判所から分割請求があった旨の通知を受けた日から2ヵ月以内）をしたときはこの限りでない（同条2項・3項）。

> **Case**
>
> ### 全面的価格賠償の方法による共有物分割
>
> **事実**
>
> X₁，B（X₁の夫），Yの3名は，甲信用組合から本件不動産を持分各3分の1の割合で買い受けた。本件不動産は，かつてX₁の父親Aおよびその先代が所有していたものであり，一時甲信用組合に所有権が移転していたのを，上記3名が共同して買い戻したものであった。昭和61年，Bが死亡し，Bの持分は，X₁および子X₂・X₃・X₄がそれぞれ法定相続分に従って取得した。その結果本件不動産についての共有持分は，X₁が18分の9，X₂・X₃・X₄が各18分の1，Yが18分の6となった。Yは昭和48年以来，本件不動産上の本件建物に居住し，本件建物に接する建物において薬局を営み，その営業収入によって生活してきた。他方，X₁・X₂・X₃・X₄（Xら）は，それぞれ別に居住しており，必ずしも本件不動産を取得する必要はない。Xらは，Yが本件不動産の分割協議に応じないため，本件不動産の共有物分割を求める訴えを提起した。本件不動産の分割方法として，Xらは競売による分割を希望しているのに対して，Yは，自らが本件不動産を単独で取得し，Xらに対してその持分の価格を賠償する方法（全面的価格賠償の方法）による分割を希望していた。
>
> **判旨**
>
> 最高裁は，「当該共有物の性質及び形状，共有関係の発生原因，共有者の数及び持分の割合，共有物の利用状況及び分割された場合の経済的価値，分割方法についての共有者の希望及びその合理性の有無等の事情を総合的に考慮し，当該共有物を共有者のうちの特定の者に取得させるのが相当であると認められ，かつ，その価格が適正に評価され，当該共有物を取得する者に支払能力があって，他の共有者にはその持分の価格を取得させることとしても共有者間の実質的公平を害しないと認められる特段の事情が存するときは，共有物を共有者のうちの一人の単独所有又は数人の共有とし，これらの者から他の共有者に対して持分の価格を賠償させる方法，すなわち全面的価格賠償の方法による分割をすることも許される」とした（最判平8・10・31民集50・9・2563）。

(3) 分割への参加　共有物について地上権，抵当権，質権などの権利を有

する者および各共有者の債権者は，自己の費用で，分割に参加することができる（民260条1項）。共有者は分割にあたって分割の通知をする必要はないが，参加の請求があったにもかかわらず，その請求をした者を参加させないで分割をしたときは，その分割は，その請求をした者に対抗することができない（同条2項）。参加者は分割に参加して意見を述べることができるが，共有者は，参加者の意見に拘束されない。

（4）分割の効果　　分割により共有関係は終了し，各共有者は，分割の時から，各自が取得した部分の単独所有者となる。共有物の分割は，共有者相互間において，共有物の各部分につき，その有する持分の交換または売買が行われることであることから（最判昭42・8・25民集21・7・1729），各共有者は，他の共有者が分割によって取得した物について，売主と同じく，その持分に応じて担保責任を負う（民261条）。また，分割が完了したときは，各分割者は，その取得した物に関する証書を保存しなければならない（民262条1項）。そして，共有者の全員またはそのうちの数人に分割した物に関する証書は，その物の最大の部分を取得した者が保存しなければならない（同条2項）。最大の部分を取得した者がないときは，分割者間の協議で証書の保存者を定め，協議が調わないときは，裁判所がこれを指定する。証書の保存者は，他の分割者の請求に応じて，その証書を使用させなければならない（同条4項）。

共有物につき共有者の1人の持分上に担保物権が存した場合に当該担保物権が分割によりどのような影響を受けるかが問題となるが，共有者の1人がその持分に抵当権を設定した後現物分割された場合につき，その持分につき設定した抵当権は抵当権設定者が分割により取得した部分にのみ集中するのではなく，依然として持分の割合に応じて共有物全部の上に存するとされる（大判昭17・4・24民集21・447）。

⑦　所在等不明共有者の持分の取得・譲渡

不動産が数人の共有に属する場合において，不動産の共有者が他の共有者を知ることができず，またはその所在を知ることができないときは，裁判所は，

共有者の請求により，その共有者に，当該他の共有者（所在等不明共有者）の持分を取得させる旨の裁判をすることができる（民262条の2第1項前段）。ただし，①取得請求があった持分に係る不動産について民法258条1項の規定による共有物分割請求または遺産の分割請求があり，かつ所在等不明共有者以外の共有者が所在等不明共有者の持分の取得の裁判の請求を受けた裁判所にその裁判をすることについて異議がある旨の届け出をしたとき（同条2項），②所在等不明共有者の持分が相続財産に属する場合（共同相続人間で遺産の分割をすべき場合に限る）において，相続開始の時から10年を経過していないとき（同条3項）は所在等不明共有者の持分の取得の裁判をすることはできない。

　不動産が数人の共有に属する場合において，共有者が他の共有者を知ることができず，またはその所在を知ることができないときは，裁判所は，共有者の請求により，その共有者に，所在等不明共有者以外の共有者の全員が特定の者に対してその有する持分の全部を譲渡することを停止条件として，所在等不明共有者の持分を当該特定の者に譲渡する権限を付与する旨の裁判をすることができる（民262条の3第1項）。ただし，所在等不明共有者の持分が相続財産に属する場合（共同相続人間で遺産の分割をすべき場合に限る）において，相続開始の時から10年を経過していないときは所在等不明共有者の持分を譲渡する権限を付与する裁判をすることはできない（同条2項）。

2　建物の区分所有

　民法旧208条（削除）は，数人にて1棟の建物を区分し，各その一部を所有するときは，建物およびその附属物の共用部分はその共有に属するものと推定し，共用部分の修繕費その他の負担は各自の所有部分の価格に応じてこれを分かつとしていた。この規定の適用対象は主として棟割長屋の区分所有であったことから，急増する中高層建物に対応するため，昭和37年に民法旧208条に替わって「建物の区分所有等に関する法律」（昭和37年法律69号）が制定された。同法は，その後，中高層マンションの増加に伴って生じた不動産登記に関する問題などに対応するため，昭和58年に大幅な改正がなされ（昭和58年法律51号），

また，平成 14 年には管理の適正化と建替え実施の円滑化等の観点から改正がなされている（平成 14 年法律 140 号）。

1 区分所有建物の所有関係

マンションなどのように建物内に区分所有権の目的となる 2 個以上の建物部分（専有部分）を含む 1 棟の建物を**区分所有建物**というが，区分所有建物に対する権利は専有部分を目的とする区分所有権，区分所有者の共用に供される共用部分についての共有持分権，および専有部分を所有するための建物の敷地についての敷地利用権（区分 2 条 5 項・6 項）から構成される。

(1) **専有部分**　1 棟の建物に構造上区分された数個の部分で独立して住居，店舗，事務所または倉庫その他建物としての用途に供することができる部分を「専有部分」といい（区分 1 条），これを目的とする所有権を「**区分所有権**」という（同法 2 条 1 項・3 項）。

専有部分と認められるためには構造上他の部分と区分され（構造上の独立性），それ自体独立の建物としての用途に供することができる（利用上の独立性）ような外形を有しなければならない（最判昭 56・6・18 民集 35・4・798）。区分所有権の目的である専有部分は，各区分所有者が自由に使用できるが，建物の保存に有害な行為その他建物の管理または使用に関し区分所有者の共同の利益に反する行為をしてはならない（同法 6 条 1 項）。

(2) **共用部分**　(a) 共用部分　専有部分以外の建物の部分，専有部分に属しない建物の附属物および規約により共用部分とされた附属の建物が共用部分である（区分 2 条 4 項）。共用部分には法律上当然に共用部分となるもの（**法定共用部分**）と規約によって共用部分とされるもの（**規約共用部分**）がある。数個の専有部分に通ずる廊下または階段室その他構造上区分所有者の全員または一部の共用に供されるべき建物の部分（同法 4 条 1 項）と専有部分に属しない建物の附属物が法定共用部分にあたる。構造上は専有部分となりうるが規約によって共用部分とされる建物の部分と規約によって共用部分とされた附属建物が規約共用部分にあたる。規約共用部分は，その旨の登記をしなければ第三者

に対抗することができない（同法4条2項）。一部の区分所有者のみの共用に供されるべきことが明らかな共用部分を「一部共用部分」という（同法3条）。

　(b)　共用部分の所有関係　　共用部分は，区分所有者全員の共有に属し，一部共用部分は，これを共用すべき区分所有者の共有に属する（区分11条1項）。ただし，規約で別段の定めをすることもできる（同法11条2項）。各共有者は，共用部分をその用方にしたがって使用することができる（同法13条）。各共有者の持分は，その有する専有部分の床面積の割合による（同法14条1項）。この場合，附属の建物を除く一部共用部分で，床面積を有するものがあるときは，その一部共用部分の床面積は，これを共用すべき各区分所有者の専有部分の床面積の割合により配分して，それぞれの区分所有者の専有部分の床面積に算入する（同法14条2項）。共有者の持分は，その有する専有部分の処分に従い，共有者は，原則として，その有する専有部分と分離して持分を処分することはできない（同法15条）。

　(3)　**敷地利用権**　　建物の敷地とは，建物が所在する土地（法定敷地）および区分所有者が建物および建物が所在する土地と一体として管理または使用をする庭，通路その他の土地で規約により建物の敷地とされた土地（規約敷地）をいう（区分2条5項・5条1項）。そして，専有部分を所有するための建物の敷地に関する権利を敷地利用権という（同法2条6項）。敷地利用権が数人で有する所有権その他の権利である場合には，区分所有者は，規約に別段の定めがない限り，その有する専有部分とその専有部分に係る敷地利用権とを分離して処分することができない（同法22条1項）。建物の専有部分の全部を所有する者の敷地利用権が単独で有する所有権その他の権利である場合にも規約に別段の定めがない限り，専有部分と敷地利用権とを分離して処分することはできない（同法22条3項）。これに違反する専有部分または敷地利用権の処分は無効であるが，分離処分できない専有部分および敷地利用権であることを登記した後に処分がされたときを除いて，その無効を善意の相手方に主張することはできない（同法23条1項）。

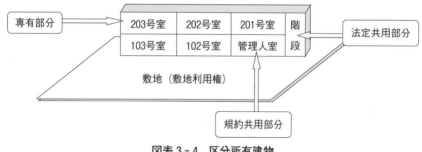

図表 3 - 4　区分所有建物

[2]　区分所有建物の管理

　(1)　**区分所有者の団体**　　区分所有者は，全員で，建物ならびにその敷地および附属施設の管理を行うための団体（**管理組合**）を構成する。そして，この区分所有者の団体は，集会を開き，規約を定め，および管理者を置くことができる（区分3条前段）。一部共用部分をそれらの区分所有者が管理するときも，その一部の区分所有者は，全員でその管理を行うための団体を構成し，集会を開き，規約を定め，および管理者を置くことができる（同法3条後段）。

　区分所有者の団体は，区分所有者および議決権の各4分の3以上の多数による集会の決議で，法人となることができる（同法47条1項）。この法人を**管理組合法人**という（同法47条2項）。

　(2)　**管理者**　　区分所有者は，規約に別段の定めがない限り集会の決議によって，管理者を選任し，または解任することができる（区分25条1項）。管理者は，共用部分等を保存し，集会の決議を実行し，ならびに規約で定めた行為をする権利を有し，義務を負う（同法26条1項）。そして，管理者は，その職務に関し，区分所有者を代理する（同法26条2項）。

　なお，管理組合法人には管理者の制度の適用はなく（同法47条11項），必須の機関として理事が置かれ（同法49条1項），理事が管理組合法人を代表する（同法49条3項）。

　(3)　**規約**　　規約によって定めることができる事項（規約事項）には建物またはその敷地もしくは附属施設の管理または使用に関する区分所有者相互間の

事項（一般的規約事項）のほか，区分所有法において個別に規約で定めること
ができるとされている事項（個別的規約事項）がある。

　規約の設定，変更または廃止は，区分所有者および議決権の各4分の3以上
の多数による集会の決議によって行う。この場合において，規約の設定，変更
または廃止が一部の区分所有者の権利に特別の影響を及ぼすべきときは，その
承諾を得なければならない（区分31条1項）。規約は，専有部分もしくは共用部
分または建物の敷地もしくは附属施設につき，これらの形状，面積，位置関係，
使用目的および利用状況ならびに区分所有者が支払った対価その他の事情を総
合的に考慮して，区分所有者間の利害の衡平が図られるように定めなければな
らない（同法30条3項）。

　(4)　**集会**　　集会は，管理者または管理組合法人の理事が招集する（区分34
条1項・47条12項）。管理者または管理組合法人の理事は少なくとも毎年1回集
会を招集しなければならない（同法34条2項・47条12項）。区分所有者の5分の
1以上で議決権の5分の1以上を有するものは，管理者または管理組合法人の
理事に対し，会議の目的たる事項を示して，集会の招集を請求することができ
る。ただし，この定数は，規約で減ずることができる（同法34条3項・47条12項）。
管理者または管理組合法人の理事がいないときは，区分所有者の5分の1以上
で議決権の5分の1以上を有するものは，集会を招集することができる。ただ
し，この定数は，規約で減ずることができる（同法34条5項・47条12項）。

　集会の議事は，区分所有法または規約に別段の定めがない限り，区分所有者
および議決権の各過半数で決する（同法39条1項）。集会の決議事項には区分所
有者および議決権の各過半数で決しうる普通決議事項と区分所有法で特別に規
定する定数での決議を要する特別決議事項がある。各区分所有者の議決権は，
規約に別段の定めのない限り，共用部分の持分の割合による（同法38条）。議
決権は，書面で，または代理人によって行使することができる（同法39条2項）。
また，区分所有者は，規約または集会の決議により，書面による議決権の行使
に代えて，電磁的方法によって議決権を行使することもできる（同法39条3項）。

　規約および集会の決議は，区分所有者の特定承継人に対しても，その効力を

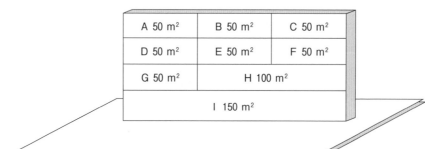

A 50 m²	B 50 m²	C 50 m²
D 50 m²	E 50 m²	F 50 m²
G 50 m²	H 100 m²	
I 150 m²		

> ABCDEFGが賛成し，HIが反対した場合，
> 区分所有者数は7/9＞3/4で要件を満たすが，
> 議決権は7/12＜3/4のため要件を満たさず，
> 決議は不成立となる。

図表 3-5　特別決議（区分所有者および議決権の各 4 分の 3 以上）の場合

生ずる（同法 46 条 1 項）。また，占有者も建物またはその敷地もしくは附属施設の使用方法につき，区分所有者が規約または集会の決議に基づいて負う義務と同一の義務を負う（同法 46 条 2 項）。

(5)　**共用部分の管理**　　共用部分の管理行為（広義）は，保存行為，管理行為（狭義）および変更行為の 3 つに分かれる。エレベーターの点検などの共用部分の保存行為は，管理者および各区分所有者が単独で行うことができる（区分 26 条 1 項・18 条 1 項ただし書）。ただし，規約で別段の定めをすることができる（同法 18 条 2 項）。階段に手すりをつけるなどの共用部分の管理行為（狭義）は，集会の決議（普通決議）で決する（同法 18 条 1 項・39 条 1 項）。ただし，規約で別段の定めをすることができる（同法 18 条 2 項）。階段室をエレベーター室に変えるなどの共用部分の変更行為（その形状または効用の著しい変更を伴わないもの［軽微変更］を除く）は，区分所有者および議決権の各 4 分の 3 以上の多数による集会の決議で決する（同法 17 条 1 項）。ただし，この区分所有者の定数は，規約でその過半数まで減ずることができる（同法 17 条 1 項ただし書）。共用部分の変更が専有部分の使用に特別の影響を及ぼすべきときは，その専有部分の所有

図表3-6 民法上の共有（狭義）と共用部分の共有

	持分の割合	持分の処分	使用	管理行為（広義）			
				保存行為	管理行為（狭義）	変更行為	
民法上の共有（狭義）	原則として均等	自由	共有物の全部につき持分に応じて使用できる。	各共有者が単独でできる。	持分価格の過半数で決する。	共有者全員の同意を要する。	
共用部分の共有	原則として専有部分の床面積の割合	専有部分と分離して処分できない。	持分にかかわらず用方にしたがって使用できる。	各区分所有者が単独でできる。	集会における普通決議で決する。	重大変更	集会における特別決議で決する。
						軽微変更	集会における普通決議で決する。

者の承諾を得なければならない（同法17条2項）。

3 復旧・建替え

(1) **復旧**　建物の価格の2分の1以下に相当する部分が滅失（小規模一部滅失）したときは，各区分所有者は，滅失した共用部分および自己の専有部分を復旧することができる（区分61条1項）。ただし，共用部分については，復旧の工事に着手するまでに，共用部分を復旧する決議または建替え決議もしくは団地内建物の一括建替え決議があったときは，この限りでない（同法61条1項ただし書）。共用部分を復旧した者は，他の区分所有者に対し，復旧に要した金額を共用部分の持分の割合に応じて償還すべきことを請求することができる（同法61条2項）。

これに対して，建物の価格の2分の1を超える部分が滅失（大規模一部滅失）したときは，集会において，区分所有者および議決権の各4分の3以上の多数で，滅失した共用部分を復旧する旨の決議をすることができる（同法61条5項）。復旧決議の日から2週間を経過したときは，決議に賛成しなかった区分所有者

は，決議に賛成した区分所有者（その承継人を含む）の全部または一部に対し，建物およびその敷地に関する権利を時価で買い取ることを請求することができる（同法61条7項前段）。請求を受けた決議賛成者は，その請求の日から2ヵ月以内に，他の決議賛成者の全部または一部に対し，共用部分の持分の割合に応じて当該建物およびその敷地に関する権利を時価で買い取ることを請求することができる（同法61条7項後段）。なお，復旧決議の日から2週間以内に，決議賛成者がその全員の合意により建物およびその敷地に関する権利を買取ることができる者を指定し，かつ，その指定された者（買取指定者）がその旨を決議賛成者以外の区分所有者に対して書面で通知したときは，その通知を受けた区分所有者は，買取指定者に対してのみ，買取請求をすることができる（同法61条8項）。

(2) **建替え**　集会においては，区分所有者および議決権の各5分の4以上の多数で，建物を取り壊し，かつ，当該建物の敷地もしくはその一部の土地または当該建物の敷地の全部もしくは一部を含む土地に新たに建物を建築する旨の決議をすることができる（区分62条1項）。建替え決議においては，①新たに建築する建物（再建建物）の設計の概要，②建物の取壊しおよび再建建物の建築に要する費用の概算額，③費用の分担に関する事項，④再建建物の区分所有権の帰属に関する事項を定めなければならない（同法62条2項）。

　建替え決議を会議の目的とする集会を招集するときは，招集の通知は集会の会日より少なくとも2ヵ月前に発しなければならない（同法62条4項）。この招集の通知には議案の要領のほか，①建替えを必要とする理由，②建物の建替えをしないとした場合における建物の効用の維持または回復（建物が通常有すべき効用の確保を含む）をするのに要する費用の額およびその内訳，③建物の修繕に関する計画が定められているときは，その内容，④建物につき修繕積立金として積み立てられている金額も通知しなければならない（同法62条5項）。

　建替え決議があったときは，集会を招集した者は，遅滞なく建替え決議に賛成しなかった区分所有者（その承継人を含む）に対し，建替え決議の内容により建替えに参加するか否かを回答すべき旨を書面（または電磁的方法）で催告

しなければならない（同法63条1項・2項）。催告を受けた区分所有者は催告を
受けた日から2ヵ月以内に回答しなければならず（同法63条3項），この期間内
に回答しなかった区分所有者は建替えに参加しない旨を回答したものとみなさ
れる（同法63条4項）。

　建替え決議に賛成した各区分所有者もしくは建替え決議の内容により建替え
に参加する旨を回答した各区分所有者（これらの者の承継人を含む）またはこれ
らの者の全員の合意により区分所有権および敷地利用権を買い受けることがで
きる者として指定された者（買受指定者）は催告期間満了の日から2ヵ月以内に，
建替えに参加しない旨を回答した区分所有者（その承継人を含む）に対し，区
分所有権および敷地利用権を時価で売り渡すべきことを請求することができる
（同法63条5項）。

　建替え決議の日から2年以内に建物の取壊しの工事に着手しない場合には，
そのことにつき正当な理由がある場合を除き，売渡請求により区分所有権また

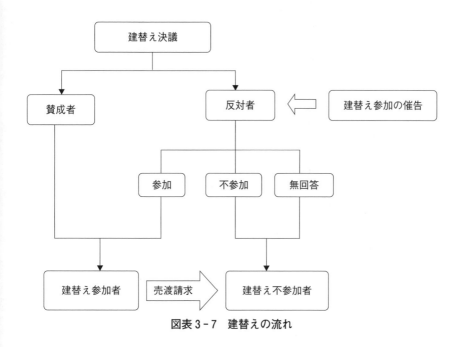

図表3-7　建替えの流れ

は敷地利用権を売り渡した者は，建替え決議から2年の期間が満了した日から6ヵ月以内に，買主が支払った代金に相当する金銭をその区分所有権または敷地利用権を現在有する者に提供して，これらの権利を売り渡すべきことを請求することができる（同法63条7項）。

　なお，建替え決議に賛成した各区分所有者，建替え決議の内容により建替えに参加する旨を回答した各区分所有者および区分所有権または敷地利用権を買い受けた各買受指定者（これらの者の承継人を含む）は，建替え決議の内容により建替えを行う旨の合意をしたものとみなされる（同法64条）。

　(3)　**再建**　　建物区分所有の法律関係は，区分所有建物が全部滅失した場合終了し，敷地の共有または敷地利用権の準共有の関係のみが残る。更地となった土地に区分所有建物を再建するためには民法251条により共有者全員の同意を要する。

　大規模な火災，震災その他の災害で，政令で定めるものにより区分所有建物の全部が滅失した場合（その災害により区分所有建物の価格の2分の1を超える一部が滅失した場合において，当該区分所有建物が取壊し決議または区分所有者全員の同意に基づき取り壊されたときを含む）においては，その建物にかかる敷地利用権が数人で有する所有権その他の権利であったときは，その権利（敷地共有持分等）を有する者（敷地共有者等）は，その政令の施行の日から起算して3年が経過する日までの間は，集会（敷地共有者等集会）を開き，および管理者を置くことができる（被災区分所有建物の再建等に関する特別措置法［平成7年法律43号］2条1項）。敷地共有者等集会は管理者が招集する。管理者がないときは，議決権の5分の1以上を有する敷地共有者等は敷地共有者等集会を招集することができる（同法3条1項）。敷地共有者等集会においては，敷地共有者等の議決権の5分の4以上の多数で，滅失した区分所有建物の敷地もしくはその一部の土地または当該建物の敷地の全部もしくは一部を含む土地に建物を建築する旨の決議（再建決議）をすることができる（同法4条1項）。再建決議があった場合，区分所有法の建替えに関する諸規定が準用される（同法同条9項）。

4 　義務違反者に対する措置

　区分所有者は，建物の保存に有害な行為その他建物の管理または使用に関し区分所有者の共同の利益に反する行為をしてはならない（区分6条1項）。区分所有者が共同の利益に反する行為をした場合またはその行為をするおそれがある場合には，他の区分所有者の全員または管理組合法人は，区分所有者の共同の利益のため，その行為を停止し，その行為の結果を除去し，またはその行為を予防するため必要な措置を執ることを請求することができる（同法57条1項）。共同の利益に反する行為の停止等の請求権を訴訟によって行使するには集会の決議によらなければならない（同法57条2項）。なお，区分所有者以外の専有部分の占有者が共同の利益に反する行為をした場合またはその行為をするおそれがある場合にも，他の区分所有者の全員または管理組合法人は，区分所有者の共同の利益のため，その行為を停止し，その行為の結果を除去し，またはその行為を予防するため必要な措置を執ることを請求することができる（同法57条4項）。

　また，区分所有者が共同の利益に反する行為をした場合またはその行為をするおそれがある場合において，その行為による区分所有者の共同生活上の障害が著しく，共同の利益に反する行為の停止等の請求によってはその障害を除去して共用部分の利用の確保その他の区分所有者の共同生活の維持を図ることが困難であるときは，他の区分所有者の全員または管理組合法人は，区分所有者および議決権の各4分の3以上の多数による集会決議に基づき，訴えをもって，相当期間の当該行為にかかる区分所有者による専有部分の使用の禁止を請求することができる（同法58条1項・2項）。

　さらに，区分所有者が共同の利益に反する行為をした場合またはその行為をするおそれがある場合において，その行為による区分所有者の共同生活上の障害が著しく，他の方法によってはその障害を除去して共用部分の利用の確保その他の区分所有者の共同生活の維持を図ることが困難であるときは，他の区分所有者の全員または管理組合法人は，区分所有者および議決権の各4分の3以上の多数による集会決議に基づき，訴えをもって，当該行為にかかる区分所有

図表 3 - 8　義務違反者に対する法的措置

	権利行使	集会決議
行為停止等の請求	裁判上	普通決議で決する。
	裁判外	集会決議経る必要なし。
使用禁止の請求	裁判上	特別決議で決する。
競売の請求		
占有者に対する引渡請求		

者の区分所有権および敷地利用権の競売を請求することができる（同法59条）。

　なお，区分所有者以外の専有部分の占有者が共同の利益に反する行為をした場合またはその行為をするおそれがある場合において，その行為による区分所有者の共同生活上の障害が著しく，他の方法によってはその障害を除去して共用部分の利用の確保その他の区分所有者の共同生活の維持を図ることが困難であるときは，区分所有者の全員または管理組合法人は，区分所有者および議決権の各4分の3以上の多数による集会決議に基づき，訴えをもって，当該行為にかかる占有者が占有する専有部分の使用または収益を目的とする契約の解除およびその専有部分の引渡しを請求することができる（同法60条）。

５　団　　　地

　(1)　団地とは　　団地とは，一般的に，一区画の土地に数棟の建物が計画的設計に基づいて建てられている場所をいうが，区分所有法65条は一団地内に数棟の建物があって，その団地内の土地または附属施設がそれらの建物の所有者（専有部分のある建物にあっては，区分所有者）の共有に属する場合に団地関係が成立するとしている。

　(2)　団地の管理　　(a)　団地建物所有者の団体　　団地関係が成立すると団地内の建物所有者（団地建物所有者）は，全員で，その団地内の土地，附属施設および専有部分のある建物の管理を行うための団体を構成する。そして，この団地建物所有者の団体は，集会を開き，規約を定め，および管理者を置くこ

とができる（区分65条）。

団地建物所有者の団体は，団地建物所有者および議決権の各4分の3以上の多数による集会の決議で，法人となることができる（同法66条・47条1項）。この法人を団地管理組合法人という（同法66条・47条2項）。

(b) 管理者　団地建物所有者は，規約に別段の定めがない限り集会の決議によって，管理者を選任し，または解任することができる（区分66条・25条1項）。管理者は，土地等ならびに規約によって管理すべきものとされた土地および附属施設ならびに区分所有建物の共用部分を保存し，集会の決議を実行し，ならびに規約で定めた行為をする権利を有し，義務を負う（同法66条・26条1項）。そして，管理者は，その職務に関し，団地建物所有者を代理する（同法66条・26条2項）。

なお，団地管理組合法人には管理者の制度の適用はなく（同法66条・47条11項），必須の機関として理事が置かれ（同法66条・49条1項），理事が団地管理組合法人を代表する（同法66条・49条3項）。

(c) 規約　規約によって定めることができる事項（規約事項）には団地建物所有者の全員の共有である土地および附属施設と，規約によって管理すべきものとされた一部の団地建物所有者の共有である土地および附属施設ならびに区分所有建物の共用部分の管理または使用に関する団地建物所有者相互間の事項（一般的規約事項）のほか，区分所有法において個別的に規約で定めることができるとされている事項（個別的規約事項）がある。

規約の設定，変更または廃止は，団地建物所有者および議決権の各4分の3以上の多数による集会の決議によって行う。この場合において，規約の設定，変更または廃止が一部の団地建物所有者の権利に特別の影響を及ぼすべきときは，その承諾を得なければならない（区分66条・31条1項）。

団地内の一部の建物所有者の共有に属する団地内の土地または附属施設につき規約を定めるには，集会の特別決議に加え，一部の建物所有者の共有に属する土地の全部または附属施設の全部につきそれぞれ共有者の4分の3以上でその持分の4分の3以上を有するものの同意を得なければならず，団地内の区分

所有建物につき規約を定めるには，集会の特別決議に加え，当該区分所有建物の全部につきそれぞれ集会における区分所有者および議決権の各4分の3以上の多数による決議があることを要する（同法68条1項）。

　　(d)　集会　　集会は，管理者または団地管理組合法人の理事が招集する（区分66条・34条1項・47条12項）。管理者または団地管理組合法人の理事は少なくとも毎年1回集会を招集しなければならない（同法66条・34条2項・47条12項）。団地建物所有者の5分の1以上で議決権の5分の1以上を有するものは，管理者または団地管理組合法人の理事に対し，会議の目的たる事項を示して，集会の招集を請求することができる。ただし，この定数は，規約で減ずることができる（同法66条・34条3項・47条12項）。管理者がないときは，団地建物所有者の5分の1以上で議決権の5分の1以上を有するものは，集会を招集することができる。ただし，この定数は，規約で減ずることができる（同法66条・34条5項）。

　集会の議事は，区分所有法または規約に別段の定めがない限り，団地建物所有者および議決権の各過半数で決する（同法66条・39条1項）。各団地建物所有者の議決権は，規約に別段の定めのない限り，団地建物所有者の全員の共有である土地および附属施設の持分の割合による（同法66条・38条）。議決権は，書面で，または代理人によって行使することができる（同法66条・39条2項）。また，団地建物所有者は，規約または集会の決議により，書面による議決権の行使に代えて，電磁的方法によって議決権を行使することもできる（同法66条・39条3項）。

　なお，規約および集会の決議は，団地建物所有者の特定承継人に対しても，その効力を生ずる（同法66条・46条1項）。

　(3)　団地共用部分　　一団地内の附属施設たる建物（団地内の区分所有建物の専有部分を含む）は規約により団地共用部分とすることができる（区分67条1項前段）。規約によって団地共用部分を定めた場合，その旨の登記をしなければ，これをもって第三者に対抗することはできない（同法67条1項後段）。一団地内の数棟の建物の全部を所有する者は，公正証書により，団地共用部分を定める

規約を設定することができる（同法67条2項）。規約によって団地共用部分と定められた場合，団地共用部分は，団地建物所有者全員の共有に属する（同法67条3項・11条1項本文）。団地建物所有者は，団地共用部分をその用方にしたがって使用することができる（同法67条3項・13条）。各団地建物所有者の持分は，その有する建物または専有部分の床面積の割合による（同法67条3項・14条1項）。この場合，区分所有建物の一部共用部分で，床面積を有するものがあるときは，その一部共用部分の床面積は，これを共用すべき区分所有者の専有部分の床面積の割合により配分して，それぞれの区分所有者の専有部分の床面積に算入される（同法67条3項・14条2項）。団地建物所有者の持分は，その有する建物または専有部分の処分に従い，団地建物所有者は，原則として，その有する建物または専有部分と分離して持分を処分することはできない（同法67条3項・15条）。

　(4)　建替え　　(a)　団地内の一部の建物の建替え　　一団地内にある数棟の建物（団地内建物）の全部または一部が区分所有建物であり，かつ，建替え予定の建物（特定建物）の所在する土地が当該団地の団地建物所有者の共有に属する場合においては，団地建物所有者の団体または団地管理組合法人の集会で議決権の4分の3以上の多数による承認の決議を得たときは，特定建物の所有者は，当該建物を建て替えることができる。建替え予定の建物が区分所有建物である場合，建替え承認決議と共に，当該特定建物について，その建替え決議またはその区分所有者の全員の同意があること（建替え予定の建物が非区分所有建物である場合，その所有者の同意があること）を要する（区分69条1項）。各団地建物所有者の議決権は，当該特定建物の所在する土地の持分の割合による（同法69条2項）。建替え決議がなされた区分所有建物の区分所有者または建替えに同意した区分所有者・非区分所有建物の所有者は，建替え承認決議においては，いずれもこれに賛成する旨の議決権を行使したものとみなされる（同法69条3項本文）。建替え承認決議のための集会を招集するときは，その通知は，当該集会の会日より少なくとも2ヵ月前に，議案の要領のほか，新たに建築する建物の設計の概要をも示して発しなければならない（同法69条4項）。

　なお，建替えが建替え予定の建物以外の建物の建替えに特別の影響を及ぼす

ときには，特別の影響を受ける建物が区分所有建物である場合，特別の影響を
受ける建物の区分所有者全員の有する議決権の4分の3以上の議決権を有する
者が建替え承認決議に賛成しているとき（特別の影響を受ける建物が非区分所有
建物である場合，その所有者が建替え承認決議に賛成しているとき）に限り，当該
建物の建替えをすることができる（同法69条5項）。

　(b)　団地内区分所有建物の一括建替え　　団地内建物の全部が区分所有建
物であり，その敷地が当該団地内建物の区分所有者の共有に属する場合であっ
て，団地内の区分所有建物の全部の管理または使用に関する規約が定められて
いるときは，団地内建物の区分所有者で構成される団体または団地管理組合法
人の集会において，団地内建物の区分所有者および議決権の各5分の4以上の
多数で，当該団地内建物につき一括して，その全部を取壊し，新たに建物を建
築する旨の決議（一括建替え決議）をすることができる（区分70条1項本文）。た
だし，一括建替え決議においては，団地内の各区分所有建物ごとに，各区分所
有建物の区分所有者の3分の2以上で，かつ，議決権合計の3分の2以上を有
する者の賛成が必要である（同法70条1項ただし書）。一括建替え決議の議決権は，
当該団地内建物の敷地の持分の割合による（同法70条2項・69条2項）。

　一括建替え決議においては，①新たに建築する建物の敷地（再建団地内敷地）
の一体的な利用についての計画の概要，②新たに建築する建物（再建団地内建物）
の設計の概要，③団地内建物の全部の取壊しおよび再建団地内建物の建築に要
する費用の概算額，④団地内建物の全部の取壊しおよび再建団地内建物の建築
に要する費用の分担に関する事項，⑤再建団地内建物の区分所有権の帰属に関
する事項，を定めなければならない（同法70条3項）。

　一括建替え決議があったときは，集会を招集した者は，遅滞なく一括建替え
決議に賛成しなかった区分所有者（その承継人を含む）に対し，建替え決議の
内容により建替えに参加するか否かを回答すべき旨を書面（または電磁的方法）
で催告しなければならない（同法70条4項・63条1項・2項）。催告を受けた区分
所有者は催告を受けた日から2ヵ月以内に回答しなければならず（同法70条4項・
63条3項），この期間内に回答しなかった区分所有者は一括建替えに参加しない

旨を回答したものとみなされる（同法70条4項・63条4項）。

　一括建替え決議に賛成した区分所有者もしくは一括建替え決議の内容により建替えに参加する旨を回答した各区分所有者（これらの者の承継人を含む）またはこれらの者の全員の合意により区分所有権および敷地利用権を買い受けることができる者として指定された者（買受指定者）は催告期間満了の日から2ヵ月以内に，建替えに参加しない旨を回答した区分所有者（その承継人を含む）に対し，区分所有権および敷地利用権を時価で売り渡すべきことを請求することができる（同法70条4項・63条5項）。

　一括建替え決議の日から2年以内に建物の取壊しの工事に着手しない場合には，そのことにつき正当な理由がある場合を除き，売渡請求により区分所有権または敷地利用権を売り渡した者は，一括建替え決議から2年の期間が満了した日から6ヵ月以内に，買主が支払った代金に相当する金銭をその区分所有権または敷地利用権を現在有する者に提供して，これらの権利を売り渡すべきことを請求することができる（同法70条4項・63条7項）。

　なお，一括建替え決議に賛成した各区分所有者，一括建替え決議の内容により建替えに参加する旨を回答した各区分所有者および区分所有権または敷地利用権を買い受けた各買受指定者（これらの者の承継人を含む）は，一括建替え決議の内容により建替えを行う旨の合意をしたものとみなされる（同法70条4項・64条）。

用 益 物 権

第4章

POINT

- 地上権，地役権，永小作権・入会権は物権の中でも，「他人の土地を利用する」という内容の物権であり，制限物権と位置付けられる。
- 地上権は賃借権と類似性があり，一般的には他人の土地の利用権を設定するのに土地賃借権を設定する場合が多いが，両者は物権と債権，譲渡性の有無などの差異がある。
- 用益物権のうち，時代の推移とともに，永小作権と入会権は利用されなくなってきているが，地上権の新しい形態としての区分地上権や地役権は，必要とされる場面も多い。
- 地上権，地役権，永小作権は，権利の成立には権利を設定する合意が必要である。
- 物権として「他人の土地を利用する」ことが問題となっており，土地所有者やその他土地に関して利害関係を有する者との関係を考えることが重要であり，その関係はそれぞれの権利で異なっている。

1 ┃ 序

1 用益物権とは何か

　一般論としては，他人の物を使用・収益することを「用益」といい，これを物権として構成したものが「用益物権」である。これにあたるものとして民法上，地上権，永小作権，地役権，入会権が定められている。この4つの物権に共通する内容としては，いずれも「他人の土地」を「利用する」権利（物権）ということである。

2 用益物権の概要

1 「他人の土地を利用できる権利」

　ここでいう「利用する」とは，「使用及び収益をする」という意味である。

所有権のところで述べられているように，所有権には，目的物を「使用，収益及び処分をする権利」が与えられている（民206条参照）。本章の用益物権は，このうち，「処分をする権利」は有していないものの，「使用又は収益をする」権限が与えられているということになる。それゆえ，完全な権利である所有権に対し，用益物権は，**「制限物権」**と呼ばれる（なお，一見すると，「使用又は収益をする」権限は，物権の特性である「特定の物の支配」のイメージとはやや離れる面があるが，物を支配するということを現実の生活レベルで考えてみると，重要なのは，「他者よりも優先して使用したり収益をあげたりできる」ことともいえるであろう）。

② 賃貸借・使用貸借と用益物権との違い

「他人の土地を利用する」というと，賃貸借や使用貸借といった債権的な形態とも近いことに注意すべきである。実際に，賃貸借や使用貸借と重なり合う部分が多いため，賃貸借や使用貸借との違いを考え，理解することが重要となる。そして，以下の点に注意して理解する必要がある。

(1) 物権と債権という本来的な差異　　用益物権が物権であり，直接的に土地に対して使用収益権を行使できるのに対し，賃貸借や使用貸借はあくまで債権であり，貸主を介して目的物を利用するにすぎない。また，物権法定主義によって，用益物権はその権利の内容が法定されているのに対して，賃貸借や使用貸借は，契約（合意）で利用形態を当事者間で決定できる範囲が広い。

(2) 特別法による差異の縮小　　用益物権のうちの地上権については，借地借家法の適用があるため（同法の「借地」の一場合に含まれる），借地借家法の適用があるケースか否かによって，賃貸借・使用貸借との差異も生じてくる。

たとえば，建物所有目的で一定の金銭を支払って他人の土地を利用する権限としては，物権としては「地上権」が，債権としては「土地賃借権」が考えられる（使用貸借は無償であることが前提）。両者は，「物権」と「債権」という根本的な差異があるものの，借地借家法が両者に適用される結果，現実的な利用という点では，ほとんど差異はなくなっている。結局，物権と債権の根本的な差

異に基づく「譲渡性」といった点のみしか差異がない。

　他方，地下にケーブルを埋設する場合のように，「建物ではない工作物」を所有する目的で他人の土地を利用するケースでは，借地借家法の適用は考えられない。そのため，第三者に権利を主張するために必要な「対抗要件を備えることが容易か」，という点において，地上権と土地賃借権では大きな差が出てくることになる（土地賃借権では，貸主が対抗要件付与に協力することはまずないといわれる）。なお，存続期間については，平成29年民法改正によって，賃貸借契約の上限が50年となり，地上権との実質的な差異は縮小したといえる（地上権の存続期間については後述 3 ②参照のこと）。

　また，金銭を支払わずに土地を利用する場合となれば，物権としては地上権が，債権としては使用借権が問題となるが，使用借権については借地借家法の適用もないうえに，使用借権は無償であって相続の対象とはならないと考えられていることから，借主の権利としては賃借権よりも格段に脆弱なものとなる。

 Topics

土地賃借権・使用借権との違いの整理

本文の(1)（物権と債権という本来的な差異）を前提とすると，以下のような違いがある。
① 権利の登記自体は，用益物権と土地賃借権は可能であるが，使用借権は登記できない（不登3条参照）。そのうえで，用益物権の場合には設定者には登記義務がある（権利者に登記請求権が認められる）のに対し，土地賃借権の場合には，賃貸人には登記義務はない（賃借人に登記請求権は認められない）。
② 用益物権の場合は譲渡したり担保に供することもできるのに対し，土地賃借権の場合は，原則として賃貸人の承諾がなければ，譲渡したり転貸することができず（民612条），使用借権の場合は，そもそも譲渡を予定していない。
③ また，用益物権たる地上権・永小作権の場合，地代・小作料の不払いがあったときは，2年以上不払いの継続があって初めて，土地所有者から消滅請求をすることができるにとどまるが（266条1項，276条），土地賃借権の場合には，民法上は，1回の賃料不払いによって解除できるのが原則となる（民541条）（もっとも，信頼関係破壊法理など解釈によって解除権行使の制限を考えたとしても，たとえば居住目的の建物賃借人に3ヵ月以上の不払いがあれば，催告なく賃貸人の側から賃貸借契約を解除することができる状況と考えるのが一般的である）。

③　地上権・永小作権・地役権の違いについて

「他人の土地を利用する」といっても，「どのように利用するか」は様々である。用益物権の場合は，物権であって強力な支配性を有するため，「どのように利用するのか」についても，権利に応じて法律上，その内容の重要部分が規定されている（物権法定主義から導かれる。権利の内容決定につき，土地所有者との合意がまず先にあるわけではない）。

2 ┃ 地 上 権

1　地上権の内容

　地上権とは，「他人の土地において工作物又は竹木を所有するため，その土地を使用する権利」（民265条）である。

　地上権は，民法下では，典型的ないわゆる地上権の他に，区分地上権が定められている（民269条の2）。まず，典型的な地上権について述べる（区分地上権については，あとでまとめて述べる）。

```
地上権（民265条） ─┬─ 典型的な地上権（通常の地上権）
                  │
                  └─ 区分地上権（民269条の2）
```
図表 4 - 1　地上権の分類

　地上権の基本的な内容は，「他人の土地の使用収益」である。条文上は，「土地に対して，回復することのできない損害を生ずべき変更を加え」ることは禁止されるとともに（民271条参照），民法265条の目的（「工作物又は竹木を所有するため」）に反する使用収益をすることができない，という制限しか存在しない。

　そして，地上権は物権であることから，地上権者は，物権的な支配として，地上権を譲渡したり，地上権自体に担保を設定することもできる。地上権の行使として，地上権を有するその土地を賃貸することもできる。

また，後述のように，存続期間については，定めなくても地上権は成立する。しかし，「存続期間の定めていない＝永遠の地上権」ではない。用益権の性質上，使用期間が問題となるのが通常であり，「存続期間を定めていない」というのは，単に，「存続期間について明確な合意がない」というにとどまる。合意によって存続期間を定める場合，いかなる期間でも設定でき，地上権はその期間内で存続する（なお，後述3②で示すように，判例は，永久の地上権を有効としている）。

2　地上権の成立

①　基本的事項

　地上権は，所有権のようにもともと存在している権利ではなく，「新たに設定する権利」であることから，権利が成立するためには，①権利設定の合意（設定契約）の存在が必要となる（用益物権のうち，地上権・地役権・永小作権に共通）。

　また，これらの権利は物権であることから，②権限の設定者に土地所有権があることが必要である。これは，設定者に土地所有権が無い場合には，設定契約は債権的には有効となるとしても，用益物権は成立しないことを意味する。

　なお，存続期間や地代を定めることは，地上権を成立させるにあたり，必要な要素ではない。したがって，地上権は，「土地所有者との間で」「地上権設定の合意（**地上権設定契約**）が認められること」が認められれば，成立する。もっとも，黙示の合意でもよい。

②　成立に関する問題点

　(1)　地上権を含む用益物権は，物を支配する物権であることから，時効による権限取得が可能である（賃借権の時効取得の場合とは原則と例外が逆転していることに注意するといいであろう。賃借権は，債権であることから，「原則として時効取得は認められず，例外的に一定の要件を満たせば時効取得できる」という論理的関係にある）。なお，時効取得による権利取得が認められるということは，利用権が合意によって設定されるのではなく，一定の継続的な客観的事実の存在によって取得される，ということを意味する（時効取得については，地役権の場

合にとくに問題となる点が多いので，地役権のところで詳述する）。

　(2)　通常，地上権の成立には，地上権設定の合意（地上権設定契約）が認められるが，現実に地上権の成立が問題となるケースでは，「合意について明らかな証拠はないが，様々な事情を総合的に勘案すると地上権を設定させたといえるのではないか」が問題となるケースが多い（たとえば，親族間で当初は建物と土地の所有者が同一であったのが何らかの理由で別々の所有関係となり，それが相続等を契機としてトラブルとなって土地の所有者から建物の明渡請求がなされる，といったケースでは，親族間のことなので，合意を書面にしていなかったりして，地上権が成立していたかどうかが争われる）。

　使用貸借との区別が問題となるケースにおいては，使用貸借と地上権では権利の内容に大きな差異が認められることから，地上権であるとの認定は慎重になされるべきであるというのが判例実務上も一般的な考え方であるといえる。それに対し，土地賃借権との区別が問題となるケースにおいては，借地借家法の適用がある場合には，必ずしも両者の区別は大きな差異をもたらすものではなく，土地の利用料の支払状況や永続性についての認識等を総合的に勘案して判断するべきと考えられている。

Case

土地の利用権が地上権か否かが争われた事例（最判昭47・7・18集民106・475）

　Aが土地を所有し配偶者Bが建物を所有していたが，A死亡によりAの相続人Xが土地を所有し，Bの死亡により相続人Yが建物を相続したところ，XがYに対して，建物収去土地明渡請求をしたという事案において，AがBに建物の所有権を認めた時点での利用権設定の黙示的な合意がいかなる内容のものであったと考えられるかの認定が中心的な争点となった。

　最高裁は，「建物所有を目的とする地上権は，その設定登記または地上建物の登記を経ることによつて第三者に対する対抗力を取得し，土地所有者の承諾を要せず譲渡することができ，かつ，相続の対象となるものであり，ことに無償の地上権は土地所有権にとつて著しい負担となるものである」としたうえで，「当事者がなんらかの理由でとくに強固な権利を設定することを意図したと認めるべき特段の事情が存在することを必要とするもの」と判示し，この事案では，そこまでの事情はないものと判示した。

---

　(3)　また，地上権には，範囲を設定した上で利用権を認める「区分地上権」

がある（民269条の2）。区分地上権の場合には，上記の基本的な成立要件に加えて，「上下の範囲を定める」ことが成立要件としてプラスされる。

（4）　さらに，「法定地上権」という，法律上定められた要件を満たすことで地上権が成立する場合もある（民388条，工抵16条1項，立木5条，国税徴収127条，都市再発88条など）。法定地上権は，担保物権の章で詳述される。

3　地上権の存続期間と地代の支払

① 前　　提

既述したように，地上権の**存続期間**と**地代**の支払は，地上権の成立要件ではない。そのため，存続期間を定めない場合や地代の支払について何ら合意がなされない場合でも地上権は有効に成立する。ただ，地上権の存続期間および地代の有無は，土地利用権としての性質上，とくに土地所有者との関係で問題となるのが通常であり，存続期間および地代については，成立要件ではないものの，民法上規定されている。

また，建物所有目的の地上権については，借地借家法の適用がある。そのため，存続期間および更新については，建物所有目的の地上権か否かで大きな違いが生じる。

② 存 続 期 間

（1）　民法の規定上は，期間を定めた場合はその期間内は地上権が存続することとなる（条文上，民266条において，期間制限を規定する民278条が準用されていないことから，いかなる期間でも定めることができると考えられ，大判明36・11・16民録9・1244は，永久という期間も定めうるとする）。期間を定めなかった場合は，当事者の請求により，裁判所が20年以上50年以下の範囲内で期間を定めることができる（民268条2項）。なお，存続期間が定められたか否かは，後述するように，地上権の消滅（終了）に影響する。

（2）　建物所有目的の地上権の場合は，借地借家法の適用があることから，期間を定めたか否かにかかわらず，最短で30年の存続期間となる（借地借家3条）。

③　地　　　代

(1)　取引実務上は，そもそも地代を設定しない場合（多くは無償）や，土地賃借権と比べてかなり低額な地代が設定される場合が多い。そして，地上権に関する紛争は，土地所有者との間で，果たしてこの土地の利用は法的に土地賃借権なのか地上権なのか，その設定合意の内容が争点となるようなケースが多い。このようなケースでは，地上権と認定されるためには，無償あるいは賃料にしては低額な利用料が設定されているかどうかが，重要なポイントとなる。

(2)　地代の支払いについて明確に定められた場合であっても，地代の支払いは，土地賃借権のように土地利用の対価として考えられるのではなく，物的利用権に付随する債務として地代の支払義務があるにすぎない。

(3)　地代については，地上権自体の登記とは別個に登記が可能である（不登78条2号）。もっとも，地代の請求の可否と登記の関係は，地代の支払いが物的利用権である地上権に付随するものであることを踏まえて考える必要がある。たとえば，A所有の土地にBが地上権を設定し地上権設定登記を備えた上で，地代を定めたとする。AがXに土地を譲渡した場合，Xは土地所有権に関して登記を備えれば，地代の登記をしていない場合であっても，地代をBに請求できる（理由としては，地上権者Bは対抗力ある地上権を有しており，新所有者Xは，「地代債務の付随する地上権」という物的負担のある土地所有権を得たからだと説明できよう）。

(4)　また，後述するように，地代の支払が2年以上遅滞した場合には，土地所有者は地上権の消滅を請求することができる。

4　地上権の移転

(1)　地上権は物権であることから，譲渡することもできるし，抵当権を設定することもできる。仮に，土地所有者との間で，譲渡や抵当権設定を禁ずる合意（特約）が成立したとしても，合意（特約）を登記する手段はなく，第三者に対抗できない（当事者間において債権的な効力が生ずるにとどまる）。

(2)　地上権の上に設置した工作物や竹木を譲渡したとして，当該工作物や竹

木の利用権たる地上権の移転について別途合意が存在しないときは、地上権は移転するのであろうか。この点については、工作物や竹木の「従たる権利」として地上権も移転するのが原則といえるが、移転しない旨の明示あるいは黙示の合意がある場合には、地上権は移転しないと考えられている。

5　地上権の消滅と原状回復

1　地上権の消滅原因

　民法第四章地上権で明示される地上権の消滅原因には、「存続期間の終了」、「地上権者による放棄」、「土地所有者による消滅請求」の三つがある。

　(1)　前述したように、地上権者は、合意により存続期間を定めることもできるし、定めないこともできる。そして、存続期間を設定した場合には、存続期間の終了によって地上権は消滅する（更新に関する民619条が地上権についても準用されれば、一定の条件のもとに更新が推定される場合も考えられるが、民266条は273条を準用していないことからそれも認められない）。

　(2)　他方、存続期間を定めなかった場合の消滅原因について、民法268条が規定している。それによれば、①「別段の慣習がないときは、地上権者は、いつでもその権利を放棄することができ」（1項本文。なお、同項ただし書により、地代を設定しているときは、1年前に権利放棄につき予告または期限未到来の1年分の地代を払う必要がある）、さらに、②地上権者が地上権を放棄しないときでも、裁判所は当事者の請求により、20年以上50年以下の範囲内において存続期間を定めることができ、その存続期間終了をもって地上権が消滅することになる（2項）。

　(3)　さらに、存続期間を定めたか否かにかかわりなく、土地所有者は一定の場合、地上権の消滅を請求できる。すなわち、地上権者が2年以上地代の支払いを怠ったときは、土地の所有者は、地上権の消滅を請求することができる（民266条1項が276条を準用）。

　(4)　なお、民法第四章地上権で明示されるもの以外の地上権の消滅原因としては、①時効による場合、②混同（民179条）による場合、③土地の滅失、④地上権者および土地所有者間の合意による消滅、が考えられる。①は、土地所

有権の新規取得時効完成に伴う消滅と，地上権自体の消滅時効完成による消滅
（民166条2項）がある。

[2]　**地上権の消滅にともなう権利関係（原状回復と収去）**

　(1)　地上権者は，地上権消滅の際，土地を原状に復し，工作物・竹木を収去
する権利を有する（民269条1項本文）。

　この条文は，地上権者に土地に工作物等を設置した場合，土地に付合するか
否かにかかわらず当該工作物の所有権を有することから，存置した工作物等の
「収去権」が認められる一方，地上権消滅にともなって，地上権者は原状回復
すべき義務を負うという当然のことを確認したものといえる（「むしろ，原状回
復義務があることに重点がある」と指摘するものもある）。言い換えれば本条は，
地上権の消滅にあたっては，地上に残される工作物等の所有権は地上権者にあ
ることを明らかにし，それにともなう法律関係を整理したといえよう（本来，
民法242条1項ただし書によれば，土地から容易に分離できない程度に土地に定着
させた物は土地に付合し，その物の所有権は，土地所有者に帰属し，付合に際し権
限を有していた場合にのみ，所有権が留保される）。

　また，土地所有者が，「工作物・竹木を収去させずに存置し自らの所有権を
主張したい」と考える場合には，時価を提供して買い取る旨通知すれば，権限
を取得できる（民269条1項ただし書）。

　(2)　地上権者が費用を支出していた場合につき，地上権の消滅にあたって費
用の償還を土地所有者にできるかが問題となりうる。民法第四章（地上権）には，
費用償還についての定めはない。もっとも，占有者として償還請求が認められ
る余地がある（民179条）とともに解釈により，地上権者としても認める余地
はある。

6　地上権者と他者との関係

[1]　**土地所有者（地上権設定者）との関係**

　地上権は，物権的な合意として，所有者の使用・収益・処分権のうち，使用

権・収益権を土地所有者から取得したという関係にある。

　そのため，排他的な使用収益権が所有者から地上権者に与えられたと評価でき，土地所有者は，地上権者の使用収益権を妨げてはならない（ただし，土地所有者は債権的に使用収益させる義務を負っているわけではなく，これは消極的義務にすぎないと考えられる。賃貸人たる土地所有者の場合は，土地賃借人に対し積極的に使用収益させる義務を債権的に負う）。

図表 4 - 2　地上権者と他の権利主張者

　また，土地所有者の義務と関連し，地上権者が土地に有益な物を付合させた場合，地上権者は土地所有者に償還請求できるのかが問題となる。賃借人の場合は，有益費償還請求が認められていることから（民 608 条 2 項），地上権者も請求できないかが問題となる。この点については，土地所有者が有益な物を不当に利得するという関係は，地上権の場合も同様であることから，有益費に限り，民法 608 条 2 項を準用し，償還請求を認めるべきと考えられる（通説）。他方，必要費を支出した場合には，償還請求権は認められないと考えるのが一般的である（地上権設定の場合は，賃貸借とは異なり，土地所有者は積極的に使用収益させる義務を負わないから）。

　なお，地上権に関し，必要費や有益費が問題となるケースは少なく，盛り土や排水等の工事をした場合が考えられる。

② 土地所有者以外の利用権主張者との関係

　地上権は，排他的に土地を使用収益できる権利であり，同一の土地について使用・収益を望む者は，所有者からではなく，地上権者から権限を取得しなけ

ればならない。たとえば，甲土地の所有者Xとの合意により，Yが甲土地上に地上権を設定し，対抗要件を備えたというケースにおいては，ZがXとの契約に基づいて甲土地上に土地賃借権を有すると主張したとしても，Zは土地を使用収益することはできない。

もっとも，物権の設定・変更を第三者に対抗するには，対抗要件を備えることが必要であるから（民177条），地上権者Yが対抗要件を備える前に，Zが土地賃借権につき対抗要件を具備すれば，地上権者は土地賃借権の使用収益権を妨げることはできない（なお，土地賃借権の場合，土地所有者Xは，賃借人Zに対し，賃貸内容を実現させる積極的な義務を負っている）。

3 第三者による土地利用の妨害への対処について

地上権は，土地の利用に際し，土地を占有することが前提となることから，第三者が権限なく当該土地を占有する場合（不法占有）には，物権の効力として妨害を排除できる（明渡請求権の発生）。上記2において，対抗力の点で劣後する利用権者が土地を占有していた場合には，妨害排除の対象となる。

また，地上権が侵害されている以上，発生した損害につき，不法行為に基づいて賠償請求ができることはいうまでもない（民709条）。

7 区分地上権について

1 基本的な内容と規定の経緯

区分地上権とは，地上権のうち，地下の一定範囲または地上の空間部分について，その範囲に限り使用収益権が与えられるものをいう（民269条の2）。

土地の所有権は地上および地下に広がっており，本来，地上権も地上および地下に広がって使用収益権が与えられる。しかし，たとえば地下鉄の整備や橋梁やモノレールの建設など，建設技術の高度化と土地利用の形態の多様化にともない，一定の範囲に限って使用収益権を認め，その範囲以外の部分については，他の権利者が利用できるようにする必要性が生じてきた（所有者に支払う利用料も低額になり合理的である）。これらには，土地賃借権により対応するこ

とも可能ではあったものの，借地法などの特別法の適用が認められないケースも多く，多様な利用形態に対応するには，物権として一般的に空間的範囲的な利用を認めるのが妥当だと考えられた。そのため，昭和41（1966）年に民法269条の2が追加され，物的利用権としての区分地上権が規定されることとなった。

2 他の権利主張者との関係

（1）土地所有者との関係

区分地上権は，一定の範囲内での使用収益権が与えられるにすぎず，その範囲以外の部分については，土地所有者に使用収益権がある。その結果，土地所有者は区分地上権が設定されている部分以外について，自ら利用あるいは第三者に利用さ

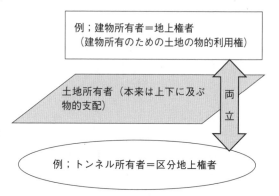

図表4-3　区分地上権者と他の権利主張者

せることができ，当該土地の上下層にわたる多様な利用が実現できることになる。

　もっとも，区分地上権が設定されている部分以外であっても，利用の仕方に制限が課せられる場合もある。たとえば，トンネル設置のために地下10メートルから地下20メートルの範囲で区分地上権を設定したようなケースにおいては，地上部分にあまりに重いものを載せると地下に影響が出るため，地上部分は荷重制限があったり，区分地上権設定部分への掘削が禁止されるといったことがある（実際に，高速道路や地下鉄などのトンネル建設について，地下41メートルあるいは支持盤より10メートルより深い部分については大深度地下の公共的使用に関する特別措置法（大深度地下使用法，平成13年4月1日施行）が適用され，所有者の承諾なく利用できるようになったが，この法律が適用されない部分については，

区分地上権の設定が用いられる）。このように，区分地上権者が区分内を利用することに伴い，区分以外の土地の使用につき，設定行為で制限が加えられることがある（民269条の2第1項後段）。

(2)　土地所有者以外の利用権主張者との関係　区分地上権は，設定された範囲以外の部分には使用収益権が及ばない。したがって，当該土地上に他の利用権者が存在したとしても，その者の利用権に影響がない場合には，両者は両立しうる。そのため，すでに第三者が土地につき使用収益権を有する場合においても，その権利またはこれを目的とする権利を有するすべての者の承諾があるときは，当該土地に区分地上権を設定することができ，承諾した者は，区分地上権者の権利行使を妨げることができない（民269条の2第2項）。

(3)　第三者による土地利用の妨害への対処について　地上権を有する区分部分の占有を侵害された場合には，通常の地上権の場合と同様，妨害排除請求をすることができる。

たとえば区分部分が地下20メートルであったような場合，地表部分に荷重規制を超えた重量の物を置いたため，区分部分の使用に影響が出た場合のように，占有侵害以外の方法による区分地上権の妨害も想定できる。所有者あるいは他の当該土地の利用者についての利用の制限については，すでに述べたが，その制限規定を根拠として，第三者による妨害行為が生じた場合については，区分地上権者が直接の侵害部分の利用権者が有する妨害排除請求権を代位行使できると考えることも可能であろう。

3 永 小 作 権

1 永小作権とは

永小作権とは，「小作料を支払って」「他人の土地において」「耕作又は牧畜をする」権利をいう（民270条）。地上権と異なるのは，①土地利用の目的が「耕作又は牧畜をする」ためという点と，②小作料の支払いが永小作権の必須の要

素となっているという点である。

　現在の日本においては，耕作または牧畜を目的として土地を利用する場合，永小作権を利用することはほとんどなく，もっぱら，土地賃借権を設定するのが現状である（なお，このような現状に至ったのは，明治期からの耕作地に関する地主・小作人をめぐる権利関係の変遷が多分に影響を与えており，永小作権という権利はその変遷の過程で形成されたものであることや，いわゆる農地改革によってこの権利の利用価値が事実上ないものとなったことが大きく影響していると分析する）。以下では，地上権・地役権との差異を示したい。

　なお，永小作権が射程とする農耕牧畜のための土地利用については，特別法として農地法による規制もあてはまる。そのため，農地法の適用があるケースでは，都道府県知事または農業委員会の許可が必要となる場合がある。

2　永小作権の成立

　まず，永小作権も，地上権と同様に，「新たに設定する権利」である。典型的な形態としては，「土地所有者」との間で，「権限設定の合意（設定契約）」が必要となる。

　もっとも，地上権と同様に，時効による取得も認められるし，いったん成立した永小作権を譲渡や相続によって取得することも可能である。

　また，永小作権の成立については，「小作料」の支払いについても合意がなされることが必要である（民法270条には，「小作料を支払って」と明記されている）。この点は地上権と異なるため，注意が必要である。

　さらに，農地法が適用される場合（農地法3条1項の「農地又は採草放牧地」に永小作権を新たに設定する場合）には，都道府県知事または農業委員会の許可が必要となり，この許可を得ずに永小作権の設定を合意したとしても，永小作権は無効となる。

3 永小作権の内容

① 基本的な内容

　永小作権は，耕作あるいは牧畜のためという目的は地上権の場合とは異なるものの，地上権と同様，「他人の土地の使用収益」である。物権的な支配としての利用権であることや，存続期間を定めればその期間内で存続すること，土地所有者は永小作権者の使用収益権を妨げてはならないこと，他の利用権主張者とは対抗関係となることや利用を妨害する第三者との関係など，基本的に地上権と同様である。もっとも，永小作人は土地に永久の損害が生ずべき変更を加えることはできない（民 271 条）。ただし，異なる慣習があるときは，その慣習に従う（民 277 条）。

② 地上権との差異

　土地利用料については，「小作料の支払い」が永小作権の要素たる内容となる，という点で地上権と異なる（なお，永小作権自体の登記をすれば，小作料についても土地所有者および第三者に対抗できることとなる）。

　存続期間は，地上権ではいかなる期間でも設定可能であったが，永小作権の場合は，明文上，20 年以上 50 年以下の範囲で設定可能と定められている（民 278 条 1 項）。また，存続期間を定めなかったときについては，地上権と異なり，慣習がある場合を除き，期間は 30 年とされる（民 278 条 3 項）。

　なお，従来は，20 年以下の存続期間を設定した場合には，賃借権の最長期間が 20 年と定められらていた関係上，永小作権ではなく賃借権であると考えられたが，平成 29（2017）年，債権法改正により賃借権の最長期間が 50 年となったことから，20 年以上 50 年未満の期間で設定された永小作権についても，賃借権との区別が問題になろう。

　また，永小作権は，異なる慣習がない限り，譲渡することもできるし，永小作権自体を賃貸することができる（民 272 条）。ただし，設定行為で譲渡や賃貸を禁止した場合には，譲渡・賃貸することはできない（民 272 条ただし書）。

4　永小作権の消滅と原状回復

　民法第五章（永小作権）で定める消滅原因としては，「存続期間の終了（民278条）」，「永小作権者による放棄（民275条）」「土地所有者による消滅請求（民276条）」である。もっとも，「存続期間の終了」については，更新が可能である（民278条）。

　民法第五章（永小作権）で明示されるもの以外の永小作権の消滅原因としては，地上権で述べたものと同じである。もっとも，永小作権者は，土地の変更に制限があり（民271条），それに違反した場合や設定合意にもとづく義務に反した場合には，土地所有者は，設定契約を解除しうる（民541条）。

　永小作権の消滅にともなう権利関係（現状回復と収去）については，地上権で述べたところと同じである。

4 ┃ 地　役　権

1　地役権とは何か

　地役権とは，設定行為で定めた目的に従って，承役地を，要役地の「便益に供する」ことのできる権利である（民280条）。「便益に供する」とは，利便性を高め，価値を向上させる，という意味を有する。

　このような地役権を理解するためには，まずは，**要役地**と**承役地**とは何をさすのか，また，地役権とはどちらの土地の利用権をさすのかを明確に理解する必要がある。すなわち，地役権は，地上権や永小作権とは異なり，「目的に従い」，「ある土地甲（要役地）が他の土地乙（承役地）の利用を必要としている」という特徴がある。

　要役地とはその「ある土地甲」であり承役地とは「他の土地乙」にあたる。そして，地役権という土地の利用権は，利用する「他の土地乙」（承役地）に設定され，この権限に基づいて，「ある土地甲」（要役地）の所有者（または所

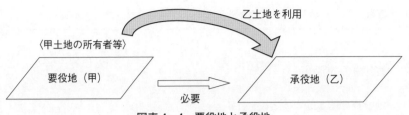

図表 4 - 4　要役地と承役地

有者に準ずる者）が「他の土地乙」を利用するということになる。

　具体的には，地役権設定の目的に応じ，通行地役権，引水地役権，その他様々な地役権の形態がある。たとえば，ある旗竿地の竿部分の土地が狭いため，車で公道に出るのに隣接する土地の通行を必要とするような場合は，通行地役権を設定することとなる。他にも，要役地として変電所，承役地として変電所までのケーブルを空中に設置するために必要な土地の場合，また，要役地として水をひく必要のある土地，承役地として水路の用地等の場合といった例が考えられる。地上権や賃借権などの利用権を設定しても目的を達成できる可能性はあるが，後述するように地上権や賃借権とは所有者の利用の制限などの点で利用の態様が異なる（地役権は，地上権や賃借権と異なり，承役地の所有者も当該土地の利用がある程度可能となるという点で特徴的である）。

　Topics

地役権が裁判上問題となるケースには，微妙な感情が伴う？

　地役権は，他人の土地の一部（承役地）を使わせてもらうことになるが，実際には，当事者が個人同士の場合は，「好意で使わせてあげる」「利用を事実上黙認してもらっている」「何となく使ってもいいのかと思って使っていた」といったケースが多いといわれている。

　民法は本来的には，個人主義的な権利関係を前提としている以上，「何となく使っている」というケースは，トラブルを内包したまま，既成事実が重ねられていくことになりかねない。本来的には，利用権が認められない限り，土地の所有者の全面的な支配を侵害していることになるからである。

　このようなケースにおいて地役権は，土地の所有者と利用者の調整を図る役割を担うことになるが，地役権は物権としての利用権を認めることになるため，裁判上では慎重に検討されることとなる。そしてそれは，好意や善意をどのように権利として明

示するかということにもなり，地域的な特性などが反映されるケースもある。

2　地役権の内容

1　地役権の基本的な内容

　地役権は，「要役地の所有者等が」，「承役地を」，「当事者間で定めた目的に従って」，「要役地のために限定的に利用すること」ができる権利である。たとえば，「通行のため」という目的が設定された場合には，地役権者は，承役地を，要役地の所有者等の通行に必要な限度で限定的に利用できるにとどまる。地上権者は土地上の工作物を所有するためであれば，当該土地を原則として自由に利用できたのと比べて，大きな差異がある（以下に述べるように，用益物権を設定した土地所有者が，地役権を設定した部分をどのように利用できるかに影響する）。

　なお，所有権のところで出てくる「隣地通行権（民 210 条～ 212 条）」の場合は，「通行権を有する者のために必要であり，かつ，他の土地のために損害が最も少ないものを選ばなければならない」（民 211 条 1 項）。地役権は，条文上はこのような規定はないので，隣地通行権のような制約は受けないように思える。しかし，地役権の場合，要役地の便益のためという地役権の性質上，目的が達成されて要役地の便益になる限度でのみ認められればよく，承役地の利用は承役地の所有者の利用を不当に妨げるものであってはならない。

　以上に加えて，地役権は，土地に対する物的支配を認めるものであることから，利用を妨げる者に対して物権的請求権を行使できる（物権的請求権の具体的内容については，どのような態様の地役権かによって異なる。たとえば，通行地役権であれば，通行の妨げとなるものが設置されていた場合には，奪われた占有を回復するために，障害物の排除を請求しうる［妨害排除請求権］）。

2　地役権の主体

　地役権は，「要役地の便益のため」に設定されるものであるが，権利の主体は，「要役地の所有者等」である。

　要役地の所有者が権利主体となれるのは明らかであるが，要役地の用益権者，賃借人が主体となれるか否か（承役地の通行等の利用を主張できるか）については争いがある。地役権自体が，要役地の便益のためにあるという前提を考えるならば，要役地全体の利用に関し物権的な支配権を有している用益権者（地上権者・永小作権者）も地役権の主体となれると解すべきである（通説）。他方，要役地の賃借人の場合は，判例では否定されている（大判昭2・4・22民集6・199）。

③　地役権を設定した土地所有者との関係

　地上権・土地賃借権を設定した場合，土地所有者は原則として土地を利用できないのに対し，地役権を設定した場合には，地役権者による地役権の行使が妨げられなければいいのであって，土地所有者も当該土地の利用や土地上の工作物の使用も可能となる（用益権行使を妨げないという消極的な義務を負うという点では，地上権・永小作権・地役権はいずれも同じであり，承役地の土地所有者には，地役権者による地役権行使を妨げないという消極的な義務があるにすぎない）。

　もっとも，所有者としては，本来は，当該土地の全面的な支配が可能となるはずであるため，Topics でも示したように，地役権の設定について合意がなされずに，事実上承役地を利用するようなケースでは，利用権者に対して通行禁止などの手段をとり，トラブルとなるケースもある。

④　付従性について

　前述したように，地役権の特徴として，「要役地が承役地の利用を必要としているという関係」が挙げられる。他方，これを「地役権」という権利の面からみると，「地役権は，要役地の便益のために存在している」ということになる（当然ながら，実際に権利を行使するのは要役地の所有者等である）。

図表 4 - 5　地役権の付従性

　それゆえ，地役権は，要役地に付従（随伴）する性質を有する（地役権の付従性，民281条1項本文前段）。具体的には，要役地が譲渡された場合には，地役権の移転につき特別の意思表示をすることなく，当然に移転することとなる。また，要役地に賃借権が設定された場合には，当該賃借人も地役権を行使できる。さらに，要役地に抵当権が設定された場合は，抵当権が実行され，要役地を買い受けた者は地役権を行使できることとなる。地役権のみを要役地とは別に譲渡したり他の権利を設定することもできない（民281条2項）。

　また，この付従性は地役権の本質的な性質によるものであるから，要役地について所有権移転登記等がなされれば，地役権の移転等について別途登記する必要はなく，地役権の移転等について第三者に対抗できる。

　もっとも，付従性は地役権の本質的な性質によるものだとしても，民法281条1項ただし書によれば，設定行為により付従性を排除することも可能である（付従性を排除するといっても地役権のみの譲渡を認めるものではないと考えられ，要役地の譲渡に伴い要役地の利用形態が変わり，承役地の利用が必要ではなくなる場合などを想定すべきであろう）。

5　不可分性について

　地役権は，要役地全体の便益のために，承役地の利用が限定的に認められる権利である。そのため，要役地あるいは承役地が共有土地であった場合には，

地役権者の一部が地役権の消滅を希望したり，要役地や承役地が分割等されて
も，一部の者のために地役権が消滅したり縮減されたりすることはない。この
ような共有関係における地役権の性質を，「不可分性」と呼ぶ。

　具体的には，要役地が共有土地であった場合，共有者が共有持分について地
役権の一部の消滅を希望したとしても認められず，承役地が共有土地であった
場合も，同様である（民282条1項。結果として，地役権は，一部の共有者の意図では
消滅・縮減されず維持されることになる）。

　また，共有土地が分割されたり，土地の一部が譲渡されたような場合にも，
地役権自体は，土地の分割あるいは一部の譲渡の影響を受けない（民282条2項
本文）。要役地が分割あるいは一部譲渡された場合には，その各部のために地
役権が存し，承役地が分割あるいは一部譲渡された場合には，その各部の上に
地役権が存することになる。ただし，承役地の一部のみに地役権が設定されて
いたような場合には，土地の分割あるいは一部譲渡によって，一部の者のみに
地役権が認められたり地役権を負担することになる可能性がある（民282条2項
ただし書）。

　また，明文上は，地役権の不可分性は，消滅・分割・一部譲渡の場合に限定
されているが，共有土地における地役権の設定についてもあてはまる。すなわ
ち，共有土地が要役地であった場合は，共有者全員が設定行為をしなければ地
役権を設定できず，承役地が共有土地の場合も同様である（本来，民法252条
により持分の過半数で決するはずであるが，不可分性により，共有者全員の名で設
定契約を結ぶ必要があることになる）。そして，共有土地における地役権の時効
取得に関する規律（民284条）も，この延長と考えることができる。すなわち，
土地の共有者の一人が時効により地役権を取得した場合には，他の共有者も地
役権を取得し（1項），取得時効の完成を妨げることとなる「時効の更新」は，
一部の共有者に対してしても効力を生ぜず，地役権を行使する各共有者に対し
てしなければならない（2項）。さらに，共有者の一人について，時効の完成猶
予の事由（中断事由）があったとしても，他の共有者については，時効（取得
時効）の進行は妨げられない（3項）。

6 存続期間と地代（地役権行使料）について

　存続期間については，民法上定めはなく，地上権と同様に，永久の地役権も設定できると考えられている（永小作権の場合は，存続期間について民法上規定されていることに注意）。もっとも，地上権の場合（不登78条3号）とは異なり，地役権の期間については登記事項ではないため登記することができない（不登80条参照）。

　地代（地役権行使料）については，地役権設定時に合意すれば当事者間を拘束する。もっとも，地代の支払についての合意は，地役権の内容を構成するものではなく，単に設定契約者間で債権的に効力を有するにすぎないと考えるのが判例である（大判昭12・3・10民集16・255）。

3　地役権の取得

1 本来的な地役権取得原因

　他の用益物権と同じく，本来の形としては，地役権も当事者間の地役権設定合意が必要である。当事者としては，要役地の所有者と承役地の所有者が通常であるが，要役地については，地上権者・永小作権者も含まれると解されている。

2 時効による地役権取得

　前述したように（Topics），実際に裁判上地役権の成立が問題となるのは，実は事実上その土地を利用しているという状態が継続し，当事者間では地役権という明確な認識なく利用されていたような場合である。このような場合，地役権は時効により成立・取得したといえるかが問題となってくる。合意によるのではなく，一定の継続的な客観的事実の存在によって，地役権の取得を認める場合である。

　もっとも，「用益」という性質上，通常の所有権の時効取得と異なる面があるため，民法は，地役権の時効取得について，「地役権は，継続的に行使され，かつ，外形上認識することができるものに限り，時効によって取得することが

できる」という条項を規定している（民 283 条）。これは，一般的な取得時効の要件に加え，「継続的に行使され，かつ，外形上認識することができるものに限り」という要件を追加して地役権の取得を認めるものである。地役権は「用益権」である以上，「単なる占有の事実」だけではなく，「継続的な利用を示す客観的な事実」が必要であることを示すものといえる。

　さらに最高裁は通行地役権の場合について，この「継続」の要件を満たすには，「要役地の所有者によって承役地となる土地の上に通路が開設されたものであることを要すると解される」としている（最判平 6・12・6 集民 173・517）。

　なお，要役地の「所有者」によって通路が開設された場合でなければ時効取得できないのかという点については，最高裁は，要役地の所有者のみが地役権の主体となれるという前提に立ったうえで，地役権取得を主張する要役地の所有者としては，自ら通路を開設することまで必要と判断したものと考えられる。しかし，そもそも地役権の主体として要役地の賃借人なども含まれるべきとも考えられ，そのような前提に立つならば，地役権の時効取得については，通路の開設を誰が行ったのかを問題にする必要はないという有力説も存在する（なお，判例の事案では，通路の一部について，自ら土地の一部を提供するなどの負担をしたことが，要役地の所有者によって通路が開設されたという評価につながっている）。

 Topics

判例の捉え方について

　本文で示したように，上記最判平 6・12・6 によれば，通行地役権の時効取得に関しては「要役地の所有者によって承役地となる土地の上に通路が開設されたものであること」まで必要になる。では，最高裁はなぜこのような判断をしたのだろうか？　「最高裁が要役地の所有者自ら通路を開設することという要件を付け加えている」と暗記するのではなく，判断の実質的な根拠や判決の射程範囲はどこまでかを考えてみることが肝要である。

　本来，時効取得ということからすると，客観的事実としては，占有の継続があればよく，用益権としての性質を考慮しても，「明示的な占有」があれば足りるとも思われる。しかし，最高裁がさらに「所有者自ら通路を開設すること」までを求めたのは，

通行地役権が認められてしまうことによる承役地の負担を考えたものとも考えられよう。すなわち，好意で通行を黙認していたケースを考えるとわかるように，好意で認めていただけであるにもかかわらず，物権としての地役権が認められてしまうのは，承役地の所有者に酷だという考量があると考えられる。自ら通路を開設するような者であれば，地役権を取得させてもいいであろうという価値判断があると考えられるのである。

3 成立・取得した地役権の第三者対抗の問題について

地役権は，承役地の物的利用権であり，承役地の権利関係が変動する場合には，対抗問題が生じる可能性がある。すなわち，承役地の譲受人に対して，地役権の負担を主張できるかが問題となりうる（理論的には，地役権の負担を承役地の譲受人に対抗できるかどうかは，地役権の登記を事前に備えていたか否か，すなわち民法 177 条の問題として決せられる）。

最高裁は，地役権について未登記の土地を地役権の負担について知らずに譲り受けた者が，地役権者に対して地役権設定登記がないこと（欠缺）を主張した場合について，「承役地が譲渡された時に，右承役地が要役地の所有者によって継続的に通路として使用されていることがその位置，形状，構造等の物理的状況から客観的に明らかであり，かつ，譲受人がそのことを認識していたか又は認識することが可能であったときは……何らかの通行権の負担のあるものとしてこれを譲り受けたものというべきであって，右の譲受人が地役権者に対して地役権設定登記の欠缺を主張することは，通常は信義に反するものというべきである」と判示した（最判平 10・2・13 民集 52・1・65。なお，最判平 10・12・18 民集 52・9・1975 は，この場合，地役権者は，譲受人に対し通行地役権に基づいて地役権設定登記を請求でき，譲受人はそれに応じる義務があると判示した）。

4 地役権の消滅と原状回復

地役権が消滅する原因としては，「存続期間の満了」，「承役地の時効取得に伴う消滅」，「地役権自体の消滅時効の完成」，「その他，地役権者による放棄や混同などの事由」が考えられる。

① 存続期間

地上権と異なり，明文上の定めはない。しかし，存続期間について合意があれば，その合意は効力を有し，存続期間の満了により地役権は消滅する。

② 承役地の時効取得に伴う消滅

「承役地の占有者が取得時効に必要な要件を具備する占有をしたときは，地役権は，これによって消滅する」（民289条）。これは，承役地が第三者によって原始取得された場合には，地役権はその反射的効果として消滅することを定めたものと考える立場が有力である（地役権の存在を認めつつ占有していた場合には地役権つきの所有権を取得すると考えることは可能）。

③ 地役権自体の時効消滅

地役権自体が消滅時効の完成によって消滅することは民法166条2項（改正前は167条2項）によって定められている。166条2項は，「権利を行使することができる時から20年」と定めるが，地役権の場合，継続的な用益が前提となっているという特殊性がある。そのため民法291条で，起算点についてのみ，「継続的でなく行使される地役権については最後の行使の時から起算し，継続的に行使される地役権についてはその行使を妨げる事実が生じた時から起算する」と規定する。なお，継続的でなく行使される地役権とは，通行地役権が典型であり，継続的に行使される地役権とは，用水地役権を考えるといいであろう。

なお，地役権者がその権利の一部を行使しないときは，その部分のみが時効によって消滅する（民293条）。これは，地役権設定部分の一部しか地役権が行使されていないのに，全体について地役権行使がなされたと同様の結論になる（時効消滅が全く認められない）というのは承役地所有者の負担を考えると妥当ではないといえるからである。

④ その他の消滅事由

地役権者が地役権を放棄したり，地役権者が承役地の所有者となれば，地役

権は混同により消滅するといえる。

5 入 会 権

1 入会権とは何か

　日本では，古くから慣習として，村落の人々がたとえば薪をとるなどの目的で，山林などの土地（入会地）を，共同して使用するといったことが行われてきた。そこでは，たとえばどのような方法でどれだけの薪をとることができるのかといったことについて，村落で慣習的にルールが存在しており，そのルールに従って，当該土地の共同利用が行われてきた。入会権は，そのような慣習に基づいて，共同して山林や河川などに「入り会う」権利・資格をいう。本来は，慣習上のルールであったものを，物的な権利として定めたものといえる（封建社会において村落民の生活を支えてきた「入会」を民法典が敢えて物権の1つとして組み入れたものと考えられる）。

　もっとも，「権利」と構成したとしても，権利行使の方法や範囲等は地域ごとの慣習・ルールに従うことが前提となっていることから，入会権はそれ自体，本質的にその内容があいまいで明確な説明が難しい権利ということができる。総じていうと，「慣習に従って」「入会地にあたる土地を」「複数の住民等が」「立ち入って利用する」ことが認められる権利，ということになろう（たとえば，入会地の所有関係についても，入会団体が所有するケースもあれば，村落民が総有する場合もあるし，神社等が所有する場合もある。また，共同利用といっても，入会地を分割して特定の者に利用させるケースもあれば，皆で全体を利用する場合もある）。

2 入会権が問題となる場面

　入会権自体は，問題になる件数自体は，他の物権に比べて多いとはいえないものの，裁判上も，入会権があるといえるのかどうかが問題になるケースは現

200

在でも存在する（たとえば，最判平 20・7・17 民集 62・7・1994 など）。

　また，裁判にならない場合であっても，人口が減少し廃村等の事情が生じたあと，入会地であった場所を入会団体の構成員であった者が事実上占有しているようなケースや，入会地であった場所が開発されて入会地上に建物が建築され占有・利用されるなどしているケースなど，入会自体が問題となるケースも存在する（このようなケースでは，そもそも当該土地の所有名義が誰になっているのか，従来の入会権はどのような形態であったのか，入会権を主張する者は，どのような利益の享受を求めているのか，といった点をまず確認する必要があろう）。

　さらに，入会地であった場所を占有している者と入会地に入会権を有している者との利益の調整が問題となることも多い（たとえば，入会権を有している者は，占有者に対して，利用料を請求できるのか，あるいは，占有している者に対して，入会地の使用方法等の要請をしたいが，果たして可能かどうか，といったことが問題となりえる）。

　このような場合，法的にどのような権利を主張できるかは，入会地の所有関係あるいは入会権の存否をまず確定することが必要である。そのうえで，入会権が認められた場合には，入会権者が行使しうる権限の内容は，基本的には，慣習による一方で，入会権の形態に応じて，「総有」，「共有」などの所有関係に従って判断されることになる（「総有」それ自体については，所有権の章を参照のこと）。

 Topics

入会権は「消滅していく権利」か？

　「入会」が「入会権」として民法上の物権として組み込まれても，実質的には，全国各地で何ら変わりなく「入会」の慣行が継続されてきたといえる。そして，入会権が地域の慣習を尊重するとともに団体的な権利であることから，入会地である土地の流通や時代の変化に対応した土地利用を妨げる面を有しており，入会権は，時代の変遷とともに消滅していく運命にあると一般には考えられている。

　確かに，入会団体における慣習それ自体を権利として構成するような形での入会権は，世代の遷り変わりとともに消滅していかざるを得ない部分があるといえよう。

　しかし，地域経済にとって，「共同利用」という形態自体が地域のコミュニティを維

持させ，地域発展・地域創生の「鍵」となる可能性を実は有している場合も多いといえる。

　そのため，入会権についてマイナスの評価をするのではなく，「共同利用」の本質的な側面を承継しつつ，地域コミュニティ活性化という点から，いかにして時代の進展に合わせた権利構成に変容させるかが重要だともいえる。その意味では，入会権について，「消滅していく権利」として考えるのではなく，「生まれ変わって新たな役割を果たすべき権利」と考えることもできる。

3　入会権に関する民法の規定と入会権に関する基本的な考え方

1　民法の規定

　入会権については，民法上は，263条と294条で規定されている。すなわち，入会権は，もともと「入会」自体が本質的にその内容が多様なものであり，統一的に規定することが難しい状況であった。そのため，民法上も，共有に関する条項として263条において「共有の性質を有する入会権については，各地方の慣習に従うほか，この節の規定を適用する」と定め，他方，294条において，「共有の性質を有しない入会権については，各地方の慣習に従うほか，この章の規定を準用する」と規定し，地役権の規定を適用することとした（なお，このような規定の仕方になってしまったのは，民法で定めるにあたって，地方の慣習の実態把握が間に合わなかったためであると考えられている）。

2　入会権についての基本的な考え方

　入会権は，その内容が様々であり，全体像を把握するのが難しい権利といえる（そもそも，村落などの入会団体自体の存在や慣習の存在自体があいまいであったり，入会地の所有関係が不明確な場合も多い）。また，裁判上では，入会の慣行がある土地について，立ち入ることができるか否か，どのような権利行使が認められるのか，といった点で入会権が問題となるケースが多い。

　このような入会権について，講学上は様々な視点からの整理が可能であるが，判例・実務は総じて民法の区分に従っており，民法263条および294条の「共

有の性質を有する入会権」と「共有の性質を有しない入会権」とに分けて考える。また，解釈上，前者は，入会団体・入会権者の「総有」による場合をいい，後者は，第三者が入会地を所有する場合をいうと一般的に考えられており，判例・実務・学説は，結局は同様の分類に従っていると考えることができる。もっとも，前者は，「共有の性質を有する」とするものの，民法 249 条以下にいう「共有」（狭義の共有）ではなく，所有権の章で述べた「総有」（広義の「共有」の一形態）として考えるのが一般的であり，注意が必要である（「入会権」は団体的な性質を有する権利であるから，個人主義的な所有関係を定める民法 249 条以下の「共有」とは，親和性が乏しい）。また，この分類は，固定的なものではなく，官民有区分によって官有地とされたあと，さらに払い下げられたなどの場合や，町村制の施行後に管理方法が変化したなどの事情によって，後者にあたったのに前者に変わるなど，実務上は変化するものとされていることにも注意が必要である。

4　入会権の内容

① 共有の性質を有する入会権（総有形態）

　これは，慣行や入会地の状況を踏まえ，入会地は第三者が所有する形態とは認められず，入会地は，実質的に入会団体の構成員の**総有**だと認められるケースである。名義上は，構成員全員の名義では登記ができないなどの理由で形式的に第三者名義の所有にする場合も含まれる。

　総有形態となると，入会権の存在自体は，当然に肯定される（一定の慣行に従い，構成員であれば，入会地に立ち入る権利が認められる）。

② 共有の性質を有しない入会権（典型的には，第三者所有）

　明治 7（1874）年の官民有区分によって，官有地に編入されたような場合もこれにあたる。官有地に編入されたとしても，入会権は消滅しないというのが最高裁によって示されており，その場合もこれにあたる。町村制の施行後に権利能力なき社団としての管理団体が管理を任されたような場合も，該当する（権

利能力なき社団が第三者に相当)。

　行政が管理する山林や第三者が所有・管理する土地であったとしても，村落住民等が立ち入って当該土地を利用することにつき，ある程度統制のとれた規律や慣行が形成されている場合に，このケースの入会権が認められる。裁判例では，どの程度統制のとれた規律や慣行が存在しているか，あるいは，土地の管理統制はどこが実質的にしているのか，といった点などが考慮され，入会権の存否が認定される。

Case

入会権の判例（入会権における総有と権利能力なき社団）

　最判平 6・5・31 民集 48・4・1065 では，入会団体である A 組合が入会地として管理してきた土地の一部が B・C の登記名義となっていた（C 名義の抵当権設定登記も存在）。A は総会にて，X を登記名義人とすることを決し，X が B・C に対して登記名義を移転するよう請求すると同時に，A が B・C に対して，構成員の総有であることの確認を求めた。

　最高裁は，入会権は，村落住民各自が共有におけるような持分権を有するものではないと判示するとともに，構成員が権利能力なき社団を形成している場合には，入会権の帰属に関する訴訟の当事者になることができると判示し，A も当事者になれるとした。

　このように，構成員各自が共有における持分権を有するとはいえず，団体自体が権利の主体となりうるものの，団体の構成員は，一定の土地の利用権等を有する場合が総有関係だといえる。

第5章 法定担保物権

POINT

- 法定担保物権とは，債権の担保のために法律の規定によって成立する物権である。
- 民法は，法定担保物権として，留置権と先取特権について規定をしている。
- 留置権は，債権の弁済を受けるまで他人の物を留置できる権利である。
- 先取特権は,民法の規定に従い,債務者の総財産または特定財産から,他の債権に先だって，優先的に，自己の債権の弁済を受ける権利である。
- 先取特権には，債務者の総財産を目的とする一般の先取特権，債務者の特定動産を目的とする動産の先取特権，債務者の特定不動産を目的とする不動産の先取特権がある。

1 序

1 担保物権の意義

　債務者が任意に弁済をしない場合には，債権者は，債務者の総財産に対して強制的に執行を行い，弁済を受けようとする。しかし，債務者の総財産は変動するものであり，十分な弁済を受けることができないこともある。そこで，確実に弁済を受けることができる手段が，債権者には必要となる。その手段を与えるのが，債権を担保する制度である。

　債権を担保する制度には，**人的担保**と**物的担保**とがある。人的担保とは，債権者が債務者以外の第三者の総財産からも弁済を受けることを可能とするものであり，**保証債務**などがその例である。人的担保は，担保する者（たとえば，保証債務における保証人）の総財産からも弁済を得ることによって，債権者が弁済を受けることをより確実にしようとするものである。しかし，この場合でも，担保者の総財産の変動によって影響を受けるので，担保としての効力には

不確実性がある。これに対して，物的担保とは，債権者が債務者または第三者の一定の財産から，他の債権者に先立って自己の債権の弁済を優先的に受けることを可能とする制度である。物的担保には，**留置権**や**質権**や**抵当権**などの民法典で認められている**典型的担保**と，**譲渡担保**や**仮登記担保**や**所有権留保**などの**非典型担保**がある。

　物的担保は，担保物の経済的価値に依拠しているので，担保物が滅失したり，その価値が下落したりしない限り，債権の弁済を確保できるといえる。そこで，債権者にとっては，弁済の受領を確実にするためには，物的担保を取得することが好ましい。

　しかし，債務者側に担保物として提供できる財産が存在しないと，物的担保を利用することはできない。そこで，取引においては，人的担保と物的担保とを，それぞれの特色を考慮しつつ，状況に応じて使い分けるということになる。また，取引においては，契約を利用して，債権者が優先的に弁済を受けることができる手段を講じ，実質的に債権に担保を付与している例も見られる。

2　担保物権（物的担保）の種類

① 民法典上の担保物権

　民法典において認められている担保物権には，留置権・**先取特権**・質権・抵当権の４種がある。前の２つは，特殊の原因から生じた債権について，法律上当然に生ずる**法定担保物権**であり，後の２つは，当事者間の契約によって生ずる**約定担保物権**である。

② 民法典以外の担保物権

　商法典には，商事留置権（会20条・商31条・521条・557条）・商事質権（商515条）・船舶抵当権（商848条）・各種の商事先取特権（商810条・842条）について特別規定があり，民法上の担保物権が修正されている。また，特別法によって，仮登記担保（仮登記担保契約に関する法律）・立木抵当（立木ニ関スル法律）・財団抵当（工場抵当法・鉱業抵当法など）・企業担保（企業担保法）・抵当証券（抵当証券

法）・動産抵当（農業動産信用法・自動車抵当法）などが認められている。

③　判例法上の担保物権

　判例上で認められた担保物権としては，譲渡担保・**再売買の予約**などがある。また，債権を**集合物**のように扱い担保を設定する**集合債権譲渡担保**と呼ばれる担保の形態も認められている。

3　担保物権の性質

　民法上の担保物権は，他者の所有権を制限する形式を取る**制限物権**であり，他物権の性質を有しており，自己の所有物の上に担保物権を持つことは原則として認められない（民 179 条 1 項・2 項参照）。民法上の 4 種の担保物権には，留置的効力を有するにすぎない留置権，目的物の交換価値から弁済を受ける効力のみを有する先取特権や抵当権，両効力を持つ質権がある。担保物権は，次のような，共通の性質を持つ。

①　付　従　性

　担保物権は債権の担保を目的とするのであるから，担保される債権がない場合には担保物権だけが独立して存在することはないという性質を，担保物権の**付従性**という。担保物権は，担保される債権が存在してはじめて存在し，債権が消滅すれば担保物権も消滅する。ただし，この付従性の原則は，取引の必要から緩和されている場合がある。

②　随　伴　性

　担保されている債権が移転すると，担保物権も原則としてこれに伴って移転する。これを，担保物権の**随伴性**という。

③　不　可　分　性

　担保物権者は，原則として，担保されている債権全部の弁済を受けるまで目

的物の上に権利を行使できる。これを担保物権の**不可分性**という（民296条・305条・350条・372条など）。

④　物上代位性

　担保物権者は，担保の目的物が，法律上または事実上，形を変えたときは，その形を変えた物（たとえば，目的物の売却・賃貸・滅失・損傷などにより債務者が受ける金銭その他の物など）に対しても権利を行使できる。これを担保物権の**物上代位性**といい，優先弁済的効力をもつ担保物権に認められる性質である（民304条・350条・372条）。

4　担保物権の効力

　担保物権には，それぞれの種類に応じて様々ではあるが，次のような効力が認められる。

①　制限物権型の担保物権の効力

　制限物権型の担保物権とは，所有権の権能の一部を制限し，その制限された権能を担保として用いる制度である。留置権・先取特権・質権・抵当権などは，**制限物権型の担保物権**である。

　(1)　優先弁済的効力　　先取特権・質権・抵当権においては，債務の弁済が得られないときには，債権者は，目的物を換価して，他の債権者に先だって弁済を受けることができる。これを，担保物権の**優先弁済的効力**という。

　(2)　留置的効力　　留置権においては，債権者は，債権担保のため目的物を債権者の手許に留置させ，債務者に心理的圧迫を加えることにより債務の弁済を促すことができる。これを，担保物権の**留置的効力**という。留置権には，留置的効力しか認められず，優先弁済的効力は認められない。質権は，留置的効力を有するが，同時に，優先弁済的効力をも有する。

　(3)　収益的効力　　不動産質においては，債権者は，目的物からの収益より優先弁済を受けることができる（民356条）。これを，担保物権の収益的効力と

いう。

② 権利移転型の担保物権の効力

　譲渡担保や仮登記担保などのような**権利移転型の担保物権**においては，債務の弁済がない場合には，債権者に所有権などの権利が移転する。これが，権利移転型の担保物権の本来的な効力であるが，このような場合においては，所有権などの権利の移転を受けた債権者に，**清算義務**が課せられることが多い。清算義務が課せられると，権利移転型の担保物権の効力は，制限物権型の担保物権における優先弁済的効力に事実上近くなる。

5　担保物権の消滅

　担保物権は，物権の一種として，物権共通の消滅事由により消滅するほか，担保物権特有の性質として，被担保債権が消滅することにより担保物権は消滅する。これは，担保物権の付従性に由来する。さらに，個々の担保物権には，それぞれ特有の消滅事由がある。

6　人的担保の種類

　人的担保としては，もっとも典型的なものとして保証と**連帯保証**とを挙げることができる。これは，債務者に保証人を付すもので，保証人の一般財産も債務の責任財産となる。また，債権者にとって，債務者が複数存在することは，債務の弁済の可能性を高めることであり，実質的に担保の役割を果たすことになる。その意味で，**連帯債務**や**不真正連帯債務**を担保の機能を果たす制度として見ることができる。さらに，併存的（重畳的）**債務引受**も債務者が増えることになるので，債務の弁済の可能性が増すことになり，一種の人的担保として見ることができる。

7 契約を用いた担保

相殺は担保の機能を有すると言われている。相殺は単独行為であるが，これと同様な目的を当事者の契約によって達することもできる。また，**相殺予約・代理受領・振込指定**などの合意により，債権者は，事実上，他の債権者より優先的に弁済を受けることができる。

図表 5 − 1　担保の機能を有する制度

人的担保	保証・連帯債務・連帯保証など。
物的担保	法定担保物権（留置権・先取特権）と約定担保物権（質権・抵当権）。
契約を用いた担保	相殺予約・代理受領・振込指定など。

2　留　置　権

1　意 義 と 性 質

1　留置権とは

(1)　意義　留置権は，他人の物の占有者が，その物に関して生じた債権を有する場合に，その債権の弁済を受けるまで，その物を留置することができる権利である（民295条1項参照）。時計商が修理した時計を修繕料の支払いを受けるまで留置するというような場合である。修理を頼んだ者は，その修理代金を支払うまではその時計の返還を受けることができないために，物の占有者（時計商）の債権は，事実上，担保されることになる。

商法にも留置権が認められている（商521条参照）。商法の留置権は，民法のように物と債権との牽連性を要求せず，債権と物の占有の取得とが商行為によって生ずれば足りるとして，留置権の成立を広く認めている。

(2)　法定担保物権　留置権は一定の要件が整えば，法律上当然に生ずる法定担保物権であり，質権や抵当権のように当事者間の設定契約によって生ずる

約定担保物権とは異なる。民法が，法定担保物権として留置権を認めたのは，
当事者間の公平をはかるためであると解されている。そして，民法が留置権を
物権として構成したのは，留置物の占有者の債権をとくに保護して，事実上，
債権者平等の原則を破ろうとしたためである。

　(3)　同時履行の抗弁権との関係　　修理代金の支払があるまで修理物を留置
して引渡しを拒むことのできる留置権と，買主が代金を支払うまでは，売主は
売却物の引渡しを拒むことができる**同時履行の抗弁権**（民533条）との間には
類似性がある。

　しかし，同時履行の抗弁権は，売買などの双務契約から生じた互いに対価関
係にある債権について，一方の債務が履行されるまで他方の債務の履行を拒絶
できるのであり，契約の相手方に対してのみ行使することができる。これに対
して，留置権は目的物から生じた債権が履行されるまで，その物自体を留置で
きる物権であるから，被担保債権の債務者に対してのみならず，目的物の譲受
人などのような第三者に対しても債権の弁済があるまで引渡しを拒絶すること
ができる。

　留置権と同時履行の抗弁権との関係について，学説には，競合説と非競合説
とがある。たとえば，売買契約において，売主は物の引渡しにつき代金の支払
いまで同時履行の抗弁権を主張することもできるし，代金の支払いまで物の引
渡しを拒み，留置権を主張することもできるように見える。このとき，競合説
は，売主は同時履行の抗弁権のほかに留置権の主張もすることができると解す
る（東京高判昭24・7・14高民集2・2・124）。これに対して，非競合説は，同時履
行の抗弁権は双務契約を前提としているのであり，双務契約という特殊な関係
にある場合は契約法理が物権法の規定を排除して適用されるべきだとして，売
主は買主に対しては同時履行の抗弁権によってのみ引渡しの拒絶ができ，留置
権を持ち出すことはできないとする。

Topics

留置権と同時履行の抗弁権

　留置権と同時履行の抗弁権は，共に，引換給付を請求できる権利であるが，両者には，次のような差違がある。

留置権（物権）	同時履行の抗弁権（債権）
契約関係のない第三者に対しても行使できる。	双務契約の当事者間において行使できる。
留置物から生じた果実を収取し，弁済に充当できる。	売買の目的物から生じた果実は売主に帰属する。
使用することが認められる場合がある。留置物の占有については善管注意義務を負う。	使用権はない。特定物の保存について売主は善管注意義務を負う。
相当の担保が供されれば留置権は消滅する。	担保の提供はない。
競売権は認められ得る。	競売権はない。

② 留置権の法的性質

　(1)　留置権の非優先性　　留置権には留置的効力しかなく，優先弁済的効力はない。債権の弁済を受けるまで他人の物を留置することが主たる留置権の内容であり，物の交換価値から優先的に弁済を受けることはできない。そのため，物上代位権も認められない。ただし，留置権は物権であり第三者に対する対抗力があることから，後述するように，事実上優先的に弁済を受けることができる。

　(2)　留置権の付従性　　留置権は担保権であるので，債権に付従する。現実に債権が存在しなければ留置権は存在しないし，債権が消滅すれば留置権も消滅する。

　(3)　留置権の随伴性　　留置権は債権に随伴する。留置権によって担保されている債権が譲渡されれば，留置権も移転する。ただし，債権とともに物の占有移転もしなければならない。

　(4)　留置権の不可分性　　留置権者は，債権の全部の弁済を受けるまで，物を留置することができる（民296条参照）。留置権者は，占有喪失部分につき留

置権を失うのは格別として，その債権の全部の弁済を受けるまで留置物の残部につき留置権を行使し得るものと解するのが相当である（最判平3・7・16民集45・6・1101）。

2　留置権の成立要件

留置権が成立するには次の要件が整う必要がある。なお，留置権を成立させないという特約は有効であるとされている。

[1]　債権が留置物に関して生じたものであること（民295条1項本文）

この要件について，学説は，債権と物との間に牽連関係のあることが必要であるとしている。次のような各場合に，牽連性があるとされている。

(1)　債権が目的物自体から生じた場合

判決①　物に加えた費用の償還請求権（賃借物に加えた有益費；大判昭10・5・13民集14・876。賃借物に加えた必要費；大判昭14・4・28民集18・484），物の性質または瑕疵から生じた損害の賠償請求権などのように，債権が目的物自体から生じた場合には，留置権を行使できる。

判決②　売主が買主に対して有する代金債権は，買主の有する土地明渡請求権と同一の売買契約によって生じた債権であるから，売主は買主に対し，代金の弁済を受けるまで，留置権を行使してその明渡しを拒絶することができ，留置権が成立した後，買主からその目的物を譲り受けた者に対しても，代金債権者である売主がその留置権を主張しうることは，留置権が物権であることに照らして明らかであるから，売主は買主から土地を譲り受けた者に対して，留置権を行使できる（最判昭47・11・16民集26・9・1619。同趣旨判決として，最判昭58・3・31民集37・2・152）。

判決③　家屋賃貸借が終了し，賃借人が賃貸人に対し，借地借家法33条による**造作買取請求権**を行使した場合の造作買取請求に基づく造作代金債権と家屋との牽連性について，造作代金債権は造作に関して生じた債権であって，家屋に関して生じたものではないとして，これを否定した（大判昭6・1・17民集10・6，

最判昭 29・1・14 民集 8・1・16，最判昭 29・7・22 民集 8・7・1425。Case 参照）。学説には，造作によって増加した建物の価値を維持しようとする立法趣旨に反し妥当でないとして，この判決に反対する見解が多い。

Case

造作買取請求権と留置権

前掲大判昭 6・1・17 民集 10・6，前掲最判昭 29・1・14 民集 8・1・16，前掲最判昭 29・7・22 民集 8・7・1425 の事案においては，賃借人が，賃貸人に対し，借地借家法 33 条による造作買取請求に基づく造作代金債権を理由にして，賃借家屋について留置権を主張した。判決は，造作代金債権は造作物に関して生じた債権であって，賃借家屋に関して生じたものではないとして，賃借家屋を留置することは認められないとした。

判決④　建物買取請求権（借地借家 14 条）が行使された場合の代金債権と敷地との関係については，借地法による**建物買取請求権**の行使の結果として代金債権に基づき建物を留置する者は，敷地をも占有することができる（大判昭 18・2・18 民集 22・91［傍論］，最判昭 33・6・6 民集 12・9・1384。Case 参照：ただし，敷地の留置は反射的効果であるので，賃料相当部分は不当利得となる）とする。学説には，建物の留置権を有名無実にしないためにも，建物を留置できることの反射的効果として，当然その敷地の明渡しを拒絶しうるとする見解が多い。

Case

建物買取請求権と留置権および建物敷地の占有関係

前掲大判昭 18・2・18 民集 22・91，前掲最判昭 33・6・6 民集 12・9・1384 の事案においては，地主などの借地権設定者が賃借権の譲渡または転貸を承諾しないので，土地（敷地）上の建物について買取請求権（借地借家 14 条参照）が行使された場合，建物代金債権を理由に敷地を留置できるかということが問題となった。この場合，建物の留置をするためには敷地も占有し続けなければならないので，借地借家法による建物買取請求権の行使の結果として代金債権に基づき建物を留置する者は，敷地をも占有し続けることができるとした。

その結果，建物買取請求権者は，賃貸借契約は終了しており，借地料を支払うことなく敷地を占有できることになるので，敷地を占有する期間においては，賃料相当額を不当利得していることになると解された。そのため，たとえば，建物の代金債権が 200 万円，敷地を貸した場合の賃料が月 10 万円とすれば，建物買取請求権者は，20 ヵ月，建

物と敷地を留置できることになる。

　判決⑤　判決は，また，土地所有者（A）が，借地人（B）の地代不払を理由として，借地契約を**解除**して，借地人（B）から建物を賃借していた者（C）に対して土地明渡しを求めた事案において，Cが建物工事をしたことによる修繕費などの償還請求権は建物に関して生じた債権であって，土地に関して生じたものではないとして，建物に対する修繕費などの支出による土地についてのCの留置権の成立は認められない（大判昭9・6・30民集13・1247）とした。

(2)　債権が物の引渡義務と同一の法律関係から生じた場合

　判決①　売買の目的物（建物）が引き渡され代金が支払われた後に売買契約が取り消された場合に，不当利得による目的物の返還義務と代金返還義務とは，売買契約の取消しという同一の法律関係から生じたものであるから，互いに牽連関係を有し，代金返還請求権者は，その請求権のためにその目的物の上に留置権を取得する（東京高判昭24・7・14高民集2・2・124）。

　判決②　不動産の賃貸人が賃貸目的物（土地）を第三者に譲渡し，借地権が対抗力を有しない場合に，賃借人は賃貸人に対して取得する履行不能による損害賠償請求権を，賃借物（土地）に関して生じた債権として，その土地の譲受人に対してその弁済あるまで明渡請求を拒絶できるかについて，判決は，賃借人の賃借物を使用収益する債権は，「賃借ヲ目的トシテ成立スルモノニシテ，其ノ物ニ関シテ生ジタル債権ニ非ズ。……蓋シ物自体ヲ目的トスル債権ハ其ノ権利ノ実行ニ依リテ弁済ヲ受クルコトヲ得ベク，毫モ（「わずかも」，「少しも」の意味）留置権ヲ認メル必要ナケレバナリ」とする（大判大11・8・21民集1・498）。

　判決③　債務者がその所有する不動産を売渡担保に供し，登記名義をも移転したが，引き続き占有している場合に，移転登記を受けた担保権者が約束に反して，これを他に譲渡してしまったことによって，担保権者に対して取得した担保物返還義務不履行による損害賠償請求権をもって，不動産の譲受人からの転々譲渡によりその不動産の所有権を取得した者の明渡請求に対して，債務者が留置権を主張することは許されないとした（最判昭34・9・3民集13・11・1357）。

判決②・③については，学説には，譲渡行為がなければ，占有者の損害賠償請求権も，譲受人の明渡請求権も発生しなかったのであるから，両請求権は同一の法律関係から生じたもので，牽連関係が認められるべきであるとして，判決に反対する説もあるが，同一の法律関係とはいえないとして，判決を支持する説もある。

  判決④　不動産の二重売買において，第二の買主のため所有権移転登記がなされた場合，第一の買主は，第二の買主の不動産の所有権に基づく明渡請求に対し，売買契約不履行に基づく損害賠償債権をもって，留置権を主張できないとした（最判昭43・11・21民集22・12・2765）。

  判決⑤　農地の買収・売渡処分が無効となったことによって，買主は売主に対して履行不能を理由とする損害賠償債権を取得するから，その債権でもって農地を留置できると主張したのに対して，判決は，「買主が目的物の返還を拒絶することによって損害賠償債務の履行を間接に強制するという関係は生じない」とする（最判昭51・6・17民集30・6・616）。

(3)　物の引渡義務が同一の事実関係から生じた場合　　偶然に互いが傘を取り違えて持ち帰ったような場合，同一の事実関係から生じた相互の返還請求権の間にも牽連関係があると解されている。

② 債権が弁済期にあること（民295条1項ただし書参照）

　債権が**弁済期**に達しない間は，留置権は発生しない。弁済期前において留置権が成立するとすれば，債務者に期限前の弁済を間接に強制することになるからである。そのため，裁判所が物の回復請求者に相当の猶予期限を許可した場合には，占有者はその物の留置権を失うことになる（民196条2項ただし書・608条2項ただし書参照）。

③ 留置権者が他人の物を占有すること

(1)　留置権は物を**占有**していることによって生ずる権利であるから，物の占有を離れて留置権は成立しない。留置権者が目的物の占有を失えば，留置権は

当然に消滅する。

　(2)　他人の物とは，占有者以外の者が所有者であればよく，必ずしも債務者の所有物でなくともよい。たとえば，物の賃借人が賃借物を修理に出した場合でも，その目的物について修繕者としての留置権が成立する。この点，商法上の留置権と異なる（商521条参照）。

　(3)　他人の物は，動産でも不動産でもよい。留置権は占有を成立要件とするから，占有する物が不動産であるときにも，登記を対抗要件とすることはない。

④　占有が不法な行為によって始まったものでないこと（民295条2項参照）

　たとえば，他人の物を盗んだり横領したりした者が，その物を修繕しても，その修繕費の償還請求権について，留置権は生じない。このような不法占有者について相手方との公平を考える必要はないからである。

　判決は，民法295条2項を拡張して，家屋の賃貸借契約が解除された後に，権限なしに占拠する者は，その不法占拠中に家屋に加えた修繕費の償還請求権について留置権を取得しないとして，「占有ガ不法行為ニ因リテ始マリタルニ非ザル場合ト雖モ占有スベキ権利ナキコトヲ知リナガラ他人ノ物ヲ占有スル者ニ在テハソノ占有ハ同ジク不法」であるとする（大判大10・12・23民録27・2175）。同じく，解除され無権限になっていることについて悪意の場合に留置権は成立しないとした判決（最判昭41・3・3民集20・3・386。最判昭46・7・16民集25・5・749）もある（Case参照）。また，同様の趣旨として，抵当権の設定された建物を買い受けた者が，抵当権実行により競売人に対抗できないことを知りながら不法に占有中にその建物に支出した費用については，民法295条2項の類推適用により留置権を主張し得ないとした（最判昭48・10・5判時735・60）。さらに，判決は，無権限であることについて善意・有過失の場合にも留置権の成立を認めない（前掲最判昭51・6・17）。

　学説には，判決を支持する説もあるが，悪意者の有益費用支出についてのみ裁判所の裁量によって留置権を認めないとする説，違法性の程度によって適用範囲を認定しようとする説，不信行為のある場合にのみ適用すべきであるとす

る説などがある。

Case

不法な占有と留置権

　占有が不法の場合は留置権は成立しない（民295条2項参照）が，判例は，家屋の賃貸
借契約が解除されたりして，家屋を占有できなくなった場合にも，家屋について留置権
は主張できないとしている（前掲大判大10・12・23民録27・2175，前掲最判昭41・3・3民
集20・3・386，前掲最判昭46・7・16民集25・5・749）。

3　留置権の効力

① 留置権者の権利

　(1)　目的物を留置する権利　　(a)　目的物の継続留置　　留置権は債権の弁
済を受けるまで目的物を継続して留置することができる（民295条1項本文）。

　ただし，留置権は，形式的に目的物を留置しうるにとどまり，実質的に目的
物を留置することによって生ずる利益までも保持することを是認するものでは
なく，賃借人は，家賃相当額を不当利得として返還すべきである（大判昭13・4・
19民集17・758，大判昭15・1・18新聞4528・9）。

　(b)　第三者に対する対抗力　　留置権はすべての人に対して行使すること
ができ，債務者のみならず，目的物の譲受人などに対しても，これを対抗でき
る。ただし，弁済は，債務の引受けがあれば別であるが，債務者に請求するほ
かない。

　担保権者（民執188条・59条3項）または一般債権者（民執59条4項）が留置権
の目的物である不動産を競売したときは，その債権の弁済を受けない限り，買
受人に対しても目的物の引渡しを拒むことができる。また，これらの債権者が
留置権の目的物である動産を競売する場合には，留置権者は執行官に目的物の
引渡しを拒むことができる（民執124条・192条）。こうして，留置権者が目的物
を執行官に任意に引き渡したとき，または，差押えを承認したときでなければ，
競売はできないことになる（民執190条参照）。そのため，留置権者にとっては，
事実上，優先弁済を受けることと同様の結果となる。

(c)　留置権行使の効果　　目的物引渡請求に対して，被告が留置権を行使しても，原告の敗訴となるのではなく，債務の履行と引換えに返還すべき旨の判決（**引換給付判決**）がされる（最判昭 33・3・13 民集 12・3・524，最判昭 33・6・6 民集 12・9・1384）。目的物の譲受人による引渡請求に対して，被告が留置権を行使する場合には，目的物に関して生じた債務の支払義務を負う者から債務の支払を受けるのと引換えに物の引渡しをすることを命ずるべきである（最判昭 47・11・16 民集 26・9・1619）。

(2)　果実収取権　　留置権者は留置物より生ずる果実を収取し，他の債権者に先だって，これを自己の債権の弁済に充当することができる（民 297 条 1 項）。果実には，天然果実も法定果実も含まれる。法定果実を取得するために目的物を賃貸するときは，債務者の承諾を必要とする（民 298 条 2 項参照）。承諾を得ないで賃貸すれば，留置権の消滅を請求されるおそれがある（民 298 条 3 項参照）。取得された果実は，まず債権の利息に充当し，なお残余があるときは元本に充当しなければならない（民 297 条 2 項）。

(3)　担保提供権　　留置権者は，債務者の承諾を得なければ，留置物を担保に供することができない（民 298 条 2 項本文）。

(4)　使用権　　留置権者は，債務者の承諾を得なければ，留置物を使用することができない（民 298 条 2 項本文）。ただし，その物の保存に必要な使用をすることは，この限りでない（民 298 条 2 項ただし書）。

　　判決①　家屋賃借人が支出した必要費または有益費の償還請求権のために留置権を行使するに際して，従来通り家屋に居住を続けた場合，判決は，留置物の保存行為（民 298 条 2 項ただし書）として適切ではないとして，家主の留置権消滅の請求を認めた（大判昭 5・9・30 新聞 3195・14）。しかし，その後，「他ニ特殊ノ事情ナキ限リ」，賃借人の居住はその「保存ニ必要ナル」使用であるとして，その居住を認めた判決（大判昭 10・5・13 民集 14・876）もある。

　　判決②　借地の場合，地上建物を第三者に賃貸することは，容易に土地の返還をできなくなるおそれがあるあるから，保存に必要な使用ではない（大判昭 10・12・24 新聞 3939・17）。

判決③　木造帆船の売買契約が解除された後に，買主が解除前に支出した修繕費の償還請求権に基づいて留置権を行使した場合，これを従前通り運送業務に用い遠方に航行させることは，「航行の危険性等からみて，留置権者に許された留置物の保存に必要な限度を逸脱した不法のもの」であるとして，留置権消滅の請求を認めた（最判昭30・3・4民集9・3・229）。

(5)　費用償還請求権　　留置権者が留置物について**必要費**を支出したときは，所有者にその償還をさせることができる（民299条1項）。留置権者は，必要費の償還請求権を被担保債権として建物を留置中に，留置物についてさらに必要費を支出した場合には，すでに生じている費用償還請求権とともに，建物について留置権を行使することができる（最判昭33・1・17民集12・1・55）。

留置権者が留置物につき**有益費**を支出したときは，これによる価格の増加が現存する場合に限り，所有者の選択に従い，その支出した金額または増加額を償還させることができる（民299条2項本文）。ただし，この有益費の償還については，裁判所は，所有者の請求により，その償還について相当の期限を許与することができる（民299条2項ただし書）。なお，相当の期限を許与されたその有益費については留置権を行使することはできない。

(6)　競売権　　民法は留置権には先だって債権の弁済を受ける権利（優先弁済権）を認めていないが，学説においては，留置権者が**競売権**を有するかについて議論がある。競売権は留置権者に例外的に優先弁済権が認められている場合（たとえば，民297条・商753条・757条参照）に限られるのであり，一般論としては留置権者は競売権を有しないとする説と，留置権者にも競売権は認められるが，ただ，留置権者は優先弁済権を有しないから，他の債権者の配当加入の申出があれば，平等の割合で弁済を受けるにすぎないとする説がある。なお，民事執行法195条は，留置権者の競売権を認めるが，この競売権は担保の実行としての競売ではなく，換価のみのための形式的競売に近いものとみて，「担保権の実行としての競売の例による」こととしている。

—

2　留置権者の義務

　留置権者は，善良な管理者の注意をもって，留置物を占有しなければならない（民 298 条 1 項）。また，債務者の承諾を得ないで，留置物の使用もしくは賃貸をし，または，これを担保に供することはできない（民 298 条 2 項本文参照）。ただし，その物の保存に必要な使用をする場合は別である（民 298 条 2 項ただし書参照）。なお，法文には債務者の承諾となっているが，債務者以外の者の所有物の上に成立することもあり，所有者と解すべきであるといわれている。

4　留置権の消滅

1　留置権の消滅原因

　留置権は，物権および担保物権の一般的消滅事由によって消滅するが，留置権には，さらに，次のような，特殊な消滅原因がある。

　(1)　留置権者の義務違反による債務者の消滅請求（民 298 条 3 項）　民法298 条 1 項・2 項の規定に違反して，債務者の承諾を得ないで留置物を使用・賃貸・担保提供をしたときには，債務者は，留置権の消滅を請求することができる（民 298 条 3 項）。

　この請求権は**形成権**であり，債務者すなわち所有権者の留置権者に対する意思表示によって留置権消滅の効果が生ずる。債務者と所有者が異なるときは，所有者が留置権の消滅請求をすることができる。また，留置物の第三取得者も留置権消滅請求をすることができる（最判昭 40・7・15 民集 19・5・1275）。

　なお，留置物の所有権が移転する前に民法 298 条 2 項所定の債務者の承諾を受けていたときには，留置権者はその効果を新所有者に対抗することができ，新所有者は留置権者の留置物の使用および賃貸を理由に留置権の消滅を請求することができない（最判平 9・7・3 民集 51・6・2500）。

　また，留置物の所有者は，違反行為が終了したかどうか，またこれによって損害を受けたかどうかを問わず，留置権の消滅を請求することができる（最判昭 38・5・31 民集 17・4・570）。

　(2)　占有の喪失　留置権者が留置物の占有を失うと，留置権は消滅する（民

302条本文参照)。留置権の目的物の占有は，留置権の成立要件であるとともに，その存続要件である。したがって，占有を奪われた留置権者は，留置権に基づく物権的請求権を有せず，**占有回収の訴え**によって占有の回復を図ることができるだけである。ただし，留置権者の占有は，自己占有にかぎらず，代理人による占有でもよいので，留置権者が目的物を賃貸や質入れをしても，留置権者はなお目的物を占有することになり，留置権は消滅しない（民302条ただし書参照）。

　(3)　相当な担保の供与　　債務者は，相当の担保を供して，留置権の消滅を請求することができる（民301条）。留置権によって担保される債権の額は，目的物の価格に比べて僅少な場合が多いので，債務者の利益を考慮してこのような規定が置かれた。担保は，物的担保でも人的担保でも構わない。一部弁済によって債権が減少した場合には，債務者は残存債権を担保するだけの代わりの担保を提供することによって，留置権を消滅させることができるから，留置権の不可分性は，その効力が著しく弱められていることになる。そのことに関連して，留置権が消滅するには留置権者の承諾が必要であるか否かについては，見解が分かれている。

　(4)　破産　　債務者が**破産**すると，留置権は破産財団に対しては，その効力を失う（破66条3項）。ただし，商法上の留置権は破産財団に対して特別の先取特権とみなされる（破66条1項）。

② 留置権の行使と被担保債権の消滅時効

　留置権を行使し，その目的物を留置して引渡しを拒むことは，被担保債権自体を行使することではないので，**消滅時効**の進行を妨げない（民300条）。そして，被担保債権が消滅時効にかかれば，留置権は消滅する。しかし，留置権が債権と離れて独自に消滅時効にかかることはない。

　留置物返還請求訴訟において，留置権者が留置権の存在を主張して引渡しを拒む場合，判決は，被告が留置権で抗弁するに当たり，その基礎となっている被担保債権の存在を主張して裁判所の判断の対象となった以上は，民法153条の催告と同様の効力をもつ**時効完成猶予**事由として，その訴訟継続中は消滅時

効は完成せず，その後 6 ヵ月内に訴えの提起その他強力な手段をとることによって時効は**更新**される（最大判昭 38・10・30 民集 17・9・1252 参照）。

<table>
<tr><td>3</td><td>先 取 特 権</td></tr>
</table>

1　序　　説

1　先取特権とは

　先取特権は，法律の規定に従い，債務者の一般または特定の財産から，他の債権者に先立って優先的に自己の債権の弁済を受ける権利である（民 303 条参照）。

　債務者の総財産が全債権額を弁済するためには不充分であるときには，債権は，その成立の前後に関係なく，それぞれの債権額の割合に応じて分配を受けるのが原則である（**債権者平等の原則**）。しかし，先取特権は，ある特殊な債権に，他の債権に優先して弁済を受ける効力を認めるのであるから，債権者平等の原則に対する例外ということになる。このような効力を有する先取特権を，民法は，担保物権として構成をしている。

　このような例外が認められる先取特権の存在理由については，公平の原則・社会政策的考慮・当事者の意思の推測などが考えられており，先取特権の制度は，特別法などによっても，広く利用されるようになっている。しかし，先取特権制度は，公示を伴わない担保物権を認めるものであるので，他の債権者に不測の損害を及ぼすおそれがあり，種々の先取特権を再吟味し，整理することも必要であるといわれている。

2　先取特権の法律的性質

　(1)　先取特権は，法律上当然に生じる法定担保物権である。当事者の意思の推測に基づく先取特権（たとえば，不動産賃貸人の先取特権など）については，あらかじめ特約をもってその成立を排斥できるが，その他の先取特権についてはあらかじめ排斥することは困難であると解されている。

(2)　先取特権は，債務者の財産について他の債権者に先立って弁済を受けることをもって主たる内容とする（民303条参照）。

(3)　先取特権は，原則として債務者の財産についてのみ成立する（民319条は例外）。

(4)　先取特権は，債権に付従する。債権がなければ，先取特権は存在し得ない。

(5)　先取特権は，債権に随伴する。先取特権の伴う債権が同一性を失うことなく移転するときは，先取特権もまた当然に移転する。

(6)　先取特権は，不可分性を有する（民305条参照）。債権の全部の弁済があるまで，債務者の財産を競売し，その代金から優先弁済を受けることができる。

(7)　先取特権は，物上代位性（民304条参照）を有する。先取特権は，目的物の売却・賃貸・滅失・損傷等により債務者が受ける金銭その他の物に対してもその効力を及ぼす。

(a)　一般の先取特権と物上代位　　債務者の特定の財産でなく総財産を目的とする一般の先取特権については，物上代位性は問題とならない。たとえば，債務者の総財産のうちのある物が滅失して保険金請求権に変わっても，一般の先取特権はその上にも効力を及ぼすが，それは保険金請求権が総財産の一部を構成するからであって，物上代位によるのではない。

(b)　物の売却代金債権と物上代位　　不動産の先取特権においては，登記がされているときは，その不動産が売却され第三者に引き渡されても，先取特権者は目的物を追求することができるが，動産の先取特権においては，その動産が売却され第三者に引き渡された場合には，先取特権者は目的物を追求できなくなる（民333条参照）ので，その代金について物上代位を認めることは重要な意義を持つ。

(c)　物上代位と差押え　　(ア)　物上代位によって先取特権者が目的物に代わる物（代位物）の上に優先権を主張するには，その払渡しまたは引渡し前に，差押えをしなければならない（民304条1項ただし書）。その理由は，先取特権の効力が債務者の取得した代位物にも及ぶとするときは，その物は債務者の他の

財産と混同して特定性を失うことがあるから，その場合には，結局，債務者の一般財産の上に優先権を認めることとなり，特定の目的物の上に優先権を認めた制度の趣旨が失われるばかりでなく，他の債権者を害するおそれもあるからである。

　　(イ)　学説においては，「払渡し又は引渡し」とは具体的に何を意味するのか，他の債権者の「差押え」でもよいか，他の債権者の差押手続へ配当要求することはできるのか，いつまでに「差押え」をしなければならないか，などについて議論がある。

　価値権説は，代償物は担保目的物の価値が現実化したものであり，担保権者の権利は当然これに及んでいるが，ただ，代償物が債務者の一般財産に混入すると一般財産のうちどの部分に担保物権の効力が及んでいるのか不明になるので，特定性を維持するために民法304条は「差押え」を要求したのであり，したがって，民法304条の「差押え」は担保権者自身がした差押えである必要はなく，他の債権者がした差押えによっても特定性は維持できるので，一般債権者や後順位担保権者がした差押えも民法304条の「差押え」に該当するとしている。

　これに対して，**特権説**は，代償物に対しては担保物権の効力は及んでおらず，担保権者をとくに保護するために代償物に対する優先権を保障し，担保権者に特権を与えたのが物上代位の制度であり，したがって，代償物に対して優先権を主張するためには公示が必要であり，公示の手段として民法304条は「差押え」を要求したのであるとしている。

　もっとも，議論の詳細を見ると，価値権説と特権説との対立というように単純には理解できない点もあり，議論は複雑化している。

　　(ウ)　以下に示すように，判決①～⑤は，先取特権者は，一般債権者によって差し押さえられた場合でも，債権の目的物が特定しているので，物上代位権を行使できるとしている。ただし，物上代位の目的となっていた債権が譲渡され，対抗要件が備えられた場合には，物上代位権を行使することはできないとしている。なお，価値権説のように，差押えは目的物の特定性を維持するため

であるとすれば，先取特権者が代位物を差し押さえる前に一般債権者が差押えまたは仮差押えをした場合でも，先取特権者は物上代位権を行使できることになる。

　判決①　動産の買主が目的物を他に転売して引き渡した後に破産宣告を受けた場合に，売主は買主の転売代金債権の上に物上代位権を行使できるかが争われた事案において，第三債務者による弁済または物上代位の目的となる代金債権の第三者への譲渡の場合と，一般債権者によって差し押さえられたことにとどまる場合とを区別して，後者の場合には物上代位権行使の妨げにならないとしたうえで，債務者が破産宣告を受けた場合でも，これを一般債権者による差押えの場合と区別すべき理由はなく，先取特権者は債務者が破産宣告を受けた後においても，物上代位権を行使できる（最判昭59・2・2民集38・3・431）。なお，先取特権に基づく物上代位権を有する債権者は，配当要求の終期までに担保権の存在を証する文書を提出して先取特権を主張しなければ優先弁済を受けることはできない（最判平5・3・30民集47・4・3300）。

　判決②　動産買主の転売代金債権について一般債権者が差押えまたは仮差押えの執行をした後に，売主が物上代位権を行使することは認められる（最判昭60・7・19民集39・5・1326）。

　判決③　民法304条1項の「払渡し又は引渡し」には，債権譲渡は含まれず，物上代位の目的債権が譲渡された後においても，抵当権者は自ら目的債権を差し押さえて物上代位権を行使することができる（最判平10・2・10判時1628・3）。

　判決④　先取特権者が代位の目的たる債権（供託金還付請求権）につき民法304条1項ただし書の差押えをしないうちに債務者につき破産宣告が行われても，第三債務者による弁済または債務者による債権の第三者への譲渡の場合とは違って，債権の特定性は維持されているので，これを差し押さえて物上代位権を行使することができる（前掲最判昭59・2・2民集38・3・431）。

　判決⑤　動産の売主の先取特権を有する者は，その動産が用いられた請負工事による請負代金債権に対して，その全部または一部が当該動産の転売による代金債権と同視するに足りる特段の事情がある場合には，その部分につき物上

代位権を行使することができる（最決平 10・12・18 民集 52・9・2024）。そして，動産売買の先取特権者は，物上代位の目的債権が譲渡され，第三者に対する対抗要件が備えられた後においては，目的である請負代金債権を差し押さえて物上代位権を行使することはできない（最判平 17・2・22 民集 59・2・314）。

③　民法の定める先取特権の種類

　民法において認められている先取特権には，債務者の総財産を目的とする一般の先取特権（民 306 条以下）と，債務者の特定の財産を目的とする特別の先取特権とがある。そして，後者には，債務者の特定の動産を目的とする動産の先取特権（民 311 条以下）と特定の不動産を目的とする不動産の先取特権（民 325 条以下）とがある。

2　一般の先取特権

①　序

　一般の先取特権は，債務者の総財産を目的とする先取特権である。債務者の総財産には，動産・不動産はもちろん，債権などその他の財産権全てが含まれる。たとえば，債務者の財産中の動産が売却されると，その動産には一般の先取特権の効力は及ばなくなるが，債務者がその売却によって取得する代金債権は債務者の総財産に含まれることとなるので，一般の先取特権の効力が及ぶことになる。

　一般の先取特権は債務者の総財産を目的とするのであるから，極めて大きい効力を持っているといえる。したがって，一般の先取特権によって担保される債権は，その性質がとくに保護される必要のあるもので，かつ，債権額が多額になるものでないことが必要である。民法は，4 種の債権に限って一般の先取特権を認めている。

②　一般の先取特権

　(1)　**共益費用の先取特権**（民 306 条 1 号）　　共益の費用の先取特権は，各債

権者の共同の利益のためにされた債務者の財産の保存（たとえば，債権者取消権の行使），清算（たとえば，債務者の財産目録の調製・財産の換価），または配当（たとえば，配当表の作成）に関する費用について存在する（民307条1項）。これらの費用は，他の債権者の利益にも帰するのであるから，その支出者に優先弁済を受けさせるのが公平の理念に合致する。したがって，これらの費用のうちすべての債権者に有益でなかったものについては，先取特権は，その費用によって利益を受けた債権者に対してのみ存在する（民307条2項）。

(2) **雇用関係の先取特権**（民306条2号）　雇用関係の先取特権は，給料その他債務者と使用人との間の雇用関係に基づいて生じた債権について存在する（民308条）。この先取特権は，賃金債権を確保して労働者の生活を維持させようとする社会政策的考慮に基づいて認められている。このような理由から，雇用関係に基づく労働者とは，広く雇用契約によって労務を供給する者をさす（最判昭47・9・7民集26・7・1314）。

給料とは労務の対価であるが，退職金も，雇主が任意に支給するものは別として，就業規則などの定めに基づいて支払われるものは，給料の後払いとしての性格を持つものとして本条の「給料」に該当する（最判昭44・9・2民集23・9・1641）。

なお，株式会社について更生手続開始決定があった場合，更生手続開始前6月間の給料の総額に相当する額を共益債権とする（会更130条5項参照）。そして，共益債権は，更生計画の定めるところによらないで，随時弁済する（会更132条1項）。

(3) **葬式費用の先取特権**（民306条3号）　葬式の費用の先取特権は，債務者のためにされた葬式の費用のうち相当な額について存在する（民309条1項）。この先取特権は，債務者がその扶養すべき親族のためにした葬式の費用のうち相当な額についても存在する（同条2項）。貧困者であっても相当な葬式を行うことができるための公益上の理由に基づくものである。

(4) **日用品供給の先取特権**（民306条4号）　日用品の供給の先取特権は，債務者またはその扶養すべき同居の親族およびその家事使用人の生活に必要な

最後の 6 箇月間の飲食料品,燃料および電気の供給について存在する (民 310 条)。貧困者であっても生活必需品を獲得できるようにするための社会政策的考慮に基づくものである。同居の親族には,内縁の妻を含む (大判大 11・6・3 民集 1・280)。本条の「債務者」は自然人に限られ,法人は含まれない (最判昭 46・10・21 民集 25・7・969)。

図表 5-2　一般の先取特権

種類	被担保債権	対象財産	存在理由
共益の費用 (民 307 条)	各債権者の共同利益のための費用	債務者の一般財産	公平の理念
雇用関係 (民 308 条)	雇用関係に基づいて生じた債権	債務者の一般財産	社会政策的な考慮
葬式の費用 (民 309 条)	債務者の葬儀の費用	債務者の一般財産	公益上の理由
日用品の供給 (民 310 条)	最後の 6 ヵ月間の日用品の費用	債務者の一般財産	社会政策的な考慮

3　動産の先取特権

次の 8 つの原因から生じた債権を有する者は,債務者の特定動産の上に先取特権を有する (民 311 条)。

1　不動産の賃貸借 (民 311 条 1 号)

不動産の賃貸の先取特権は,その不動産の賃料その他の賃貸借関係から生じた賃借人の債務 (たとえば,賃借人の目的物損傷による損害賠償債務など) に関し,賃借人の動産について存在する (民 312 条)。当事者の意思の推測を主な理由としている。

(1)　被担保債権の範囲　　不動産の賃貸人は先取特権を行使できるが,2 つの例外がある。

(a)　賃借人の財産のすべてを清算 (たとえば,破産・限定承認など) する場

合には，賃貸人の先取特権は，前期，当期および次期の賃料その他の債務ならびに前期および当期に生じた損害の賠償債務についてのみ存在する（民315条）。賃貸人を保護する余り他の債権者を過度に害することがないように制限を加えている。

(b)　賃貸人は，**敷金**を受け取っている場合には，その敷金で弁済を受けない債権の部分についてのみ先取特権を有する（民316条）。敷金とは，賃借人がその債務を担保する目的で金銭の所有権を賃貸人に移転し，賃貸借終了の際に賃借人の債務不履行がないときは，賃貸人はその全額を返還し，もし債務不履行があるときはその金額中から当然に弁済に充当されることを約して授受される金銭である（大判大15・7・12民集5・616）。したがって，賃貸借終了の際，延滞賃料その他当該の賃貸借契約から生じた債務があれば，敷金は当然に弁済に充当されるから，敷金から控除した残額についてのみ先取特権は行使される。

(2)　目的物の範囲　　(a)　原則

①　土地の賃貸人の先取特権は，その土地またはその利用のための建物に備え付けた動産（たとえば，賃借小作地に備え付けられた灌漑用ポンプ，納屋に備え付けた農具など），その土地の利用に供された動産（たとえば，賃借小作地または納屋以外の場所におかれた農具など）および賃借人が占有するその土地の果実（たとえば，収穫物）について存在する（民313条1項）。

②　建物の賃貸人の先取特権は，賃借人がその建物に備え付けた動産について存在する（民313条2項）。この建物に備え付けた動産については，「建物賃貸人ノ先取特権ハ金銭，有価証券，賃借人其家族ノ一身ノ使用ニ供スル懐中時計，宝石類其他全ク建物ノ利用ニ供スル目的ナク又之ニ常置セラレザル物ノ上ニモ存在スルコトヲ得ルモノナリト謂ハザルヲ得ズ」としている（大判大3・7・4民録20・587）。

なお，学説には，建物の常用に供するため（民87条参照）存置された動産であることは要しないが，建物の使用に関連して常置されたものに限ると解すべきであり，したがって，畳・建物ばかりでなく，一切の家具・調度・機械器具（大判昭18・3・6民集22・147参照）・営業用什器などは含まれ

るが，賃借人の衣類・装身具・金銭・有価証券などは含まれないとする説
もある。

⒝　目的物は，次の二つの場合には拡張される。

㋐　賃借権の譲渡または転貸の場合には，賃貸人の先取特権は，譲受人
または転借人の動産にも及ぶ。譲渡人または転貸人が受けるべき金銭（たとえ
ば，譲渡の対価）についても，同様とする（民 314 条）。後者は，物上代位の理論
の拡張である。

㋑　賃借人・転借人または賃借権の譲受人の備え付けた動産が他人の物
であっても，賃貸人がその物をこれらの者の所有物であると過失なく信じて先
取特権を行使した場合には，民法 192 条が準用され，その物について先取特権
が成立する（民 319 条参照）。ただし，先取特権は，備付け以後に生じた債権に
ついてのみ，存在すると解すべきであるとされている。

② 旅館の宿泊（民 311 条 2 号）

旅館の宿泊の先取特権は，宿泊客が負担すべき宿泊料および飲食料に関し，
その旅館に在るその宿泊客の手荷物について存在する（民 317 条）。旅客らが身
につけた装身具・時計などは含まれない。この先取特権についても即時取得の
規定の準用がある（民 319 条参照）。なお，債権者は，旅客らの手荷物の上に留
置権も有する。

③ 旅客または荷物の運輸（民 311 条 3 号）

運輸の先取特権は，旅客または荷物の運送賃および付随の費用に関して，運
送人の占有する荷物について存在する（民 318 条）。旅客の携帯する手荷物には
及ばない。この先取特権についても即時取得の規定の準用がある（民 319 条参照）。
なお，債権者は，手荷物に留置権を有することもある（民 295 条参照）。

④ 動産の保存（民 311 条 4 号）

動産の保存の先取特権は，動産の保存のために要した費用または動産に関す

る権利の保存，承認もしくは実行のために要した費用に関し，その動産について存在する（民320条）。公平の原則に基づいて認められる先取特権である。債権者は，同時に，留置権を有することもある。

5 **動産の売買**（民311条5号）

動産の売買の先取特権は，動産の代価およびその利息に関し，その動産について存在する（民321条）。買主が売買の目的物の所有権を取得したが，代金を支払わない場合に適用がある。

売主は，目的物をまだ買主に引き渡していない間は，同時履行の抗弁権を有し，代金債権はこれによって確保されるので，動産の売買の先取特権の実益が発揮されるのは，売却した動産が買主に引き渡された場合である。公平の原則に基づくものである。

6 **種苗または肥料**（蚕種または蚕の飼養に供した桑葉を含む。以下同じ）**の供給**（民311条6号）

種苗または肥料の供給の先取特権は，種苗または肥料の代価およびその利息に関し，その種苗または肥料を用いた後1年以内にこれを用いた土地から生じた果実（蚕種または蚕の飼養に供した桑葉の使用によって生じた物を含む）について存在する（民322条）。当事者の公平と共に農業金融の保護を図る趣旨である。

7 **農業の労務**（民311条7号）

農業の労務の先取特権は，その労務に従事する者の最後の1年間の賃金に関し，その労務によって生じた果実について存在する（民323条）。公平の原則と賃金保護の社会政策的考慮とに基づいている。

8 **工業の労務**（民311条8号）

工業の労務の先取特権は，その労務に従事する者の最後の3ヵ月間の賃金に関し，その労務によって生じた製作物について存在する（民324条）。

図表 5 - 3　動産の先取特権

種類	被担保債権	対象財産	存在理由
不動産の賃貸借（民312条）	賃貸借関係から生じた賃借人の債務	借地や借家に備えられた動産など（民313条・314条・315条・316条）	当事者の意思の推測
旅館の宿泊（民317条）	宿泊に要した費用	旅館に存する手荷物	当事者の意思の推測
旅客・荷物の運輸（民318条）	運送に要した費用	運送人の手中にある荷物	当事者の意思の推測
動産の保存（民320条）	動産の保存に要した費用	当該動産	公平の原則
動産の売買（民321条）	動産の代価およびその利息	売買した動産	公平の原則
種苗・肥料の供給（民322条）	種苗・肥料の代価など	種苗・肥料から生じた果実	公平・供給者の保護
農業の労務（民323条）	農業の労務者の最後の1年間の賃金	労務から生じた果実	公平・賃金保護の社会政策的考慮
工業の労務（民324条）	工業の労務者の最後の3ヵ月の賃金	労務から生じた製作物	公平・賃金保護の社会政策的考慮

4　不動産の先取特権

　次の三つの原因より生じた債権を有する者は，債務者の特定不動産の上に先取特権を有する（民325条参照）。

1　不動産の保存（民325条1号）

　不動産の保存の先取特権は，不動産の保存のために要した費用または不動産に関する権利の保存，承認もしくは実行のために要した費用に関し，その不動産について存在する（民326条）。不動産保存の先取特権は，動産保存の先取特権と同じく，公平の原則に基づくものである。

② 不動産の工事（民325条2号）

不動産の工事の先取特権は，工事の設計，施工または監理をする者が債務者の不動産に関してした工事の費用に関し，その不動産について存在する（民327条1項）。前項の先取特権は，工事によって生じた不動産の価格の増加が現存する場合に限り，その増加額についてのみ存在する（民327条2項）。立法理由は主として公平の原則である。なお，不動産工事の先取特権は工事を始める前に，その費用の予算額を登記する（不登85条参照）ことにより，その効力は保存される。

③ 不動産の売買（民325条3号）

不動産の売買の先取特権は，不動産の代価およびその利息に関し，その不動産について存在する（民328条）。動産売買の先取特権と同じく，公平の原則に基づいている。

図表5-4 不動産の先取特権

種類	被担保債権	対象財産	存在理由
不動産の保存（民326条）	不動産の保存費	当該不動産	公平の原則
不動産の工事（民327条）	不動産の工事費	当該不動産	公平の原則
不動産の売買（民328条）	不動産の代価など	当該不動産	公平の原則

④ 借地借家法による不動産の先取特権

借地借家法においては，借地権設定者は，弁済期の到来した最後の2年分の地代等について，借地権者がその土地において所有する建物の上に先取特権を有する（借地借家12条1項）。この場合，地上権または土地の借地権の登記をすることによって，その効力を保存する（借地借家12条2項）。

5　先取特権の順位

①　序

　先取特権の順位とは，同一の目的物の上に数個の先取特権が競合した場合における先取特権相互の間の優劣をいう。たとえば，債務者の総財産の上に，何人かの債権者が異なった種類の先取特権を有することがある。このように先取特権が競合した場合，物権の一般原則のように物権が成立した時または対抗要件を具備した時の前後によるのではなく，それぞれの先取特権の必要性の強弱に応じて，その相互間の優劣もまた法律によって定められている。

②　一般の先取特権相互間

　一般の先取特権が互いに競合する場合に，その優先権の順位は，民法306条に掲げた順位，すなわち，共益の費用・雇用関係・葬式の費用・日用品の供給，の順位に従う（民329条1項参照）。

③　一般の先取特権と特別の先取特権

　一般の先取特権と特別の先取特権とが競合する場合には，特別の先取特権は，一般の先取特権に優先する（民329条2項本文）。ただし，共益の費用の先取特権は，その利益を受けたすべての債権者に対して優先する効力を有する（民329条2項ただし書）。

　たとえば，借家人の備え付けた家具について，家主の賃料の先取特権（特別の先取特権）は，借家人に雇われていた人が有する給料の先取特権（一般の先取特権）に優先するが，その家具の換価・配当費用の先取特権（共益の費用の先取特権）は，家主の賃料の先取特権に優先する。

④　動産の先取特権相互間

　同一の動産について特別の先取特権が互いに競合する場合においては，三つの群に分けて順位を定めている（民330条1項参照）。

(1) 第一順位　　不動産の賃貸，旅館の宿泊および運輸の先取特権

(2) 第二順位　　動産の保存の先取特権。ただし，数人の保存者があるときは，後の保存者が前の保存者に優先する。

(3) 第三順位　　動産の売買，種苗または肥料の供給，農業の労務および工業の労務の先取特権

なお，このような動産の先取特権の順位は，当事者の意思の推測に基づく先取特権を，公平の原則や社会政策的考慮に基づく先取特権に優先させようとする趣旨であると解されている。

⑤　以上の原則に対して，次の三つの例外がある。

(1) 第一順位の先取特権者は，その債権取得の時において，第二または第三順位の先取特権者があることを知っていたときは，これらの者に対して優先権を行使することができない（民330条2項前段）。

(2) 第一順位の先取特権者のために物を保存した者に対しても，第一順位者は優先権を行使できない（民330条2項後段）。

(3) 果実に関しては，第1の順位は農業の労務に従事する者に，第2の順位は種苗または肥料の供給者に，第3の順位は土地の賃貸人に属する（民330条3項）。

⑥　**不動産の先取特権**

同一の不動産について特別の先取特権が互いに競合する場合には，その優先権の順位は，民法325条に掲げた順序，つまり，不動産の保存・不動産の工事・不動産の売買，の順序に従う（民331条1項）。また，同一の不動産について売買が順次された場合には，売主相互間における不動産売買の先取特権の優先権の順位は，売買の前後による（民331条2項）。保存または工事の先取特権が数個あるときについては規定がないが，動産保存の場合に準じて，後に発生したものが優先すると解されている。

7　同一順位者間

　同一の目的物について同一順序の先取特権者が数人あるときは，各その債権の割合に応じて弁済を受ける（民332条）。

6　先取特権の効力

1　先取特権と他の担保物権との関係

　同一目的物の上に各種の先取特権と他の担保物権とが競合することがあり，このような場合に両者の優劣が問題となる。

　(1)　留置権との関係　　留置権は優先弁済的効力を有しないので，理論上は先取特権と競合しない。ただ，競落人は留置権者に債務額を弁済しないと，その目的物を受け取ることはできず（民執59条4項参照），また，目的物が動産の場合には留置権者が承諾しなければ競売できない（民執190条1項2号参照）ので，事実上，留置権者が優先する結果となる。

　(2)　動産質権との関係　　先取特権と動産質権とが競合する場合においては，動産質権者は，民法330条の規定による第一順位の先取特権者と同一の権利を有する（民334条）。

　(3)　不動産質権との関係　　不動産質権と先取特権とが競合する場合には，抵当権と先取特権とが競合する場合と同様に扱われる（民361条参照）。

　(4)　債権質権との関係　　先取特権と債権質とが競合する場合については規定がない。そこで，権利発生の順序によるとする説と，権利質には動産質権の規定が準用される（民362条2項）ので，(2)の場合に準じて考えるべきであるとする説とがある。

　(5)　抵当権との関係　　(a)　抵当権と不動産保存の先取特権または不動産工事の先取特権とが競合する場合には，それらの先取特権が登記されていれば（民337条・338条参照），抵当権に先だって行使することができる（民339条）。

　　(b)　抵当権と不動産の上の一般先取特権とが競合する場合には，抵当権に登記がないかぎり，一般先取特権は，不動産について登記がなくても抵当権に優先する。両者共に登記があるときは，登記の前後による。

② 先取特権と第三取得者との関係

（1）　動産上の先取特権　　（a）　先取特権は，債務者がその動産を第三取得者（動産の譲受人）に引き渡した後は，その動産について行使することができない（民333条）。先取特権は，占有を要件としないから，第三取得者はその動産に先取特権があることを知らないで譲り受ける場合が多いので，このような第三取得者を保護して動産取引の安全を図るというのがその趣旨である。この規定は，先取特権の消滅を定めたのではなく，後に債務者が再びその占有を回復したときは，先取特権を行使することができる。

ここにいう引渡しには，**占有改定**をも含む。借家に賃借人が備え付けた動産について，賃貸人が先取特権を主張したところ，第三者が，その動産を賃借人から譲り受け，その上で，賃借人に賃貸していたものであると主張した事案において，判決は，占有改定でも引渡しとなり，家の賃貸人はその動産について先取特権を行使できないとした（大判大6・7・26民録23・1203）。学説も，これを支持している。もっとも，賃借人が動産を第三者に譲渡し，占有改定により引き渡した場合でも，賃貸人が善意・無過失であるときは，その後に取得する賃料債権については，民法319条の適用によって先取特権を取得すると解される。

（b）　譲渡担保権者が占有改定によって引渡しを受けた場合には民法333条が適用されるかについては説が分かれており，民法333条を適用する説（先取特権の行使はできないとする説）と先取特権を優先させる説とがある。

Case

集合物譲渡担保と動産売買先取特権

動産売主がその動産を買主に引き渡し，買主はその動産を集合物譲渡担保権者に占有改定の方法により引渡しを完了したとされた事案において，最判昭62・11・10民集41・8・1559は，譲渡担保権者は譲渡担保権につき対抗要件を具備するに至り，対抗要件具備の効力は，新たにその構成部分となった動産を包含する集合物に及ぶとして，動産売買先取特権者は，集合物の構成部分となった動産について，競売を申し立てることはできないとした。

（2）　不動上についての先取特権　　一般の先取特権が不動産に及ぶ場合，不動産の先取特権の場合も，第三取得者との優劣は登記の前後によって定まる。

③　先取特権の一般的効力

（1）　先取特権の一般的効力　　先取特権者が債務者の財産について，他の債権者に先立って自己の債権の弁済を受けることが先取特権の一般的効力である（民303条参照）。

不動産の先取特権者が不動産競売の申立てをするには，債務名義を必要としないが，先取特権の存在を証する法定の文書を執行裁判所に提出しなければならない（民執181条1項1号・2号・3号）。

一般の先取特権者が申立てをするには，その存在を証する文書を提出すればよい（民執181条1項4号）。競売は，不動産の強制競売に準じて行われる（民執188条）。

動産の先取特権者や一般の先取特権者が，動産競売の申立てをするには，自ら動産を占有しているときは，執行官に対してその動産を提出し，自ら占有していないときは，その動産の占有者が差押えを承諾することを証する文書を提出しなければならない（民執190条）。このことから，動産を占有していない先取特権者の権利行使は事実上困難であることがうかがわれる。なお，動産競売は動産の強制競売に準じて行われる（民執192条）。

一般の先取特権者が，債権その他の財産について実行の申立てをするには，一般の先取特権の存在を証する文書を提出することを要し，その実行手続は原則的に債権に対する強制執行に準じて行われる（民執193条2項）。なお，先取特権者は，他の担保権者が競売をしたり，または，一般債権者が強制執行をするときには，その買得金から優先弁済を受けることができる（民執51条1項・59条1項・87条1項・121条・133条・154条1項・188条・189条・192条・193条2項）。また，債務者が破産したときには，特別の先取特権者は**別除権**を有し（破65条），一般の先取特権者は破産財団から優先的に弁済を受けることができる（破98条参照）。

なお，先取特権の効力については，その性質に反しない限り，抵当権の規定が準用される（民 341 条参照）。

　(2)　一般の先取特権についての特則　　(a)　一般の先取特権は，不動産について登記をしなくても，特別担保を有しない債権者に対抗することができる（民 336 条本文）。たとえば，一般の先取特権者が不動産に強制執行をするとき，登記なしに，優先弁済を主張できる。これは，不動産物権に関する公示の原則を破るものであるが，一般先取特権においては，その債権の性質上，不動産について一般先取特権を取得する度に登記をすることは実際上期待できず，また，債権額は比較的少ないのが普通であるから，登記がなくとも他の債権者を害するおそれはほとんどないという理由で認められた特例である。

　ただし，特別担保を有する者（不動産質権者や抵当権者など）がその登記をしているときは，登記のない一般の先取特権者は，これに対抗することができない（民 336 条ただし書）。不動産質権者や抵当権者などが登記をしないときは，なお一般先取特権をもって，これに対抗することができる。また，特別担保を有する者だけではなく，その不動産について所有権を取得した者が登記を有する場合にも同様に解すべきである。

　したがって，登記のある抵当権などがある場合には，一般の先取特権である雇用関係債権はそれに劣後することになり，労働者は十分には保護されているとはいえないといわれている。

　(b)　一般の先取特権者が他の債権者に損害を及ぼさないようにするために，配当を受ける財産の順位が定められている。

　　①　一般の先取特権者は，まず不動産以外の財産から弁済を受け，なお不足があるのでなければ，不動産から弁済を受けることができない（民 335 条 1 項）。

　　②　一般の先取特権者は，不動産については，まず特別担保の目的とされていないものから弁済を受けなければならない（民 335 条 2 項）。

　　③　一般の先取特権者は，民法 335 条 1 項・2 項の規定に従って配当に加入することを怠ったときは，その配当加入をしたならば弁済を受けるこ

とができた額については，登記をした第三者（抵当権者・質権者・特別の先取特権者・第三取得者など）に対してその先取特権を行使することができない（民 335 条 3 項）。

④　しかし，これらの民法 335 条 1 項〜 3 項の規定は，不動産以外の財産の代価に先立って不動産の代価を配当し，または他の不動産の代価に先だって特別担保の目的である不動産の代価を配当する場合には適用がなく，一般先取特権者は，その不動産の配当に参加することができる（民 335 条 4 項参照）。

(3)　不動産の先取特権についての特則　　不動産の先取特権は，不動産物権の一種であるから，一定の時期に登記することが必要である。この場合の登記の要件は，その時期および登記事項において，一般の場合より厳格である。

(a)　不動産の保存の先取特権の効力を保存するためには，保存行為が完了した後直ちに登記をしなければならない（民 337 条，不登 3 条 5 号）。

(b)　不動産工事の先取特権の効力を保存するためには，工事を始める前にその費用の予算額を登記しなければならない（民 338 条 1 項前段。不登 83 条・85 条・86 条）。したがって，工事着手後に工事の先取特権の登記をしても第三者に対抗できない。また，工事開始前にこのような登記をしても，その建物が完成したときは，さらに，その建物について保存登記がされなければ，その建物について先取特権の登記がなされたことにはならない（不登 87 条 1 項参照。大判昭 12・12・14 民集 16・1843）。そして，この場合において，工事の費用が予算額を超えるときは，先取特権は，その超過額については存在しない（民 338 条 1 項後段）。

(c)　不動産の売買の先取特権の効力を保存するためには，売買契約と同時に，不動産の代価またはその利息の弁済がされていない旨を登記しなければならない（民 340 条，不登 83 条 1 項 1 号）。なお，ここで，「効力を保存する」とは，この登記をしないと，第三者に対する対抗力が生じない，という意味に解される。

7　先取特権の消滅

　先取特権は，物権および担保物権に共通の消滅原因によって消滅するほか，不動産を目的とする先取特権は，抵当権に関する規定が準用される（民341条参照）ので，代価弁済（民378条）または消滅請求（民379条以下）によっても消滅する。また，動産を目的とする先取特権は，その動産が第三取得者に引き渡されるときは，その効力が及ばないことになる（民333条）。

質　　　権

POINT

- ■質権とは，動産，不動産および財産権を目的とした担保物権である。
- ■質権は3種の類型が存在し，いずれも設定契約を要する点で共通するが，動産・不動産質権は質物の占有移転までを要件としており，対して，占有移転を観念できない権利質権では占有移転を要件としていない。
- ■動産質権は質物の継続占有が対抗要件となるが，不動産質権は質物の継続占有ではなく，その登記が対抗要件となり，権利質権は質権設定の通知または承諾が対抗要件である。
- ■いずれの質権も優先弁済的効力が認められ（しかし，留置的効力や収益的効力を認めるか否かで差が生じ），質権の処分として転質を認める点でも三者は共通する。

1 ┃ 序

　大学生Aが旅行費用を工面するため，バイク（15万円）を担保として提供し，Bから10万円を借りた。バイクは，AがBに10万円を返済するまでBの手元に置かれ，返還されない（Aから返済がなければ，Bはバイクを換金し，その金から10万円の返済を受けることが可能）。このように，Aがバイクを担保化する際に用いる担保物権が質権である。すなわち，Aは，Bへの10万円の返済（BからみればAに対する10万円の返還請求権）を実現できない場合に備えて（つまり，Bの10万円の債権を保全するため），自分のバイクを質権の対象（客体）とすべく契約をしている。

　この場合，**質権**を取得したBを「質権者」，Bのために質権を設定したAを「（質権）設定者」と呼び，BのAに対する債権は担保によって守られる「被担保債権」と呼ばれる。また，バイクに質権を設定する行為を「**質入れ**」と呼び，質権が設定されたバイク（有体物）を「**質物**」と呼ぶ（有体物でなく，債権に質

権を設定したならば「**質入債権**あるいは**目的債権**」と呼ぶ）。

　質権はバイクのような動産以外にも，不動産および財産権（債権など）にまで設定することができる。したがって，質権は何を対象（客体）とするかによって3種に分類され，動産質権，不動産質権，権利質権に分かれる。それぞれの制度は違いも多いため，本章では，第2節で各制度の概要を述べ，その後，質権ごとに制度の特徴をみていく。

 Topics

特別法上の質権

　本文の例と異なって，Aが貴金属を質屋に質入れした場合はどうだろうか。**質屋**とは質屋営業法の規制に服し，都道府県公安委員会の許可を受けて，質物となる物品を受け取って金銭を貸し付ける営業を営む者である（質屋営業法1条および2条1項）。「物」品を質「物」として受けとって貸し付けるので，**質屋に認められる質権**の対象（客体）は有体物である動産が中心となる（同法7条および22条などを参照）。もっとも，この質権は民法上の質権と異なる点がある。最大の相違点は，質屋に認められる質権には流質が許されることである。

　すなわち，債務者が弁済しなければ，質屋が質物の所有権を取得し，これをもって自己の債権の弁済にあてることができる（質屋営業法18条1項本文，流質の詳細は本章第3節2③(3)で後述）。また，流質の際，質物が債務額以上の価値を有するとしても，債務額をこえる価値を質権設定者に返還する清算手続はとられていない。同様に，民法が禁止する流質および清算義務の免除は**商法上の質権**（商515条）についても認められている。

　このように，特別法が認める質権は民法上の質権と異なるメリットを有するものの，質屋は質入れに際して設定者の住所，氏名，職業および年令を身分証明書などの提示を受ける方法などで確認しなければならない（質屋営業法12条前段および質屋営業法施行規則16条1項）。そこで，日本では，海外のようなオンライン質屋が開設されるほどの拡大は見られないが，このような特別法上の質権が民法上の動産質権よりも活用されているとすれば，民法上の動産質権の活用範囲は狭く，存在意義が乏しいともいえる。

　そうだとすれば，民法上の動産質権の制度は，特別法に定めがない場合に参照される程度の（すなわち，特別法を補うために，一般法として参照される程度の）存在意義しかないのだろうか。民法上の動産質権をより活用可能な制度とするため，検討を進める必要を感じる。

2	質権の意義と性質

1　質　権　の　意　義

①　質　権　の　定　義

　質権とは，民法上，債権者が自身の債権の担保として債務者または第三者から受け取った物を占有し，債務者が弁済しない場合に，物から優先弁済を受けることができる担保物権である（民342条）。典型例は第1節で示したように，AがBから金を借りるために自分のバイクを質入れする場合である。

　しかし，Aの友人C（債権債務関係の当事者ABからみれば第三者）が，自分の使っていないバイクをBに質物として提供しても構わない（このように，債務者Aに代わって自己の所有物に質権を設定するCを「**物上保証人**」と呼び，民法351条は物上保証人が質物を失った場合の**求償権**を定めている）。

　もっとも，「受け取った物を占有」する（民342条）というのは，動産質権や不動産質権のように「**有体物**」（民85条）を対象（客体）として成立する質権を念頭においた定義であり，債権のような財産権に質権を設定する権利質権（民362条1項）の場合，担保客体そのものの受け取りやその占有は考えられない。

②　質権と抵当権の共通点・相違点

　質権は，ある債権を担保するために，契約によって設定される**約定担保物権**であり，債務者が弁済しない場合に，質権者は質物から優先的な弁済を受けることができる。すなわち，**優先弁済的効力**を有する約定担保物権という点で，質権は抵当権と共通している。

　しかし相違点もあり，質権は設定者が質権者に質物を引き渡すこと（民344条）を前提とする**占有担保物権**であるが，抵当権は担保目的物の占有を移転せずに設定される**非占有担保物権**である。このように，抵当権は担保目的物の所在と権利の所在が異なるので，権利者を明らかにするために登記が整備された不動

産を中心として設定される。そのため，民法上の抵当権は動産に設定すること
は認められておらず，ある債権を保全するために契約によって動産を担保化す
る手段として，民法は質権しか用意していない（動産の担保化につき，明文なき
制度として**譲渡担保権**が存在するが，詳細は本書第8章第2節を参照）。

　このように，質権が質物の引渡し（占有移転）を要することから，質権には，
優先弁済的効力のほかに，占有を移転された質物を返還せずに，質権者の手元
に留め置くことができる効力（**留置的効力**）まで認められる。したがって，質
権は設定者が手元から離したくない物を担保にはできないという難点があり，
抵当権よりも現実的利用範囲は狭くなる可能性が高い。しかし，効果の面をみ
れば，質権は留置的効力まで認められ，抵当権より多くの作用が期待できると
もいえる。

　以上の説明は，質物が**有体物**であり，その占有や留置が考えられる動産質権・
不動産質権を前提とした説明である。後述のように，権利質権が**非占有担保物
権**に近い性格を示していることからすれば（本章第5節「権利質」を参照），抵
当権との比較で，質権に占有や留置的効力が認められることの意味をどこまで
強調するか慎重に検討すべきである（この点に関しては，本章第5節 Topics「質
権の変化とその見直しの必要性」も参照）。

2　質権の性質

　質権は担保物権であり，担保物権が共通して有する性質（**通有性**），すなわち，
付従性，随伴性，不可分性，物上代位性のすべてを有する。

　まず，被担保債権が不成立または無効であれば，質権も不成立または無効と
なるし（成立に関する「付従性」），被担保債権が弁済や時効によって消滅すれば，
質権もまた消滅する（消滅に関する「付従性」）。また，被担保債権が移転すれば，
質権も被担保債権とともに移転する「随伴性」がある。もっとも，これらの性
質は**根質権**について緩和されているし，**将来発生する債権**を被担保債権とする
場合にも付従性が緩和されている。次に，被担保債権の全額弁済を受けるまで
は担保の客体（質物）全体に対して担保物権を行使できるという不可分性（民

350 条・296 条）があり，担保の客体（質物）の滅失・損傷などを原因として，その価値が変形した物（金銭など）にも質権の効果を及ぼすことができる物上代位性も認められる（民 350 条・304 条）。

　なお，質権も担保「物権」である以上，物権としての性質を有するので，質権の円満な支配を害する者が存在する場合，この侵害を除去するために**物権的請求権**が認められる。もっとも，対抗要件との関係で特殊な議論があるので，この点は本章第 3 節 1②(2)を参照。

3　動　産　質

1　要　　件

① 動産質権を設定するための要件

　質権の設定は，「設定契約」の締結でなされるものの，質物の「引渡し」（民344 条）も要件となる。そして，質権設定の「対象（客体）」には一定の制限があり，また，動産質権は担保物権である以上，「担保される債権（被担保債権）」の存在も設定の前提となるので，以下，この 4 点を説明する。

　(1)　設定契約　　質権設定については，①質物という物の存在を前提とする契約である点に着目する通説が質権設定契約を**要物契約**と理解し，質物が質権者に移転されなければ，契約自体が成立せず，引渡しは設定契約の**成立要件**であるとの考えが示されている。これと異なる見解として，②契約は当事者の意思表示のみで生じることが基本であり，質権設定契約は**諾成契約**に過ぎないと理解する立場も極めて有力である。この立場によると，設定契約は当事者の意思の合致だけで生じるが，民法 344 条が存在する以上，質権の効力発生は設定契約に基づいて質権者へ実際に質物の占有が移転された後ということになる。

　(2)　引渡し　　(a)　引渡しの意義　　次に，民法 344 条の**引渡し**は**現実の引渡し**（民 182 条 1 項）に限定されず，**簡易の引渡し**（民 182 条 2 項）や**指図による占有移転**（民 184 条）を含む（民 184 条につき，大判昭 9・6・2 民集 13・931）。しかし，

質権者は自分に代わって質物の占有を設定者にゆだねることはできず（民345条），民法344条の引渡しには物の占有を意思表示のみで移転する**占有改定**（民183条）は含まれない。

　　(b)　占有改定を除く趣旨　　では，占有改定を民法344条の引渡しから取り除く民法345条を設けた趣旨は何か。

　学説には，①質権の存在を第三者に公示するためとの説明も存在するが，動産質権と異なり，不動産質権の公示は登記でなされるので，公示の目的だけで民法345条の存在を説明しきれないともいえる。また，動産の所有権のように質権よりも強大な物権でさえ占有改定の方法によって公示されるにもかかわらず，より弱い物権である質権の公示が占有改定で足りないということはバランスが悪いと考え，②民法345条の趣旨は，質権者に質物の占有を移転し，質権の**留置的効力**を貫徹することにあると考える学説も存在する。

　　(c)　質物返還の際の質権の存否　　設定者の手元に質物を残すことが禁止され（民345条），質物の占有を質権者に移転しなければ質権の効力が発生しないなら（民344条），効力発生後に，質権者が自らの意思で（質権を放棄して消滅させる意思なく）質物を「設定者」に返還すると，質権者は質権を失って，この権利に基づく質物の返還請求ができなくなるか問題となる（なお，「設定者」以外の第三者へ質物の寄託等をした場合は民法345条に反するものでなく，質権者は第三者を通じた間接占有により質権を維持できるため，前記問題は生じない）。

　①判例は，質権者が設定者に質物を返還しても，公示を欠くに過ぎない（[2]記載の対抗要件を欠き対抗力が失われるに過ぎない）と考える（不動産質権の事案だが，動産質権に触れるものとして大判大5・12・25民録22・2509）。したがって，質権が存続するならば，質権者は質権に基づいて設定者に質物の返還を請求できる。

　これに対して，②質権設定契約（民344条）を**要物契約**と考え（前記(1)①の見解），民法345条の趣旨を留置的効力の貫徹に求める説（前記(2)(b)②の見解）からは，質物を設定者に返還した以上，もはや質権者は質物を失って留置的効力も維持できないので，質権が消滅し，質権者は質権に基づいて質物を取り戻すことはできないといわれる（すなわち，質物の継続占有が質権の効力存続要件とみている）。

　なお，質権設定契約の性質について(1)②の有力説に立てば，質物を設定者に
返還すると，質権は消滅する。しかし，当事者の意思の合致だけで設定契約は
成立しているので，設定者は契約に拘束され，質物を引き渡す義務を負う。よっ
て，有力説によると，質物が設定者に返還されても，質権者は設定契約に基づ
く（「質権に基づく」ではないことに注意）引渡請求権を行使して，設定者から
質物を取り戻すことができる。

　(3)　動産質権の対象（客体）　　動産質権を成立させるには，譲渡可能な質
物を客体としなければならず（民343条），一定の制約が課されている。すなわち，
麻薬のように譲渡できない動産（麻薬及び向精神薬取締法12条1項本文）は「法的に」
動産質権の設定の客体にはできない。また，譲渡可能な動産でも，特別法で登
記・登録制度が整備され抵当権の設定が可能な動産は「法的に」質権の設定が
制限されることがある（商849条，建設機械抵当法25条，自動車抵当法20条，航空機
抵当法23条など）。

　また，客体に対する「事実上」の制約も課される。すなわち，動産質権は引
渡しが要件である以上，設定者自身が日常的に使用する動産を引き渡すことは
不可能であり，譲渡可能な質物であっても「事実上」質権を設定できない（こ
の場合，**譲渡担保権**の設定による方法で担保化するしかない）。

　なお，目的物の所有者でない者が他人の動産を質入れした場合，民法192条
によって質権が取得される余地がある（AがXのバイクを自己所有のバイクとし
てBに質入れした場合，Bは当該バイクについての質権を**即時取得**する可能性がある）。

　(4)　被担保債権の存在　　動産質権は担保物権なので，債権を担保すること
が目的であり，保全されるべき債権（被担保債権）の存在が前提である。被担
保債権の種類に制限はなく，金銭債権はもちろん，特定の行為を求めることを
内容とする非金銭債権も対象となる。また，被担保債権は現に存在している債
権だけでなく，**将来発生する債権**も対象となり，**付従性**が緩和されている。

　さらに，明文規定が存在しないものの，継続的取引関係から生じる複数の債
権を被担保債権として質権を設定する**根質権**の設定も有効である。元本確定前
に被担保債権の発生・消滅が繰り返されても根質権は消滅せず，また，元本確

定前に被担保債権が譲渡されても根質権は移転しない（**付従性・随伴性の緩和**）。

　これらは根抵当権と共通する点があるので，多くは根抵当権の説明に譲るが，根質権は根抵当権のように**極度額**（その担保でどこまで保全されるかの上限金額，民398条の2第1項）をあらかじめ定めておくことは必要ない（動産について，大判大6・10・3民録23・1639）。なぜなら，質権は引渡しを要件とする点で，抵当権と異なり後順位者の登場可能性が低く，債権を保全する上限を示して後順位者の利益に配慮する必要性が乏しいからである。

　②　**動産質権を対抗するための要件**

　(1)　概要　　発生した動産質権を第三者に対抗するための要件（**対抗要件**）は，質物の占有を継続することである（民352条）。たとえば，AがBのために，Aのバイクに質権を設定する契約を締結した場合，Bがバイクの占有を継続し続けることで動産質権の対抗要件がみたされる。

　もっとも，占有は前述のように**指図による占有移転**（民184条）でも構わないので，AがC（代理人）にバイクを預け，以後，Bのために占有することを命じ，Bがこれを承諾すれば，Bに占有を移転することができる。しかし，AはBに占有を移転したのち，Dともバイクを質入れする契約を締結し，指図による占有移転の方法でDに占有を移転すれば，AのバイクについてBの質権とDの質権が二重に設定される。このように，動産質権が複数設定された際，「設定の前後」（民355条），すなわち，設定契約の後，誰が先に引渡しを受けたかで優劣を決定する（先の例ではBが優先する）。

　(2)　質物の奪取　　(a)　問題の所在　　AがBにバイクを質入れしたが，それをCが盗んだ場合，BはCに対して質権に基づく返還を請求できるか。①(2)(c)では設定者への質物移転のケースが問題となったものの，ここでは設定者以外の第三者への質物移転が問題となる。したがって，この問題は第三者によって質権の効果が侵害された場合に，どのような対応ができるかという質権の効果面にかかわる問題だが，質物を奪った「第三者」（上記の例ではC，なお，民法352条の第三者は債務者・設定者以外の者と広く解される）に対して質権の効

果を対抗できるかという問題ともかかわるので，ここで扱う。

　(b)　**質権侵害への対処方法**　　そもそも，物権は物を支配する権利であり，物に対する円満な支配が害されると**物権的請求権**が発生する。そう考えると，質権も物権なので，質物の円満な支配を害された B は質権に基づく**物権的返還請求権**を行使して，C からバイクを取り戻すというのが自然である。

　しかし，動産質権者は質物を「奪われたとき」には**占有回収の訴え**（民 200 条）によってのみ質物の返還を請求できると定められている（民 353 条）。なぜなら，動産質権は継続占有が対抗要件である以上（民 352 条），質物の占有を失えば，第三者に質権の効力を対抗できないからである。したがって，先の例では，質権者 B が窃盗者 C に対して占有回収の訴えのみによって質物の返還を請求できる。この訴訟を提起して勝訴した場合のみ，B はバイク（質物）を占有し続けていたと扱われるのである（民 203 条ただし書）。

　このように，質物を奪取された質権者は占有回収の訴えによって質物を取り戻すことはできるが，占有回収の訴えは「占有を奪われたとき」しか提起できないので（民 200 条 1 項），詐取や遺失の場合などには提起できない。この場合，設定者から第三者への返還請求権を質権者が代位行使（民 423 条）するとの見解や質権者に物権的返還請求権の行使を認めるとの見解などが対立している。なお，債務者・設定者による詐取の場合も質権者の物権的請求権の行使を認める見解がある。

2　効　　　果

① 効果の及ぶ範囲

　(1)　**効果の及ぶ客体**　　動産質権の効果は留置的効力と優先弁済的効力に分かれる。質権が引渡しを要件としていることから，これらの効果は質物（主物）だけでなく，質物と同時に引き渡された従物（たとえば，名刀が質入れされた場合にその刀を入れ込んださや）にも及び（民 87 条 2 項），また，質権の客体となった動産に付合した物（名刀を質入れした場合にその刀に施された金細工など，民 243 条）にも及ぶ。なお，質物から生じる果実についても，質権者が収取して

弁済にあてることが認められており（民350条・297条），質権の効力が及んでいる。

 (2) 効果の及ぶ被担保債権 質権の効果が及ぶ被担保債権の範囲は，元本，利息，違約金，質権実行の費用（民354条の費用），質物保存の費用および損害賠償（債務不履行や質物の隠れた瑕疵に起因するもの）である（民346条本文）。もちろん，設定の際に異なる範囲に効果が及ぶという合意をすることも可能である（民346条ただし書）。このように，抵当権の場合（民375条）と異なり，質権の効果が及ぶ被担保債権の範囲は広く，その範囲を合意で変更できる自由な仕組みになっている。なぜなら，動産質権は質物の引渡しを要件とし，質物を質権者が占有するので，後順位質権者や質物の第三取得者など質物の利害関係者の登場可能性が低く，利害関係者の利益を考慮する必要性が乏しいからである。

② 留置的効力

 (1) 留置的効力の内容 動産質権には**留置的効力**があり，質権者は被担保債権の全額が弁済されるまで動産を留置できる（民347条本文）。このように，質権者は質物である動産を留め置くことができる以上，設定者が債務を弁済せずに動産の返還を請求しても，これは認められず，請求は棄却される（大判大9・3・29民録26・411）。なお，留置的効力は動産質権に優先する権利には対抗できず（民347条ただし書），また，質権者が質物を留置しても，それは債権そのものを行使しているとはいえないので，被担保債権の消滅時効の進行を妨げない（民350条・300条）。

 また，動産質権者は留置している質物から生じる果実を他の債権者に優先して収取し，債権の弁済に充当できる（民350条・297条1項）。たとえば，大学生AがBから10万円を借りるために自分のバイクに質権を設定したとする。質権者BがAから承諾を得てバイクをCに賃貸した場合，BがCから得る賃料（法定果実）は，BのAに対する貸金債権の弁済に充当することができる（充当は，まず，10万円の利息に対してなされ，残余があれば，元本10万円に対してもされる，民350条・297条2項）。

 (2) 質物の留置にあたって負うべき義務 動産質権は留置的効力を有する

点で留置権に類似しており，留置権の規定が準用される。たとえば，動産質権者は質物を占有するので，善良な管理者の注意をもって（**善管注意義務**を負って）質物を保管しなければならない（民350条・298条1項）。動産質権者は質物を占有するとはいえ，質物の所有者は別に存在するので質物の使用・収益権まで認められることはなく，質権者は設定者の承諾なく，質物を使用し，賃貸し，または，担保に供することができない（民350条・298条2項本文）。

　ただし，本節の**3**で述べる責任転質の場合は設定者の許可なく担保設定可能といわれているし，また，保存行為（質物のバイクを機能維持のために使用するなど）の場合は，条文上，設定者の承諾なく行うことができる（民350条・298条2項ただし書）。これらに該当せずに，質権者が善管注意義務に違反し，または，承諾を得ずに質物を使用・収益などした場合，設定者は質権の消滅を請求できる（民350条・298条3項）。質権が消滅したならば，質権者は質物を設定者に返還することになる。

3　優先弁済的効力

　(1)　民事執行法による手続　　質権者は他の債権者に優先して弁済を受けることができる。その方法として，質物を**競売**によって強制的に換価して，そこから優先的に弁済を受けることが考えられる（民執190・192条）。もっとも，動産質権の場合，質物はそれほど高額でないことも多く，民事執行法上の競売まで行うと手続費用が質物の費用を上回ることも生じかねない。このような正当な理由がある場合，民法は鑑定人の評価を経たうえで質物を直接に弁済へあてるよう裁判所に請求することを認めた（民354条前段，**簡易な弁済充当**）。この場合，質権者は事前にこの請求をする旨を債務者に通知しておかなければならない（民354条後段）。

　(2)　物上代位　　優先弁済の他の方法として，**物上代位**（民350条・304条）も存在する。第三者によって質物が「滅失又は損傷」されると，質権者は，質物の所有者が第三者に対して取得する損害賠償請求権のうえに物上代位を主張できる。

次に，条文上は質物の「滅失又は損傷」のほか，「売却」や「賃貸」の場合も物上代位が可能となる。しかし，動産質権は引渡しが要件となるので，質権者が占有している質物を設定者が「売却」や「賃貸」するのは限られた場面であり，物上代位は多くの場合に，質物の「滅失又は損傷によって債務者が受けるべき金銭その他の物」について問題になる。

　まず，質物が第三者に「売却」されても，質権は対抗要件を満たす限り当該第三者に対抗する効力を有するので（このように動産質権が第三者に及ぼす効力を「**追及効**」と呼ぶ），質物に即時取得が成立しない限り，質権者は質物の買主（第三者）に質権を主張できる。そうであれば，質権者が質物を占有する限り，売却代金に物上代位を認める意味は少ない。また，2の[1]記載のとおり，質権者が質物から生じる果実を収取できるので（民350条・297条1項），質物が「賃貸」されても，質権者は質物から生じた賃料債権より優先弁済を受けるため，賃料に物上代位を認める意味は乏しい。

　(3)　流質契約の禁止　　Aが，Bにバイクを質入れして10万円を借りたが，それを返済しない場合，BはAのバイクを自分のものにして，10万円を返済されたことにできるだろうか。このように，債務不履行の際に優先弁済のための法律上の諸手続を省いて，質物を債務の弁済にあてることを**流質**という。

　民法は抵当権については流抵当を認めているものの，動産質権については弁済期前の段階では流質を禁止している（民349条）。なぜなら，債務者が金銭的な苦境に立たされている状態へつけこんで，債権者が自己の債権額を超える高価な動産を債務者からとりあげ，暴利をむさぼることを阻止するためである。したがって，民法349条に反して流質の契約をしても，流質に関する定めは無効になる。

　もっとも，債権者が債権額を超える動産を取り上げることに問題があるならば，債権額以上の価値は債務者に返金する清算義務を課せば問題は解消される（実際，**譲渡担保権**では判例が清算義務を認めている）。これを民法上の規定に取り入れるかどうかは，今後の立法的な課題である。

　なお，民法349条は弁済期「前」の流質を禁止しているだけなので，その反

対解釈として，弁済期「後」は公序良俗に反しない限り，流質契約を締結することができる。また，被担保債権が商行為によって発生した場合や質屋営業による場合は流質が可能である（商法515条および質屋営業法18条1項本文，詳細は本章第1節Topics「特別法上の質権」を参照）。

　(4)　**優先弁済されない場合の質権者の地位**　　抵当権者は，まず，抵当不動産から債権を回収し，債権を回収できなかった範囲でのみ，抵当不動産以外の債務者の責任財産（一般財産）からも債権を回収できる（民394条1項，当然に債務者の一般財産から債権を回収できるわけではない）。しかし，動産質権には，このような条文が用意されておらず，抵当権のような制約は課されていない。したがって，動産質権者は質物から優先弁済を受けるのと同時に，債務者の一般財産からも債権を回収できる。

3　処　　　分

① 転質の意義

　通説によると，**転質**とは質権がすでに設定された質物上に，さらに質権を設定することである（何が客体なのかは②(1)で後述）。たとえば，AがBから120万円を借りるための担保としてA所有の宝石（120万円相当）に質権を設定し，質権者BもCから80万円を借りるための担保として，その宝石にさらに質権を設定する場合である。この場合，Cが転質権者，Bが転質権設定者であるが，BはAとの関係では原質権者，Aは原質権設定者（かつ原債務者）ということになる。

　原債務者Aの承諾を得なければ，原質権者Bが宝石を担保に供する処分はできないので（民350条・298条2項本文），原債務者の承諾のもとで転質が認められることは当然である（承諾を得たうえで行われる転質を**承諾転質**と呼ぶ）。承諾転質は当然に認められるべきだとすれば，民法348条があえて転質を認める意味は，承諾がなくても（つまり，質権者の自己責任で）転質を認める点にある（大連決大14・7・14刑集4・484，これを**責任転質**と呼ぶ）。これらには違いがあるので，責任転質から説明し，その後，承諾転質について述べる。

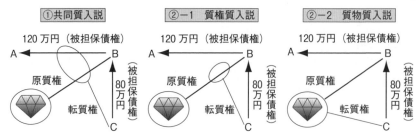

図表 6-1　転質の法的性質に関する学説の構造

② 責 任 転 質

　(1)　法的性質　　**責任転質**とは，何を客体として成立し，どのような仕組み
なのかにつき，大きく二つの見解が対立している。まず，①共同質入説は原質
権と原質権の被担保債権が同時に質入れされることを転質と考える（図表 6-1
①のように，B の取得した原質権と B の A に対する 120 万円の債権を一括して転質
権の客体とする）。しかし，民法 348 条前段をみると，転質は「質物」について
されると定められているので，原質権や被担保債権のような財産権を転質の対
象（客体）とみる①説は，民法 348 条の文言から離れている。

　そこで，②単独質入説が主張されるようになった。この見解は，原質権だけ
が再度質入れされることを転質と考える質権質入説（図表 6-1 ②-1 のように，B
の原質権のみを転質権の客体とする），または，原質権の対象（客体）だけを再度
質入れすることが転質と考える質物質入説などに分かれる（図表 6-1 ②-2 のよ
うに，B の質物である宝石だけを転質の客体とする）。

　②説はいずれも原質権の被担保債権と切り離して転質を説明する点で，①説
と異なるものの，②-1 質権質入説は原質権（財産権）を質入れすると説明して
おり，民法 348 条前段の「質物」について転質を行うという文言に反し，①説
と同じ問題が生じる。よって，②-2 質物質入説が条文に即しており，通説と
いわれている。以下では，通説の立場から要件・効果を説明する。なお，前掲
大連決大 14・7・14 はこの立場との評価もあるが，判例の立場は明確ではない。

　(2)　要件　　責任転質も質権の設定である以上，通常の動産質権の設定と同

様に，設定契約のほか，質物の引渡し（民344条）も要件となる。通説に従えば，質物の継続占有（民352条）が対抗要件である（不動産，債権などについては本章第4節3および第5節2-④で述べる）。なお，民法348条前段は原質権の存続期間内において転質を認めているが，動産質権に存続期間はないので，原質権の存続期間内で転質権を設定することは，存続期間の定めが存在する不動産質権についてのみ要件となる。

　(3)　効果　　(a)　責任・義務の発生　　通説によると，転質権設定者（原質権者）は自分の責任で原質権設定者の承諾なく質物をさらに質入れしたことになり，重い責任を負う。すなわち，転質権設定者は転質をしたことによって損害が発生した場合，それが不可効力によるものでも損害賠償の責任を負う（民348条後段）。対して，転質権者は質物の留置に**善管注意義務**を負う（民350条・298条1項）。

　　(b)　設定者・原債務者に及ぶ拘束力　　責任転質は原質権の存在を前提としているので，原質権（やその被担保債権）が消滅すれば転質権も消滅する。とはいえ，前記の質物質入説では原質権の「質物」のみが転質権の客体なので，原質権（やその被担保債権）にまで転質権の効果が及んでいないようにも見えるため，原質権などの消滅を転質権の効果として防止できるのか問題となる。

　この問題については，転質の効果として，原質権者が原質権やその被担保債権を消滅させてはならない拘束を受ける（**拘束力**が発生する）といわれてきた。したがって，転質権設定後，転質権者の承諾なく，原質権者が原質権を実行・放棄し，または，原質権の被担保債権について取立て，弁済の受領，相殺および免除などすることは制約される。この拘束力がある限り，原質権設定者（原債務者）も原質権者（転質権設定者）に弁済できず，仮に，弁済しても質権の消滅を転質権者に主張できない。

　もっとも，転質権の設定を原質権設定者（原債務者）が認識していないのに，このような拘束力を及ぼせば，次のような不利益が生じ得る。すなわち，原質権設定者（原債務者）が転質権の存在を知らずに原質権者に弁済した後，転質権者に弁済するよう請求され，二重に弁済をする危険が生じるのである。これ

はあまりに酷なので，明文規定は存在しないものの，転抵当に関する民法 377 条あるいは 364 条を類推適用し，転質権の設定を原質権設定者（原債務者）に対抗するためには，原質権設定者（原債務者）への通知またはその承諾を要するといわれる。

　　(c)　効果の実現　　　転質権にも**優先弁済的効力**があり，その実現のために転質権を実行すれば，質物の売却代金から転質権者が優先的に弁済を受ける。質物の売却代金で転質権者の債権を弁済したのち，残余がある場合に限って，原質権者がその残余額を得る。たとえば，3 の ① 記載の例では，転質権者 C が宝石の売却代金から 80 万円の被担保債権を回収しても 40 万円の残余があるので，原質権者 B が残った 40 万円を得る。この例と異なり，転質権の被担保債権額が原質権の被担保債権額を上回っていても（C の B に対する債権が 120 万円で，B の A に対する債権が 80 万円でも），転質権者の優先弁済の範囲は原質権の被担保債権の範囲（80 万円の範囲）に限定される。

　なお，転質権の実行は原質権の質物の換価およびそこからの優先弁済の実現からなるので，これらを行うには，転質権の被担保債権のみならず，原質権の被担保債権の弁済期まで到来している必要がある。というのも，原質権の被担保債権について，その弁済期が到来していないのに質物が換価され優先弁済が行われると，原質権設定者（原債務者）が不利益を被るからである。逆に，原質権の被担保債権の弁済期が先に到来した場合，転質権者は，原債務者に供託をさせ，供託金還付請求権のうえに転質権を有することになる（民 366 条 3 項の類推適用か）。

③　承 諾 転 質

　承諾転質も質権であり，設定要件として設定契約の締結・質物の引渡しを要し，対抗要件は質物の継続占有である。

　通説は責任転質を質物の再度質入れ（B の質権を前提とし，その質物が B によって，さらに C のために質入れされた）とみる（図表 6-1 の例を参照）。しかし，承諾転質は，A の承諾を得て，B が新たに C のために質権を設定するので，質

物上にBの質権とCの新たな質権が独立に並存する（Bの質権がCの質権の前提とならない）。

　そこで，承諾転質は効果の面で責任転質と差異を生じる。まず，Cの被担保債権が弁済期にあれば，原質権の被担保債権（原債権）の弁済期到来前でも質権の実行ができる。また，原債権が消滅しても転質権は消滅しないので，転質を承諾したAは，Bに対する自己の債務だけでなく，転質権者Cに対するBの債務まで弁済しなければ，質物の返還を受けることができない。

4 不 動 産 質

1 要 件

1 概 要

　不動産質権も質権である以上，民法344条に従うので，その要件としては，設定契約の締結に加え，質物である不動産の引渡し（占有移転）が必要である。したがって，後述の対抗要件としての登記を済ませても，不動産の引渡しがされていなければ，登記は無効であり（大判明42・11・8民録15・867），不動産の引渡し時点で登記の効力が生じる（通説）。また，被担保債権の種類に制限はないものの，債権額などの登記が必要となる（不登83条1項）。とはいえ，根抵当権の規定に準じて，債権を特定しない根質権の設定も可能である（民361条・398条の2～22）。

　不動産質権が効力を発揮した後，その効力を対抗するための規定は存在していない（動産質権に民法352条が存在した点と異なる）。そこで，不動産物権変動に関する対抗要件を定めた民法177条に戻り，不動産質権は登記が対抗要件となる（優劣は登記の前後で決定される，民361条・373条）。

　なお，質物（不動産）を設定者に返還した場合，判例は，動産質権ならば対抗力を失うと述べるものの，登記が対抗要件の不動産質権には何ら影響がないと述べている（大判大5・12・25民録22・2509）。また，第三者に質物の占有を奪

われても，不動産質権は登記を対抗要件とするので（占有を対抗要件とする動産質権と異なり），質権に基づく**物権的請求権**を失うことはなく，この請求権に基づいて，質権者は質物を取り戻すことができる（民353条の反対解釈）。

② 存続期間

不動産質権は上記のような要件のもとで効力を生じ，対抗されるが，この権利の存続には期間制限（不登95条1項1号で登記事項）がある。なぜなら，設定者の不動産を長期にわたって質権者に引き渡しておくことは不動産の効用を損なうからである。すなわち，不動産質権は10年しか存続できず（民360条1項前段），10年を超える期間を定めた不動産質権は10年に短縮される（民360条1項後段）。もちろん，**存続期間**の更新は可能だが（民360条2項本文），その期間も更新から10年を超えることはできない（民360条2項ただし書）。なお，存続期間を満了した場合，質権は消滅するので，質権者は質物を返還しなければならず，被担保債権は無担保の一般債権となる（大決大7・1・18民録24・1）。

2 効　　果

不動産質権の一番の特徴は**収益的効力**の存在であるが，そのほかにも**優先弁済的効力・留置的効力**も認められる。不動産質権には抵当権の規定が準用されるので（民361条），これらの効果は不動産の付加一体物にまで及ぶ（民370条）。

① 収益的効力

収益的効力が認められるため，不動産質権者は**善良な管理者の注意**をもって質物（不動産）を占有する義務を負いながらも（民350条・298条1項），占有している不動産を使用・収益することができる（民356条）。質物（不動産）を占有し，その使用・収益まで認められる以上，不動産質権者は質物から一定の利益を受けるので，管理費用をはじめとした不動産に関する費用の支払いをしなければならず（民357条），被担保債権の利息を請求できない（民358条）。

このように，使用・収益権限の裏返しとして利息を得ることが禁じられ，ま

た，使用・収益する不動産の管理費の支払いを義務づけられるため，不動産質権者自身の使用・収益が禁止される場合（民事執行法 180 条 2 号の**担保不動産収益執行**が開始された場合，この制度の詳細は抵当権について述べる本書第 7 章を参照），不動産質権者の使用・収益権限を認める民法 356 条の適用はなく，費用の支払い（民 357 条）および利息の請求禁止（民 358 条）の規定も適用されない（民359 条）。

また，使用・収益権限，費用の支払いおよび利息の請求禁止については，特約をもって異なる定めを行うことも可能であるが（民 359 条），その場合には，登記をしなければ第三者に対抗できない（不登 95 条 1 項 2 号および 6 号）。なお，利息を請求する場合には，一定の制限が課される（民 361 条・375 条）。

2 優先弁済的効力・留置的効力

不動産質権にも**優先弁済的効力**および**留置的効力**が認められるものの，抵当権の規定が準用されるので（民 361 条），優先弁済的効力を実現するための質権実行方法は抵当権の規定に従う。したがって，不動産競売（民執 180 条 1 号）の手法が採用できるが，この方法で債権の満足を得られない質権者は，債権に不足する額の範囲で一般債権者として債務者の他の財産から満足を得ることができる（民 361 条・394 条）。

なお，**流質**は動産質権の場合と同様に制限され（民 349 条），動産質権のような簡易の実行方法（民 354 条）は認められていない。**物上代位**は可能であるが，使用・収益権限がある不動産質権の場合，質物（不動産）が生み出す賃料債権（法定果実）への物上代位を論じる意味は乏しく，また，登記をしていれば第三者に不動産質権が及ぶので，不動産の売却代金への物上代位の必要性も乏しく，結局，物上代位の利用場面は目的物の滅失または損傷によって債務者が受けるべき金銭その他の物に限られる。

3 処 分

不動産質権の場合にも動産質権と同様に**転質**が認められるが，**存続期間**の制

限は課される（民348条）。なお，設定の要件は設定契約の締結と不動産の引渡しである。対抗要件は転質権設定の登記であり（民177条・不登3条6号），転質権者相互の優劣決定基準は**付記登記**である（民361条・376条2項・不登4条2項）。

 Topics

不動産質権およびそれに類似する質権

　本文で確認したように，不動産質権は不動産そのものを質権者に引き渡さなければならないので，抵当権や譲渡担保権（不動産の占有を移転せずに不動産を担保化する制度）ほどには活用されていないと言われる。もっとも，次節で説明する権利質権のうち，地上権や不動産賃借権（不動産の利用権）を対象とする質権は，権利質権ではあるものの，不動産質権に近い扱いがされる。

　たとえば，地上権に質権を設定する場合，地上権の目的となっている不動産は質権者への引渡し（占有移転）が必要となり（民344条），不動産の使用・収益権は質権者に移転する（民356条）。地上権を目的とした権利質権の設定・移転に関する対抗要件は地上権についてされた登記に**付記登記**を行うことであり（不動産登記規則3条4号および5号），質権の**存続期間**も10年で不動産質権と同様である（民360条）。これに対して，不動産賃借権を目的とする質権は，判例上，質権者に不動産を引き渡すことを要しないとされるが（大判昭9・3・31新聞3685・7），学説には異論もみられる。

5 権 利 質

1 意 義・種 類

　前述のように，質権は有体物を担保化する方法として動産質権や不動産質権を用意した。これらは主に所有権の対象となる有体物の担保化手段であった。では，所有権以外の財産権は一体どのように担保化されるのか。その手段として民法上に存在しているのが**権利質権**（民362条1項）である。所有権以外の財産権は時代の進展に伴い多様化し，その価値は有体物に匹敵するものがある。そのため，1990年代のいわゆるバブル経済の崩壊によって土地価格が下落し，不動産担保を中心としてきた日本経済が停滞した後，所有権以外の財産権の担保化が注目された。

　民法は，財産権の中でも主に債権を目的とする質権について規定しているが，所有権以外の財産権は債権のほかにも，**知的財産権**，**株式**，**社債**，**電子記録債権**など多様である。これらを目的とする質権は特別法に制度が用意されている。そこで，まず**債権質権**を中心に説明した後，**特別法上の権利質権**についても触れる（所有権以外の財産権を担保化する手段として，**譲渡担保権**も存在するが，これについては本書第8章第2節を参照）。

2　債 権 質 権

1　債権質権を設定するための要件

　(1)　対象（客体）　　債権質権は譲渡できない債権に設定できないので（民362条2項・343条），質権の成立対象（客体）は譲渡可能な債権である（必ずしも金銭債権に限定されない）。よって，性質上，譲渡できない債権（肖像画を描いてもらう債権）および法律で譲渡・質入れが禁止された債権（民881条，恩給法11条1項本文など）には質権を設定できない。

　なお，譲渡を禁止または制限する意思表示が存在しても，債権譲渡は制限されない（民466条2項）。この条文を債権質権に類推すれば，譲渡制限特約のついた債権にも質権を設定できる。この類推が困難な場合も，代理受領や振込指定により，譲渡制限特約のついた債権を用いた資金調達は可能であろう。

　また，債権質権はBのAに対する債権をCに質入れする場合が多いものの，Aのような第三債務者に対する債権だけでなく，質権者自身が債務者となる債権にも質権を設定することができる（最判昭40・10・7民集19・7・1705）。たとえば，金融機関甲が顧客乙に融資する際，乙の甲に対する預金債権が存在するならば，乙がこの預金債権に甲のための質権を設定し，甲から融資を受ける担保とすることができる。

　さらに，現在発生している債権だけでなく，今後発生する将来債権にも質権を設定できる（民364条括弧書参照）。なお，根質権の設定も可能である。

　(2)　設定契約　　(a)　平成15年改正前後　　債権質権も被担保債権の存在を前提とし，前記(1)の客体に関する設定契約の締結が要件となるが，平成15

年の担保法改正以前の債権質権が効力を発生させるには，設定契約締結のほか，**債権証書の交付**まで必要と規定されていた（平成15年改正前民363条）。したがって，平成15年改正以前の債権質権は，証書（**有体物**）の存在を前提としており，動産・不動産質権と同様に，**占有担保物権**の枠組みに位置付けるべき存在であった。

しかし，債権は，①特定の債権者に弁済が予定される**指名債権**と②債権の譲渡・質入れなどのために証書が必要となる**証券的債権**に分類され，指名債権に証書が存在しても，それは証券的債権の証書と機能が異なっていた。すなわち，指名債権の証書は債権の存在を証明する「証拠」に過ぎず，証書の交付がなければ債権の譲渡・質入れをできないというものではなかった。

また，敷金返還請求権（指名債権）に質権が設定された事案で，賃貸借契約書が証書に該当するか否か下級審裁判例で判断が分かれる混乱も生じていた。そこで，平成15年の改正にかかった民法363条は，証券的債権に質権を設定する場合のみ，証書の交付が要件とされた。こうして，指名債権については契約の締結だけで質権を設定可能とされ，証書の交付は不要とされた。

(b) 平成29年改正による変化　　前記改正後，平成29年の債権法改正によって，民法第三編「債権」に証券的債権が**有価証券**として整理されることになり，有価証券の質入れもあわせて規定された。したがって，民法上から証券的債権の概念は消滅し，この質入れに関する平成29年改正前民法363条や365条は有価証券の節に取り込まれ，削除されることになった。

よって，民法第二編「物権」の第9章「質権」に規定される権利質権は，基本的に指名債権を前提とすることになり，証書のような有体物の交付を要件としないものだけが含まれる。平成15年改正以後，**指名債権質権**の要件は基本的に設定契約の締結を中心としており，指名債権質権は質権の対象（客体）を占有移転することをも要件とする動産・不動産質権（占有担保物権）と距離感を生じたが，平成29年改正によって，その距離はいっそう明確になったように思われる。

なお，「証券的債権」の概念が民法上から消滅したことにより，この債権と区別するための「指名債権」という概念を維持する必要がなくなった。そこで，

「指名債権」の語は平成 29 年の改正によって「債権」に改められ，民法 364 条の表題も「指名債権を目的とする質権の対抗要件」から「債権を目的とする質権の対抗要件」に改められた。

②　債権質権を対抗するための要件

　債権質権の対抗要件は債権譲渡の規定を借用する。すなわち，第三債務者に質権設定を対抗するために設定の事実を認識させる必要があり，質権設定者から設定を通知するか，第三債務者の承諾（承諾の相手方は条文で明示されていないため質権者・設定者のいずれか）がなければ，質権者は質権設定を第三債務者その他の第三者に対抗できない（民 364 条・467 条 1 項）。

　しかし，第三債務者以外の第三者（質入債権の譲受人など）の場合，債権質権者と利益が競合するので，優先順位を確定する必要がある。その際，第三債務者，質権設定者および質権者の通謀によって対抗要件の日付を遡らせることのないよう，確定日付のある証書（民施 5 条 1 項 6 号の内容証明郵便など）による通知または承諾がなければ，質権者は第三債務者以外の第三者に対抗できない（民 364 条・467 条 2 項）。なお，第三債務者以外の第三者と優先劣後関係を明らかにすることが目的である以上，質権者が通知または承諾上で特定されていることも必要である（最判昭 58・6・30 民集 37・5・835）。

　もっとも，「法人」が質権者となる場合には，登記を「第三者」に対する対抗要件とすることができる（動産債権譲渡特例法 14 条・4 条 1 項）。しかし，この方式で対抗要件を備える場合，「第三債務者」に対する対抗要件としては，同法 11 条 2 項の登記事項証明書を交付して通知するか，第三債務者の承諾が必要となる（同法 14 条・4 条 2 項）。なお，証券的債権および無記名債権（改正前民 86 条 3 項）は，前述の平成 29 年の民法改正によって，民法第三編「債権」の第 1 章「総則」に設けられた「有価証券」の節に整理された。これらを質入れする方法やその対抗要件などについては，民法 520 条の 7，520 条の 17，520 条の 19 第 1 項，520 条の 20 による（詳細は債権総論に委ねる）。

3 効　　果

　(1)　効果の及ぶ範囲　　元本債権が利息債権を生じる場合，この元本債権に設定された質権の効力は元本債権の従たる権利である利息債権にも及ぶ（民87条2項の類推適用）。また，**債権質権**は**無体物**を前提としており，その性質に反しない限りで，動産質権・不動産質権などの規定が準用される（民362条2項）。したがって，質権設定後に，元本債権が利息債権を生じれば，利息債権は果実として扱われ，質権者は利息を自己の被担保債権に充当できる（民362条2項・350条・297条）。

　そして，質権の効力は，①質入債権に付着する権利や担保物権にまで及び，さらには，②質入債権が実質的に同一と評価される債権にも及ぶ。まず，①の例として，質入債権に保証債務が存在する場合，保証債務の随伴性によって当然に質権の効力が及ぶ。質入債権が担保物権を設定されている場合にも，当該担保物権に質権の効力は及ぶ。ただし，質入債権に動産質権，不動産質権および抵当権などが存在する場合，動産ならば債権質権者への引渡し，不動産質権・抵当権ならばそれらの登記に被担保債権を質入れした旨の**付記登記**（不動産登記規則3条5号）までしなければ，質権の効力を第三者に対抗できない（もっとも，債権質権が対抗要件を満たすだけで対抗できるとの有力説も存在する）。次に，②の例として，質入債権が定期預金債権の場合がある。この場合，定期が満了すると書き換えがなされ，預金債権は新たな債権となるが，この場合も当初の契約が継続しているなら，実質的に債権の同一性は維持され，新債権に従前の質権の効力が及ぶ（前掲最判昭40・10・7）。

　(2)　効果の概要　　(a)　優先弁済的効力　　債権質権には質物そのもの（質入債権自体）を留置する効力はない。なぜなら，質権の対象（客体）が債権という**無体物**であり，無体物は物理的に占有できないので，占有移転（引渡し）や継続占有が観念できないからである。もっとも，債権質権にも**優先弁済的効力**は認められるので，その実現手段として，まず，民事執行手続によって質入債権から優先的な満足を得ることができる（民執193条）。民事執行手続をとるまでもなく，質権者は第三債務者から直接に債権を取り立てることもできる（民

法366条1項の**直接取立権**)。

　まず，質入債権が金銭債権の場合，質権者は自己の債権額に対応する限りで金銭を取り立て，それを債権の弁済にあてることができる（民366条2項）。質入債権の弁済期が質権者の被担保債権の弁済期よりも前に到来するならば，質権者は第三債務者に対して**供託**させることが可能であり（民366条3項前段），その場合，供託金について質権が存続する（民366条3項後段，正確には，供託金還付請求権上に権利質権が存続する）。

　次に，質入債権が金銭債権でない場合，質権者は被担保債権の弁済期前でも，質入債権の目的物につき引渡しを受けることが可能であり，債権質権は引き渡された目的物に対する動産質権・不動産質権として存続する（民366条4項）。民法366条3項では金銭債権を取り立てて優先弁済にあてるので，質入債権の弁済期前の取立てはできない。また，被担保債権の弁済期前も取立ての余地がなく，質入債権の弁済期が先に到来すると供託の問題となった。しかし，民法366条4項の場合，質権者が引き渡しを受けた物自体をただちに被担保債権の弁済にあてるわけではないので，3項のように質入債権と被担保債権の弁済期を問題にする必要も供託の必要もない。

　なお，**債権質権**にも**物上代位**が認められるものの，これが実益を生む場面は必ずしも多くないと言われる。また，債権質権についても**流質**は禁止されるが（民362条2項・349条），前述のように被担保債権の範囲で**直接取立権**が存在するなら，実質的に流質を認めるのと同義といわれる。

　　(b)　拘束力　　質入債権の債権者が当該債権について第三債務者から弁済をうけ，または，その債権を相殺に供すると，質入債権は消滅する。よって，この債権を担保に供された債権質権者は担保を失う不利益を被るため，質入債権の価値をどのように維持すべきか問題になる。

　この問題につき，学説は債権質権に質入債権の交換価値を害する行為を禁じる効力が発生すると解してきた。すなわち，質入債権の債権者（設定者）・債務者（第三債務者）間でなされた当該債権の取立て，弁済，免除，相殺，更改その他質入債権を消滅・変更させる一切の行為を質権者に対抗できないとの制

限を課す**拘束力**が生じるといわれている。この効力については民法上に規定が存在しないため，債権の質入れによる担保価値の把握が債権の差押えに類似するとの前提で，差押えに伴う弁済禁止の規定（民481条1項）や差押え後の債権との相殺を禁じる規定（民511条）が類推適用され（民執145条1項を類推適用する見解もある），解釈上，質権設定者・第三債務者への拘束力が承認されてきた。

　判例では，設定者が質権者のために質入債権を維持すべき義務（**担保価値維持義務**）を負うことが認められ（最判平18・12・21民集60・10・3964），結論としては，学説と同様の処理がなされている（判例の詳細はCase参照）。設定者や第三債務者がこの義務を負うならば，債権質権が対抗要件を備えた後に，第三債務者が設定者に対して取得した債権をもって質入債権と相殺することは禁止される（大判大5・9・5民録22・1670）。また，破産手続の開始は質権者の取立権行使に重大な影響を及ぼすので，設定者は第三債務者の破産を申し立てることもできない（最決平11・4・16民集53・4・740）。しかし，質権者に影響のない行為は設定者が行うことも問題ないので，質入債権の消滅時効中断のため，設定者が当該債権の存在確認訴訟を提起することはできる（大判昭5・6・27民集9・619）。

Case

平成18年判決の認めた担保価値維持義務

　本文で示した最判平18・12・21（民集60・10・3964）は，AがBに対する敷金返還請求権に，X銀行のための質権を設定（確定日付のある証書によるBの承諾あり）した事案である。後にAが破産し，その破産管財人YがAの敷金返還請求権をBのAに対する諸債権にあてることで消滅させたので，XはYに対して質権が無価値となり，優先弁済権が害されたと主張し，本来優先弁済を受けるべきだった金額について損害の賠償または不当利得の返還を請求した。この事案で，最高裁は本文で述べたように，**担保価値維持義務**を認めてXの請求を一部認容した。

　では，この判決が承認した義務はどのような法的根拠・法的性質を有するのか。債権質権は設定契約の締結が要件なので，契約上（あるいは信義則上），当事者に担保価値維持義務が課されるともいえる。しかし，抵当権に関する最大判平11・11・24（民集53・8・1899）が「抵当権の効力として」担保価値の維持を求める請求権（この請求権の裏返しとして担保価値維持義務）が発生すると判示している。これは契約上の合意を要することなく，担保価値維持義務を承認するようにもみえるため，平成18年判決を平成11年判決と同じ流れで理解するならば，担保価値維持義務の根拠・性質は契約や信義則とは異な

るようにもみえる。

　学説では，大正時代から質入債権の価値を維持すべき義務が承認され，その後の学説
も，多くが**拘束力**などの概念を用いて，この義務を権利質権の効力に位置付けてきた。
権利質権は質入債権の占有を要件としないため，その効力の本質は**優先弁済的効力**である。**優先弁済的効力**の実現・確保にむけて質入債権の価値を維持すべき制約（拘束）が
設定者に課されるとすれば，この制約こそが担保価値維持義務とは言えないだろうか。
もっとも，動産質権や不動産質権の**留置的効力**に対応するものとして，債権質権にも質
入債権の行使を制約する効力を認め，この効力との関係で担保価値維持義務を説明しよ
うとする学説も登場しており，この問題につき議論の進展が待たれる。

④　処　　分

　債権質権の場合にも**転質**が認められるが，質入債権の引渡しが観念されない
ため，転質は設定契約の締結だけで成立し，その対抗要件は原質権設定者（原
債務者）への通知またはその承諾である（民364条）。

3　特別法上の権利質権

①　知的財産権を目的とした質権

　(1)　産業財産権を目的とした質権　　**知的財産権**とは，特許権，実用新案権，
育成者権，意匠権，著作権，商標権その他の知的財産に関して法令により定め
られた権利等であり（知的財産基本法2条2項），これらのうち，特許権，実用新
案権，意匠権，商標権などを**産業財産権**と呼ぶ。その一例として，特許権を目
的として設定される質権（特許法95条）をみると，この質権の設定は登録が効
力要件であり（同法98条1項3号），登録が対抗要件も兼ねると理解される。こ
の質権は権利を表章する**証書（有体物）**の存在が全く前提となっていない（**要
物性**を欠く）。しかも，質権者は契約で別段の定めをしていないならば，当該
特許権の対象となる発明を実施できないので（同法95条），特許権の権能は設
定者が有する。すなわち，この質権は実質的に担保の客体を占有しない（抵当
権のような）**非占有担保物権**と同視できる。よって，特許権を目的とした質権
は**無体物**に対する**留置的効力**はなく，**優先弁済的効力**のみが認められ，特許権
などについて，その対価などが払渡しまたは引渡し前に差し押さえられた場合，

物上代位ができる（同法96条）。

(2) 著作権などを目的とした質権　著作権法には各種の権利を目的として質権を設定する制度が存在している（著作権法66条・87条，なお，103条が66条を準用）。ここでは著作権に絞ってみると，この権利を目的とした質権は設定契約の締結だけで効力を生じ，登録が対抗要件である（同法77条2号）。このように，著作権を目的とした質権も**証書（有体物）**の存在が前提となっておらず，また，設定契約で別段の定めがない限り，設定者が著作権の行使を継続できる（同法66条1項）。したがって，この質権も**非占有担保物権**（抵当権）に近い様相を呈し，**要物性**は失われている。よって，この質権も**無体物**である著作権に対する**留置的効力**はなく，**優先弁済的効力**が中心となるので，著作権者が受けるべき金銭その他の物を支払いまたは引渡し前に差し押さえたならば，**物上代位**することができる（同法66条2項）。

② **株式を目的とした権利質権**

(1) 株券発行会社の株式質入れ　**株式**とは，会社に対する社員の地位を細分化したもので，株式を対象（客体）とした質権が会社法上に存在する。会社法214条は「株券を発行する旨を定款で定めることができる」と規定し，会社は**株券**を発行しないことが原則で，定款（会社組織についての規則）の定めによって例外的に株券を発行することになっている。そこで，例外的に株券を発行する会社の株式には，株券（有体物）が存在する。この場合，株券の交付（占有移転）が質権設定の効力要件であり（会社146条2項），移転された株券の継続占有が対抗要件となる（会社147条2項）。この質権は効力要件・対抗要件ともに，株券（**有体物**）の存在とその占有が要求され，**要物性**が維持される。この**権利質権**も質権である以上，**優先弁済的効力**が認められ（会社法上に規定が存在しないので，一般法である民362条2項・342条に基づいて認められる），**競売**（民執190条・192条）や物上代位も可能である（会社151条1項）。

(2) 株券不発行会社の株式質入れ　(a) 会社法上の権利質権　株券が発行されていない会社の株式質入れは，(b)の**振替制度**を採用しないならば，当事

270

者の意思表示のみで効力を生じる（会社法に規定がないので，契約の締結によって設定されるという民法上の権利質権の原則に戻る）。質入れは，質権者の氏名などを株主名簿に記載などしなければ，対抗要件を満たさない（会社 147 条 1 項）。このように，名簿への登録を必要とする質権は**登録株式質**と呼ばれ，有価証券（**有体物**）の存在を前提としていないので，**要物性**を欠く**権利質権**といえる。その効果は主に**優先弁済的効力**が認められ（民 362 条 2 項・342 条），その実現は譲渡命令・売却許可命令など（民執 193 条・161 条 1 項）や**物上代位**による（会社 151 条・154 条 1 項）。

　　（b）　振替制度を利用した権利質権　　会社が株券を発行していない場合は，振替制度を利用することも可能である（社債，株式等の振替に関する法律［以下，振替法］128 条 1 項）。この場合は株券が存在しないので，質権者が一定の機関に開設した自己の口座に，質入れの記載・記録をすることが効力要件となる（振替法 141 条）。この記載・記録によって，質権が誰に発生・帰属するのか明確となり，同時に対抗要件の機能も充足される。この質権も株券（**有体物**）の存在を欠き，**要物性**を失っているので，主に**優先弁済的効力**が認められ（民 362 条 2 項・342 条），この効力の実現は基本的に債権その他の財産権についての担保権の実行方法に従う（振替法 280 条・民事執行規則 180 条の 2 第 2 項・民執 193 条 1 項前段・194 条）。

③　その他の特別法上の権利質権

　社債（会社 2 条 23 号）に関しても株式と同種の制度が用意されている（社債不発行の場合につき会社 693 条 1 項，同法 694 条および振替法 74 条のほか，社債発行の場合につき会社 692 条・693 条 2 項）。

　また，**電子記録債権**（電子記録債権法 2 条 1 項）に質権を設定する場合，その記録が効力要件とされる（同法 36 条 1 項）。この制度は，前述の株式や社債に関する振替制度において，質権の設定が口座への記載・記録を効力要件としたこと（振替法 74 条・141 条）と同様に，記録をもって効力要件としているので，対抗要件に関する明文規定は存在していない。もっとも，請求の順に電子的に記録され（電子記録債権法 8 条 1 項），記録の名義人が電子記録債権を対世的かつ適法

に有するものと推定されることから（同法9条2項），対抗要件類似の優劣規範が示されている。このように，電子記録債権を目的とした質権は証書や証券などを要せず，**要物性**が認められない。したがって，電子記録債権を目的とした質権の効力は**優先弁済的効力**のみが認められる（同法36条3項・民342条）。

 Topics

質権の変化とその見直しの必要性

　本文でみたように，権利質権は民法・特別法を通じて有体物の存在を前提としない非占有的な性格となりつつあり，権利質権は**非占有担保物権**（抵当権）に接近している。同時に，抵当権も質権に接近しているようにみえる。前述の【Case】で示した最大判平11・11・24に加え，最判平17・3・10（民集59・2・356）は，いずれも本来，**非占有担保物権**である抵当権の事案で，抵当権者に抵当目的物（不動産）を占有する余地を認めている。

　これまで質権と抵当権は区別され，担保客体の占有や占有を前提とした留置的効力が区別の指標となってきたが，質権と抵当権に接近がみられるならば，もはや，これらを占有の有無や留置的効力の有無によって厳格に区別することは難しいともいえる。実際，日本の質権制度の基礎となったフランスの担保物権制度は，いまでは有体の動産，無体の動産（ここに債権などを含む）および不動産という担保客体の性質によって各種の担保物権を分類することを主とし，占有の有無は「大きな分類視点」としては捨て去られた。

　このような権利質権の変化を受け止めるならば，現在の日本も，質権全体にわたって，占有（それを前提とした留置的効力）の位置づけや評価を見直すべきではないか。なぜなら，占有や留置的効力は，民法345条の趣旨，質物返還と質権の効力，権利質権の効力と**担保価値維持義務**など，質権の様々な問題点と関連し，質権制度全体のあり方に深くかかわるからである。このような変化に即した見直しは，日本の担保の原型ともいわれる質権制度をより活用可能なものとすることと深く関連するように思われる。

　なお，現在進行中の担保法改正では，本章第3節の2③(3)で述べた課題などが検討の対象として取り上げられている。

第7章 抵　当　権

POINT

■ 抵当権は，債権者が，債務者・物上保証人の不動産について，その占有を移転することなく，不動産の交換価値のみを把握して，不動産の競売代金から優先的に弁済を受けられる約定担保物権である。

■ 抵当権の効力は，抵当不動産のみならず，従物をも含む付加一体物におよぶほか，物上代位によって，抵当不動産の価値変形物・代替物である，売却代金，賃料，損害賠償金，火災保険金などにもおよぶ。

■ 抵当権には，不法占拠などによって抵当不動産の交換価値が減少して被担保債権の満足が得られなくなるおそれがある場合，妨害排除請求や損害賠償請求が認められる。

■ 抵当権が，同じ所有者である土地または建物（あるいは双方）に設定された後，実行・競売されて，土地と建物がそれぞれ別々の所有者のものになったときには，建物存続のために土地に法定地上権が成立する。

■ 抵当権には，一つの債権の担保として複数の不動産の上に設定する共同抵当，継続的取引から生じる不特定多数の債権を極度額まで一括して担保する根抵当などがある。

1 ｜ 序

1　抵当権とは何か

　抵当権とは，債権者が，自己の債権の引当て（担保）として，債務者または第三者の不動産について，その不動産の占有を移転することなく債務者等の手元にとどめたままで，他の債権者に先立って自己の債権の弁済を優先的に受けることができる権利である（民369条1項）。

　たとえば，債権者A（貸主）が，債務者B（借主）に1000万円を貸し付ける際に，Bが借金を返済できなくなった場合に備えて，Bに対する貸金債権の引当て（担保）として，B所有の土地に抵当権を設定する場合である。Aは，B

の借金の返済が滞った場合には，裁判所に申し立てて抵当権を実行することにより，Bの土地が競り売りされて競落人が支払った競売代金から，他の債権者に先立って優先的に配当を受けて，自己の債権の満足を得られるのである。

　通常，他に債権者がいた場合には，**債権者平等の原則**によって，債権額に応じて平等に配当を受けることになるが，Aが抵当権を設定していれば，Aは，自己の債権を満足させるまで，優先的に弁済を受けることができる。例として（図表7-2），A以外に二人の債権者CとDが債務者Bに対して各々500万円の債権を有していた場合に，Bの土地が1000万円で競落されたならば，通常，債権者平等の原則により，債権者ACDは，それぞれ500万円，250万円，250万円で配当を受けることになる（1000万：500万：500万＝2：1：1の割合）が，Aが抵当権を有していれば，担保の土地については，他の債権者CDに優先して，1000万円の配当を丸ごと受けて自己の債権を満足させることができるのである（**抵当権の優先弁済効力**）。したがって，銀行などの金融機関では，30年の住宅ローンなど多額の融資を行う場合，万が一のときに，確実に債権が回収できる抵当権を債務者所有の不動産に設定することがよく行われている。

　この場合，抵当権が設定された不動産は，債権者Aに引き渡されることはなく，債務者Bがそのまま占有し，その利用を継続できるので（**不動産の占有移転がない**），Bにとって利便性があるとともに，Aも不動産の占有移転を受けて返済が終了するまで不動産を管理する手間が省けるのである。

　また，抵当権は，債務者以外の第三者の不動産に設定することもできる。たとえば，叔父Eが，甥Bの借金の引当てに，自己の不動産に抵当権を設定する場合であり（図表7-1右図），Eは，他人であるBの債務を自己の所有不動産で肩代わりして担保することから，第三者であるEは，**物上保証人**と呼ばれている。一般の保証人は，保証人自身が保証債務を負う（したがって，不動産だけでなく，動産や預金など，保証人のすべての財産が引当てになる）のに対して，物上保証人は，抵当権を設定した不動産に対して担保設定者としての責任を負うのみで，その他の財産に対して追及されることはない。つまり，Bが債務を弁済しない場合に，債務者の債務の引当てとして，Eは，当該不動産に限って

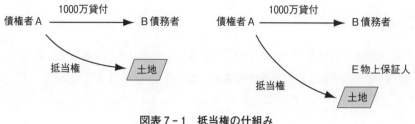

図表 7-1　抵当権の仕組み

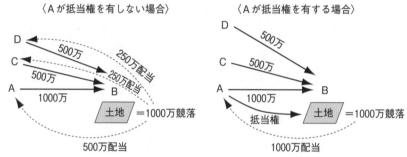

図表 7-2　債権者平等の原則と抵当権を有する債権者の優先弁済受領

物的負担を負うにすぎないのである。Ｅは，抵当権が実行され不動産が競売されると，所有権を失うことになるが，Ｅは，あくまで他人であるＢの債務を代わって自己の不動産によって弁済したにすぎないから，一般の保証人と同様に，Ｂに対して求償権を行使できる（民372条・351条）。

　抵当権は，債権者と債務者等の間の抵当権設定契約によって成立する**約定担保物権**である点で，質権と共通し，留置権や先取特権のような，法律によって設定される**法定担保物権**とは異なる。一方で，抵当権の場合は，債務者（借主）が，担保の対象である自己の土地を債権者（貸主）に引き渡すことなく，そのまま占有（利用）できる点で，担保の目的である質物を債権者に引き渡さなければならない質権とは異なる。すなわち，抵当権は，目的物を債務者などの設定者の手元にとどめて，そのまま使用収益を維持させることから，債権者（抵当権者）が目的物の交換価値だけを把握する**価値支配権**といわれている。

2　抵当権の性質

　抵当権は，債権者が，目的物を占有することなく，目的物の交換価値のみを直接排他的に支配する**約定担保物権**として，以下の性質を有する。

① 付 従 性

　あくまで債権の引当て（担保）として設定されるものであるから，債権のないところに抵当権は認められない（債権なくして抵当権なし）。したがって，債権がもともと成立していなければ，抵当権も成立しないし（**成立の付従性**），債権が弁済等によって消滅すれば，抵当権も消滅する（**消滅の付従性**）。ただし，根抵当においては，付従性は，大幅に緩和されている。

② 随 伴 性

　債権が同一性を失わずに他人に譲渡されたときには，抵当権もこれに随伴して移転する（大判大 4・10・4 民録 21・1578）。ただし，根抵当には，その責任の重さから随伴性がなく，また，物上保証人の場合には，債務者との人的つながりから，物上保証人の同意がない限り随伴しないとされている。

③ 不可分性（民 372 条・296 条）

　抵当権は，債務すべて（全額）の弁済があるまで，目的物全部の上に効力を及ぼす。すなわち，債務の一部の弁済によっても，抵当権は消滅せず，登記は，抹消または変更されない（大判明 42・3・12 民録 15・263，大判明 39・6・29 民録 12・1053）。

④ 物上代位性（民 372 条・304 条）

　抵当権の目的物が，他への売却，賃貸，滅失または損傷によって，債務者が受けるべき代金，賃料，損害賠償請求権，火災保険金請求権等のように，形を変えても，債権者は，これらに対して抵当権を行使できる。抵当権は，目的物

の交換価値を把握しているから，目的物が他のものに変形しても，交換価値が残っている限り，目的物の代わりのもの（代替物）に，抵当権の効力が及ぶのである。

2　抵当権の設定

1　抵当権設定契約と担保される債権（被担保債権）

　抵当権は，債権者と抵当権設定者（債務者または物上保証人）との間で，抵当権設定者の所有不動産に抵当権を設定する契約（抵当権設定契約）を締結することによって成立する（**約定担保物権**）。すなわち，目的物の引渡しを必要とせず，当事者の意思表示のみによって成立し，口頭の約束でもよいとされている（不要式契約かつ諾成契約）。ただし，不動産物権としての抵当権を他の第三者に主張するためには，対抗要件としての登記を必要とする（民177条）。

　抵当権の対象は，民法上は，不動産（土地およびその定着物）のほか，地上権および永小作権（民369条1項・2項）であるが，特別法上の採石権（採石4条3項），採掘権（鉱13条），立木（立木2条），漁業権（漁業24条）のほか，登記した農業用動産・建設機械・船舶，登録した自動車・航空機などである。

　また，担保される債権（**被担保債権**）は，通常，特定の一口の金銭債権であるが，一口の金銭債権のうち一部を担保する抵当権の設定も認められ（たとえば，1000万円の債権のうち500万円を担保とする抵当権），また，一定の範囲に属する不特定の債権を極度額の限度において担保する**根抵当権**も認められている（民398条の2以下）。

2　抵当権の対抗要件としての登記

　抵当権は，不動産物権であるから，民法177条の適用があり，抵当権の得喪および変更（設定や譲渡など）は，登記をしなければ第三者に対抗できない。

　抵当権は，目的不動産を，抵当権者（債権者）が引渡しを受けずに，抵当権

設定者（所有者である債務者または第三者）が占有しているまま（現状に変更はない）であるため，抵当権の存在が明らかではなく，他の債権者にとって不意打ちとなる可能性がある。そのため，抵当権は，権利の公示が可能なもの，原則として，登記制度を備える不動産（地上権・永小作権等を含む）の上にのみ設定できるのである。しかし，未登記の抵当権であっても，当事者間では有効であり，当事者以外の第三者に対抗できないだけである。したがって，未登記の抵当権も実行・競売でき，競売開始決定による差押登記がなされた後，利害関係を有する第三者が現れた場合には，その差押えの効力が優先するので，抵当権者は第三者に対して優先弁済権を主張できる（最判昭25・10・24民集4・10・488）。

　抵当権の登記の内容は，権利に関する登記の登記事項（不登83条）のほか，債権額，債務者の氏名または名称および住所（同条），利息や損害賠償額等（同88条）である（図表7-3）。後の債権者は，登記を見れば，抵当権者である債権者の債権額と利息等を把握できるため，その分を差し引いても不動産の担保価値が残っていると判断すれば，その残存価値を引当てに債務者に貸付けを行い，重ねて抵当権を設定することができる。抵当権の順位は，登記の前後によって決する（民373条）から，後に登記した債権者は，後順位の抵当権者となり，先順位の抵当権者に劣後する（抵当権が実行された場合，配当金は，先順位の抵当権者に優先的に配当されて，残額が後順位の抵当権者に配当される）。

　なお，無効となった**登記の流用**が認められるかの問題がある。たとえば，Aの抵当権が債務者Bの弁済によって消滅したが，抵当権の登記が抹消されずに残っていたので，Bが別の債権者Yから融資を受けるに際して，登録免許税の節約のため，この登記をYの抵当権に流用した場合（手続としては，AからYに抵当権の譲渡の付記登記がなされる），Yは，Bから目的不動産を譲り受けた第三者取得者や後順位抵当権者などのXらに対して，流用登記を対抗できるか。判例は，後順位抵当権者の順位上昇の利益保護等から，登記流用抵当権者は，登記の流用前に登場した第三者に対しては，流用登記を対抗できない（大判昭8・11・7民集12・2691）が，登記の流用後に登場した第三者に対しては，

図表 7 - 3　抵当権の登記

権利部（乙区）　（所有権以外の権利に関する事項）			
順位番号	登記の目的	受付年月日・受付番号	権利者その他の事項
1	抵当権設定	平成 28 年 1 月 10 日 第 50155 号	原因　平成 28 年 1 月 10 日金銭消費貸 借同日設定 債権額金 1 億円 利息　年 8%（年 365 日日割計算） 損害金　年 9%（年 365 日日割計算） 債務者　東京都文京区○町○番○号 　　　　　　　　抵 当 太 郎 抵当権者　東京都新宿区○町○番○号 　　　　　　　　△△銀行 共同担保　目録（も）第 5011 号

　第三者が抵当権の負担付きの土地であることを前提に抵当権の被担保債権額相当額を控除した金額で買い受けたときには，流用登記を対抗できるとしている（大判昭 11・1・14 民集 15・89）。

3 ┃ 抵当権の効力

1　優先弁済受領の効力

　債務者が，弁済期が到来しても債務を弁済しないときは，抵当権者は，抵当不動産から債権の優先弁済を受けることができる（民 369 条 1 項）。すなわち，抵当権を有する債権者は，登記を経由していれば，担保を持たない一般債権者に常に優先して抵当不動産から弁済を受けることができ，また，登記が先順位の抵当権者は，後順位の抵当権者に優先し，同順位の抵当権者の間では，債権額に比例して配当を受ける。なお，先順位抵当権が弁済その他の事由で消滅したときは，後順位抵当権者の順位が昇進する（**順位昇進の原則**）。

　抵当権と他の担保権との関係について，不動産保存の先取特権と不動産工事の先取特権（民 325 条）については，登記がなされれば（民 337 条・338 条），これらの先取特権が抵当権に優先する（民 339 条）が，それ以外の先取特権については，先に登記がなされた方が優先する（民 336 条）。不動産質権についても同

様である（民361条・373条）。なお，特別法上の先取特権である国税・地方税との関係は，法定納期限等の到来以前に設定した抵当権は，これらに優先する（国税徴収16条，地税14条の10）が，それ以外は，国税等が，登記簿上に公示がないにもかかわらず，抵当権に優先する。

2　抵当権の効力の及ぶ範囲

　不動産に抵当権が設定された場合に，その効力は，抵当不動産本体に及ぶことは当然であるが，そのほかに，どの範囲まで及ぶのであろうか。たとえば，土地に抵当権を設定した場合に，土地に対する抵当権の効力は，土地上の建物，石垣，立木，庭石，石灯籠などにも及ぶか。また，土地が山林であれば土地上の立木を伐採した後の木材にも及ぶか。さらに，建物に抵当権を設定した場合に，建物に対する抵当権の効力は，建物内の畳，ふすま，その建物に引っ付いて建てられた増築部分などに及ぶか。また，建物のために設定された借地権にも及ぶかなどが問題となる。

① 付 加 一 体 物

　抵当権は，抵当地の上に存する建物を除き，その目的である不動産（抵当不動産）に付加して一体となっている物に及ぶ（民370条本文）。第1に，抵当権が土地に設定された場合，わが国においては，その土地上の建物は，土地とは全く別個で独立の不動産であるから（民86条1項），土地の抵当権の効力は，土地の上の建物には及ばない。同様に，建物に設定した抵当権の効力も，建物の下の土地には及ばない。第2に，抵当権の効力は，抵当権を設定した不動産に付加して一体となった物（**付加一体物**）には及ぶ。**付加一体物**とは，広く経済的に不動産と一体をなしてその効用を助けるものである。

　(1)　**付合物**　　**付加一体物**には，まず，不動産の**付合物**（民242条）が含まれる。**付合**とは，所有権を異にする二つ以上の物が結合して，これらを分離することが社会経済上不利益な状態にあることである。つまり，損傷するか過分の費用を費やさなければ，分離・復旧できない程度に付着・合体している物で

ある。たとえば，土地の作物，立木，土地を補強した石垣，取り外しの困難な庭石，建物の増築部分，風呂場のタイル貼り付け，台所やトイレのリフォームなどは，土地または建物に引っ付いて分離すべきでないものであり，これらは，すでに不動産の一部（構成部分）となっているもの（強い付合）または一応の独立性はあっても分離すべきでないもの（弱い付合）といってよい。不動産の**付合物**については，**付加一体物**として，抵当権の効力が及ぶことに争いがない。ただし，例外がある（後述）。

　(2)　**従物**　　次に，不動産の**従物**（民87条）がある。**従物**とは，各々別個独立した二つの物のうち，主たる物（**主物**）の経済的効用や用益性を補っている，従たる物をいう。**従物**は，主物とは別の独立した物として，本来分離して処分できるが，**主物**との効用の一体性等から，民法87条2項によって一体的に処分されるものである。たとえば，土地の**従物**として，取り外しのできる庭石，運ぶことのできる石灯籠，建物の**従物**として，畳・建具（ふすま・障子など），建物に隣接している物置などである。判例は，①**抵当権設定前の従物**については，抵当権の効力は，構成部分に及ぶことはもちろん，抵当目的物の常用のために付属せしめられて経済的一体となっている従物に及ぶとし，主物に対する抵当権設定登記をもって，従物にも対抗力を有すると判示している（Case 参照。最判昭44・3・28民集23・3・699［石灯籠・庭石従物事件］，最判平2・4・19判時1354・80［ガソリンスタンド従物事件］。なお，大審院では，抵当権設定当時の従物は，民法370条の付加一体物には含まれないが，民法87条2項の「従物は，主物の処分に従う」を根拠として，同様の結論を導いていた──大連判大8・3・15民録25・473）。これに対して，②**抵当権設定後の従物**について，最高裁の立場は，未確定とされている。ただし，大審院においては，抵当権の効力は，抵当権設定後の従物には及ばないとする一方で（大判昭5・12・18民集9・1147。ただし，雨戸・扉その他の建物の内外を遮断する建具類については，構成部分として肯定した），抵当権設定後に建物に増築された茶の間は従物であり，抵当権の効力は及ぶとする判例があり（大決大10・7・8民録27・1313），また，下級審では，抵当権設定前後に，劇場兼キャバレーの建物に，舞台照明器具・音響器具・その他8億円に及ぶ動産が付加された事案に

ついて，すべての従物に抵当権の効力が及ぶとした判例（東京高判昭53・12・26
下民集29・9＝12・397［劇場設備従物事件]）がある。以上から，判例は，総じて，
抵当権設定の前後にわたって付加された従物に，抵当権設定当事者間での特段
の合意がない限り，抵当権の効力が及ぶとの立場が優勢であると評価されてい
る。学説の多くは，付加一体物を経済的効用の観点から広く一体的にとらえ，
従物は，民法370条の付加一体物に含まれ，抵当権設定の前後を問わず従物に
も抵当権の効力が及ぶとしている。しかし，抵当権設定前に存在する従物につ
いては，抵当権者は，従物の価値を含めて抵当不動産を評価するであろうが，
抵当権設定後に設置された従物については評価の対象外である。この点を踏ま
えて，従物は，独立した一個の所有権の対象であるから，当然に抵当不動産に
吸収されるわけではないこと，抵当権設定当時にはなかった高価な従物にも抵
当権の効力が及ぶとすると，抵当権者が当初予想した以上の担保価値を手に入
れる一方で，他の一般債権者の債権の引当てになる責任財産が減少する結果と
なることから，抵当権設定後の従物に関しては，抵当権の効力を当事者の合理
的予測の範囲内にとどめるべきとする見解や，従物が主物に比して極端に高額
な場合には，抵当権の効力は及ばないとする見解がある。

（3）効力が及ばない例外　　なお，付加一体物に該当しても，抵当権の効力
が及ばない例外が4つある。第1に，他人が権原によって不動産に付属させた
付合物には，及ばない（民242条ただし書，大判大6・4・12民録23・695）。たとえば，
土地の賃借権者が作付して収穫する野菜・果物等である。第2に，抵当権設定
契約に別段の定めのあるときである。たとえば，土地に抵当権を設定しても，
庭の名木である数本について抵当権を及ぼさない特約がある場合などである
（民370条ただし書。ただし，不動産登記法88条1項4号により抵当権の付記登記として別
段の定めを登記しなければ対抗できない）。第3に，対抗力のある**立木法による登記**（立
木法2条3項による登記であって，前述の抵当権の登記事項ではない）または**明認
方法**（所有者名記載の立札・墨書・焼印など）を施した立木である。第4に，付
加一体物を抵当不動産に付加させることが詐害行為に該当する場合である（民
370条ただし書）。たとえば，債務者が，一般財産に属する高価な貴金属を抵当

不動産の建物の壁に埋め込む行為や一般財産を使って工作物を付加する行為である。抵当不動産は，価値が増加し抵当権者は利益を受ける一方，他の一般債権者は害されるが，付加行為は，法律行為ではなく事実行為であって，民法424条による取消対象にはならず，一般債権者は，詐害行為取消権を行使できないため，抵当権者以外の一般債権者を保護するために，抵当権の効力を及ぼさないとしたのである。

Case

抵当権の効力は従物に及ぶか（抵当権設定前の従物）

　債務者Sの担保としてA（物上保証人）の宅地と建物に根抵当権を設定したXが，Aが庭園を整えるため根抵当権設定前に設置した石灯籠，庭石，植木等を差し押さえたAの債権者Yに対して，第三者異議の訴えを提起した事案について，前掲最判昭44・3・28は，「本件石灯籠および取り外しのできる庭石等は本件根抵当権の目的たる宅地の従物であり，本件植木および取り外しの困難な庭石等は右宅地の構成部分であるが，右従物は本件根抵当権設定当時右宅地の常用のためこれに付属せしめられていたもの」であり，「本件宅地の根抵当権の効力は，右構成部分に及ぶことはもちろん，右従物にも及び（大連判大8・3・15民録25・473），この場合右根抵当権は本件宅地に対する根抵当権設定登記をもって，その構成部分たる右物件についてはもちろん，抵当権の効力から除外する等特段の事情のないかぎり，民法370条により従物たる右物件についても対抗力を有する」と判示した。

　また，借地上に所有するガソリンスタンド店舗建物に設定された根抵当権を実行したXが，建物及び地下タンクを含む諸設備を占有するYに対して，建物および諸設備の引渡し等を求めた事案について，前掲最判平2・4・19は，「本件諸設備はすべて右賃借地上又は地下に近接して設置されて本件建物内の設備と一部管によって連通し，本件建物を店舗とし，これに本件諸設備が付属してガソリンスタンドとして使用され，経済的に一体をなし」，「地下タンク，ノンスペース型計量機，洗車機などの本件諸設備は本件根抵当権設定当時借地上の本件建物の従物であり，本件建物を競落したXは，同時に本件諸設備の所有権をも取得した」との原審判断を是認した。

---

② 土地上の建物・借地権

　前述のように，抵当権が土地に設定された場合，わが国においては，その土地上の建物は，土地とは全く別個で独立の不動産であるから（民86条1項），土地の抵当権は，土地の上の建物には及ばない（民370条本文）。同様に，抵当権

が建物に設定された場合も、建物の抵当権の効力は、その建物の下の土地には及ばない。他方、抵当権が敷地利用権のある建物に設定された場合、建物の抵当権の効力は、その建物の従たる権利である**敷地利用権**に及ぶ（地上権につき、大判明33・3・9民録6・3・84、賃借権につき、大判昭2・4・25民集6・182）。たとえば、建物の存立のために、土地に借地権が設定されていた場合、建物に設定された抵当権の効力は、その土地の利用権である借地権に及び、競売による建物の買受人は、建物の所有権を取得するのはもちろん、建物存立のための借地権をも取得することになる。なぜならば、建物を所有するために必要な借地権は、建物に付随し、これと一体になって一つの財産的価値を形成しているからである（最判昭40・5・4民集19・4・811）。

③ 果実（天然果実・法定果実）

抵当権は、目的物の使用・収益を抵当権設定者（債務者・物上保証人）から奪わない（目的物の占有は、抵当権設定者から動かない）ことが特徴であるから、抵当権の効力は、原則として、目的物の果実には及ばない。果実は、目的物の使用・収益の結果だからである。しかし、債務者が借金を返済しないなど、その担保する債務について、不履行があったときには、抵当権の効力は、債権者が担保不動産収益執行を申し立てれば、債務不履行後に生じた抵当不動産の果実について及ぶ（民371条）。この果実について、判例上、**天然果実**（果物、稲立毛など）については、抵当権の効力が及び、**法定果実**（賃料、地代など）には、及ばないとされていたが、平成15年改正によって、両方の果実を含むとされた。後述するが、結果的に、抵当権について、民法は、不動産収益執行による優先弁済権と賃料に対する物上代位の併用を承認するものとなった。

④ 抵当不動産から分離されたもの

付加一体物が抵当不動産から分離された場合に、抵当権の効力は、その分離物に及ぶかの問題である。たとえば、山林である土地に抵当権を設定していた場合に、山林を伐採して土地の上に保管した後、運搬車に積載して搬出し、第

三者に引き渡した場合である。山林は，多くの木が存在するので担保価値があるとされていることから，どの程度の伐採であるか，どの段階までであれば，抵当権の効力が及び，抵当権に基づく物権的請求権により伐採物を取り戻し，抵当権の実行により競売できるかが問題となる。

　第1に，正当な利用の範囲内の伐採（必要な間伐など）は，抵当権が抵当不動産の使用・収益を抵当権設定者（債務者・物上保証人）に委ねていることから当然許され，抵当権の効力は及ばない。第2に，正当な範囲を超えて抵当不動産の交換価値を低めるような伐採・分離・搬出については，抵当権者は，抵当権の侵害として，伐採の差止め，搬出の阻止ができる（大判昭7・4・20新聞3407・15）。第3に，分離された目的物が，搬出されてもなお抵当権設定者の占有下にあるときは，抵当権に基づく物権的請求権の行使によって，山林上に取り戻すことができる。第4に，取引行為によって第三者にすでに引き渡されて，善意無過失の第三者が目的物を動産として**即時取得**した場合（民192条）には，即時取得の効果として，抵当権の効力は及ばず，取り戻すことはできないが，悪意または有過失の第三者である場合には，取り戻すことができる。以上は，抵当権が実行されて差押え・競売開始決定される前の場合であるが，それ以降は，差押え自体の効力によって，抵当権の効力は，すべてに及ぶと解すべきである（大判大5・5・31民録22・1083，大判大6・1・22民録23・14。ただし，第三者が善意取得する場合は除く）。なお，抵当権の実行着手前に崩壊した抵当家屋の木材については，不動産の性質を喪失した以上，抵当権の効力は及ばないとし，物上代位も否定した判例がある（大判大5・6・28民録22・1281）。

3　物 上 代 位

　抵当権は，その目的物が，売却，賃貸，滅失または損傷によって，抵当権設定者（債務者・物上保証人）が受けるべき金銭その他の物に対しても，行使できる（民372条・304条の準用）。抵当権は，抵当不動産を所有者である抵当権設定者の手元にとどめて，その交換価値を支配し，債務の弁済がないときには，優先的に弁済を受領できる権利であることから，その目的物が法律上または事

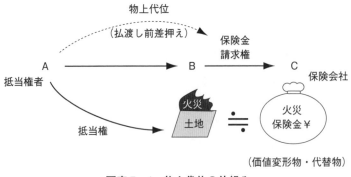

図表 7 - 4　物上代位の仕組み

実上形を変えた場合，その変形したもの（**価値変形物・代替物**）上にも効力を及ぼすことができる。これを**物上代位**という。たとえば，抵当不動産である建物が他人の放火によって全焼した場合，担保の対象である目的物が滅失したのであるから，本来，抵当権も消滅するはずであるが，抵当権者は，建物所有者である抵当権設定者が有する，放火者に対する不法行為に基づく損害賠償請求権（民709条）や，火災保険会社に対する火災保険金請求権に対して，抵当不動産に代わって，**物上代位**により，抵当権を行使できる。ただし，抵当権者は，これらの金銭が抵当権設定者に払渡しまたは引渡しされる前に差押えをしなければならない（民304条1項）。

[1]　物上代位の対象

（1）　**目的物の滅失，損傷による金銭等**　　　目的物の滅失，損傷によって抵当権設定者（債務者・物上保証人）が受けるべき金銭その他のものは，抵当権の効力が及んでいた目的物の身代わりとして取得されたもの（抵当不動産の**価値変形物・代替物**）であり，物上代位の典型例である。これらのものには，目的物を滅失，損傷させた不法行為者に対する損害賠償請求権に基づく金銭（大判大5・6・28民録22・1281，大判大6・1・22民録23・14），土地が国等に収用された場合の補償金や替地（収用104条，大判大4・6・30民録21・1157），土地改良法に基づ

く補償金・清算金（土地改良123条2項）のほか，建物の火災保険金などがある。火災保険金については，抵当権設定者は，抵当権設定契約とは別個の火災保険契約の対価として保険料を支払っていることから，物上代位を否定する見解もあるが，判例・通説は，抵当権設定契約の趣旨（抵当権者が抵当不動産の価値を把握する趣旨）や当事者間の公平（抵当権者が抵当権の消滅によって何ら利益を受けられない一方で，債務者が抵当権の負担を免れてかつ抵当不動産と同価値の保険金を取得するのは公平に反する）を重視するとともに，保険金が最後のよりどころになるという取引の実情も考慮し，保険金を抵当不動産の価値を代表するものとして，これに対して物上代位を認めている（大判明40・3・12民録13・265，大判大2・7・5民録19・609，大連判大12・4・7民集2・209）。

(2) **目的物の売買代金**　抵当権者Aは，抵当不動産が抵当権設定者Bから C（抵当不動産の第三取得者）へ売却された場合に，買主CからBに支払われた売買代金について，物上代位できる。抵当権は，動産の先取特権（民333条）とは異なり，追及効があるので，抵当不動産が売却されてCの所有となっても，いぜんとして抵当権の実行（競売）によって，優先弁済権を行使でき，さらには，代価弁済制度（302頁）もあることから，売買代金に物上代位を認める必要性は乏しいという見解もある。しかし，判例・通説は，売買代金に対する物上代位を認め，追及効行使との選択の自由を認めている（最判昭45・7・16民集24・7・965）。ただし，Aの債権が5000万円でCへの売買代金が3000万円である場合，Aが物上代位を選択して売買代金に対して行使すれば，抵当権は消滅し，残債権2000万円については，抵当権を行使することができず，無担保の一般債権となる。

(3) **目的物の賃料，用益物権の対価**　賃料や用益物権（地上権，永小作権など）の対価（地代，小作料等）は，抵当不動産を他人に使用させた対価であり，不動産から派生して生じたものであって，抵当不動産そのものの**価値変形物・代替物**ではないが，物上代位が認められている（保険金や売買代金等の**代替的物上代位**と区別して**付加的物上代位**とする見解やなし崩し的な交換価値の実現と解する見解がある）。抵当権の特徴は，目的物を抵当権設定者（債務者・物上保証人）

の手元にとどめて利用させる点にあるから，抵当権設定者が，目的物を他に賃貸・使用させて，その対価である賃料・地代等を得ることも利用の一形態であり，これに対して物上代位を認めることは，抵当権の趣旨に反するとも考えられる（実際，学説には批判がある）。しかし，判例は，賃料に物上代位を認めても，抵当権設定者の目的物に対する使用を妨げることにならないこと，民法372条の規定に反してまで賃料に抵当権を行使できないと解すべき理由はないとして，先取特権と同様に，賃料に関して抵当権の物上代位を認めている（最判平元・10・27民集43・9・1070）。

ただし，目的物の賃借人Cがさらに他の者Dに転貸した場合の転貸借賃料については，物上代位できないとした判例がある（最決平12・4・14民集54・4・1552）。すなわち，判例は，賃借人（転貸人）Cは，賃貸人である抵当権設定者Bのように，被担保債権の履行について抵当不動産をもって物的責任を負担するものではなく，自己に属する転貸債権を被担保債権の弁済に供されるべき立場にはないから，民法372条準用の民法304条1項の「債務者」には，濫用的事例を除いて，賃借人（転貸人）Cは含まれないとして，転貸借賃料に関する物上代位を否定したのである。なお，賃貸人である抵当権設定者Bは，転借人Dに対して直接賃料請求権を有し（民613条1項），転貸賃料に対する先取特権を有する（民314条）ことから，賃料債権に対する物上代位を認めることで足りることも否定した理由であろう。

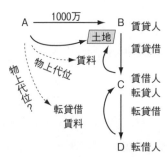

図表7-5　賃料・転貸借賃料に対する物上代位

② 払渡しまたは引渡し前の差押え

　抵当権者は，物上代位を行使するためには，目的物の売却，賃貸，滅失または損傷によって得られる金銭等が抵当権設定者（債務者・物上保証人）に払渡しまたは引渡しされる前にこれらを差し押さえなければならない（民372条による民304条準用）。この差押えは，抵当権者自らが行わなければならないか，または，他の債権者による差押えでも，抵当権者が配当要求すれば，優先弁済を受けることができるか。判例は，家屋焼失による火災保険金請求権について，一般債権者が差押え・転付命令を得た後，抵当権者が同債権に差押え・転付命令を得た事案について，①抵当権は，元来目的物の滅失によって消滅するはずであるが，抵当権の保護のために，法がとくに物上代位を特則として認めている（**特権的効力**）ことから，抵当権者自らがその優先権確保のために差押えしなければならない，②他の債権者が先に差押え・転付命令を受けて第三債務者に命令が送達されれば，差押債権は弁済されたものとみなされ，差押え・転付債権は差押債権者に移転して債務者に存在しない債権となることから，抵当権者がもはや差押えすることはできないし，物上代位を認めるべき理由がないとして，物上代位を主張するためには，抵当権者が他の債権者に先がけて自ら差し押えなければならないとし，他の債権者の差押えに対する単なる配当要求では足りないとしている（大連判大12・4・7民集2・209「福寿火災保険事件」，最判平13・10・25民集55・6・975，最判平14・3・12民集56・3・555）。ただし，他の債権者が物上代位の目的債権に対して差押えをした段階では，民304条の抵当権設定者に「払渡し又は引渡し」があったとはいえず（差押えは，債務者の処分を禁止するだけである），抵当権者は物上代位を行使でき（最判昭59・2・2民集38・3・431，最判昭60・7・19民集39・5・1326），他の債権者が転付命令を得た場合には，「払渡し又は引渡し」があったのと同視されるものの（前掲大連判大12・4・7），転付命令（債権の委付＝法定譲渡）の効力が生ずる第三債務者への送達までは，抵当権者がこれを差押えすれば，物上代位を行使できるとされている（前掲最判平14・3・12）。なお，債権譲渡は，抵当権設定者への「払渡し又は引渡し」に含まれず，抵当権者は，物上代位の目的債権が抵当権設定者から譲渡されて対

抗要件が備えられたとしても，自ら目的債権を差し押さえて物上代位を行使できる（最判平 10・1・30 民集 52・1・1）。

4 抵当権の侵害に対する救済

抵当権も物権の一種であることから，抵当権者は，抵当権に基づいて妨害排除請求や不法行為による損害賠償請求ができるはずである。しかし，抵当権は，所有者である抵当権設定者に抵当不動産を占有させ，その使用収益を任せているのであり，第三者による不法占拠等があっても，直接の被害者である抵当権設定者（債務者・物上保証人）が所有権に基づいて妨害排除を請求すれば足りるし，また，抵当権は，他の物権とは異なり，抵当不動産の価値を把握しているにすぎない権利であるから，侵害があってもその担保価値が残存していれば，抵当権者は，債権の満足を受けることができる。しかし，抵当権設定者が第三者による不法占拠に対して妨害排除請求権を行使しない，また，設定者自身が山林を伐採するなどして，抵当不動産の担保価値が減少して，抵当権者の被担保債権の弁済に満たない事態が生ずる場合には，抵当権に対する直接的な侵害として，抵当権者に，直接妨害の排除や不法行為による損害賠償請求を認める必要がある。

1 抵当権に基づく妨害排除請求

第三者が抵当不動産を不法に占拠しただけでは，抵当権が害されているとはいえず，妨害排除請求権は発生しないとした判例（大判昭 9・6・15 民集 13・1164，最判平 3・3・22 民集 45・3・268）があったが，最高裁は，後に判例を変更して，第三者が抵当不動産を不法占有することにより，競売手続の進行が害され適正な価額よりも売却価額が下落するおそれがあるなど，抵当不動産の交換価値の実現が妨げられ抵当権者の優先弁済請求権の行使が困難となるような状態があるときは，これを抵当権の侵害と評価することを妨げるものではないとして，民法 423 条の法意に従い，抵当権者に，所有者が有する不法占拠者に対する妨害排除請求権の代位行使を認めた（ただし，傍論ではあるものの，抵当権に基づ

く妨害排除請求自体も認めている）。さらに，判例は，抵当不動産の所有者から
賃借権等の占有権原の設定を受けて占有する者について，①抵当権設定登記後
に占有権原の設定を受けた者であり，②その設定には抵当権の実行としての競
売手続を妨害する目的が認められ，③その占有により抵当不動産の交換価値が
妨げられて抵当権者の優先弁済請求権の行使が困難となるような状態があると
きは，抵当権者は，占有者に対して，抵当権に基づく妨害排除請求を行使でき
るとした（最判平 17・3・10 民集 59・2・356）。

　また，山林上の抵当権について，判例は，かつて，抵当権に基づく競売開始
による差押えの効力として伐採の禁止等を認めていたが，抵当権自体の効力に
基づき，抵当権者が，妨害排除請求として，立木伐採の禁止，伐採木搬出の禁
止を求めた請求を認容している（大判昭 6・10・21 民集 10・913，大判昭 7・4・20 新
聞 3407・15）。このほか，たとえば，平成 15 年改正前民法 395 条ただし書によっ
て解除された短期賃貸借の登記（大判明 42・12・10 民録 15・933），無効な先取特
権の登記（大判大 4・12・23 民録 21・2173），消滅した先順位抵当権の登記（大判大 8・
10・8 民録 25・1859）など，不法登記の抹消請求を認めている。

② 抵当権侵害に基づく損害賠償請求

　抵当不動産が不法な加害行為によって損傷した場合には，抵当権者は，抵当
権に対する侵害として，加害者に対して直接損害賠償を請求できるか。判例は，
抵当権が目的物の価値を把握していることを理由として，将来抵当権が実行さ
れるときに，担保価値が減少して被担保債権の満足が得られなくなる見込みが
ある場合に限って，抵当権者に不法行為に基づく損害賠償請求を認めている（大
判昭 3・8・1 民集 7・671）。

　問題は，抵当権の実行前でも，抵当権侵害を理由として，損害賠償請求が認
められるかである。判例は，損害賠償金額の算定が可能であれば，抵当権実行
前でも賠償請求できるとし，被担保債権額に不足する限度で算定すべきとして
いる（大判昭 7・5・27 民集 11・1289）。なお，第三者の侵害に対しては，抵当権設
定者（債務者・物上保証人）である所有者も損害賠償請求権を有するので，抵

当権者の損害賠償請求権との競合関係が問題となるが，両者は，共に行使できるとされている（東京高判昭47・2・18判時661・42）。ただし，これに対しては，所有権者のみが請求権者であり，抵当権者には，物上代位を認めれば足りるとの見解もあるものの，競合を認めておいて，所有者の損害賠償請求権との調整を図る方が被害者救済に資するといえよう。

③ 期限の利益の喪失と増担保請求

　債務者が抵当不動産を滅失・損傷し，またはこれを減少させたときには，債務者は，期限の利益を失い（民137条2号），債権者である抵当権者は，期限を待たずに，ただちに弁済を請求できるし，抵当権も実行できる。

　さらに，民法に明文の規定はないが，抵当不動産の損傷・滅失の場合には，抵当権者は，特約の有無にかかわらず，抵当権設定者に対して，担保の追加または担保の代わり（追加担保・代担保）を請求できるとされている。

5　抵当権と利用権との関係

　抵当不動産に設定されている不動産利用権（地上権や賃借権など）は，抵当不動産が競売にかけられて競落人が買い受けると，買受人のもとで存続するのであろうか，それとも消滅するのであろうか。たとえば，土地に抵当権が設定された場合に，その土地上の利用権は抵当権の実行によってどうなるかの問題である。

① 抵当権設定登記前に設定された対抗力ある利用権

　抵当権設定登記前に設定された対抗力ある利用権（地上権や賃借権など）は，抵当不動産の競売によって影響を受けずに，買受人はこれらの負担を引き受けることになる（民執59条2項の反対解釈）。

② 抵当権設定登記後に設定された利用権

　抵当権設定登記後に設定された利用権（地上権や賃借権など）は，競売によっ

て消滅させられるのが原則である（民執59条2項）。

　しかし，不動産利用権が抵当不動産の担保価値にあまり影響を与えないのであれば，競売後も存続させて抵当不動産の合理的利用を図ることも望ましいこと（賃借人が存在する不動産の価値は通常低下する一方で，設定者の使用・収益権限は確保されるというバランス）から，平成15年改正前民法395条は，対抗力のない賃貸借でも，短期賃貸借（民602条）であれば，競売後の買受人にも対抗できるとしていた。

　ところが，抵当不動産の所有者から短期賃貸借の設定を受け占有することによって抵当権の実行を妨害するという詐害的・濫用的短期賃貸借が多く見られるようになり，制度そのものの弊害が主張された結果，平成15年の改正によって，短期賃貸借の保護制度は，全面的に廃止された。ただし，これに代わる制度として，建物賃借人に対する明渡猶予制度（民395条）と抵当権者の同意を登記した賃貸借の対抗制度（民387条）が創設された。

　(1)　建物賃借人に対する明渡猶予制度（民395条）　　賃貸借による抵当建物使用者は，その建物の競売による買受けの時から6ヵ月を経過するまでは，その建物を買受人に引き渡すことを要しない（同条1項）。建物の賃借人が，抵当権の実行によって，生活の本拠としていた建物をすぐに明け渡さなければならないとすると，生活に多大な悪影響を与えることになるので，次の移転先が決まるまでの期間として，引渡しまで6ヵ月の猶予期間を与えたのである。もっとも，本条の適用があっても，猶予期間中の占有者は，賃借権その他の占有権原を有するものではなく，建物の修繕請求等はできないし，賃借権に基づく賃料支払義務もないが，代わりに建物の使用対価として賃料相当額の不当利得返還義務を負うのであり，その対価の支払いがなければ，買受人からの催告により相当期間の経過後は，明渡しの猶予を受けることができなくなる（同条2項）。

　(2)　抵当権者の同意を登記した賃貸借の対抗制度（民387条）　　登記をした賃貸借は，その賃借権の登記前に登記をした抵当権を有するすべての者が同意をし，かつ，その同意の登記があるときは，その同意をした抵当権者に対抗できる。すなわち，抵当権設定後に，賃借権の登記がなされたとしても，これに

優先するすべての抵当権者が，賃貸借に同意し，かつ，その同意について登記がなされたときは，賃借人は，抵当権者に対抗できるとするものである。これは，抵当権者の予測を確保しつつ，抵当不動産の賃借人の地位の安定を図る目的で創設されたものであり，賃貸用オフィスビルのような物件を想定している。

6　法定地上権

1　意　　義

　法定地上権とは，土地とその上の建物とが同じ所有者に属している場合に，土地または建物の一方（あるいは双方）について抵当権が設定され，抵当権が実行・競売されることによって，土地と建物の所有者を異にするに至ったときには，法律上，土地に地上権が設定されたとみなされることをいう（民388条）。たとえば，土地と建物の所有者がAであったところ，A（借主）がBから借金をして債権者B（貸主）のために土地を担保として抵当権が設定された後，借金の返済ができなくなり，抵当権の実行・競売がなされてCが土地を買い受けると，Cの土地の上にAの建物が存在していることになる。これは，いわばCの土地の上に何らの権原なく勝手に他人であるAの建物がそのまま存在している形になるので，法律の規定（民388条）によって，地上権という土地の利用権（法が定める地上権＝**法定地上権**）を発生させるのである。また，逆に，建物に抵当権が設定された場合に，それが実行・競売されてCが建物の所有者となった場合も，Aの土地の上に他人であるCの建物が建っていることとなり，同じ問題が生ずるから，民法388条の規定によって，Cの建物のために**法定地上権**を発生させるのである。

　わが国では，日本独特の制度として，古くから土地と建物は，別個独立の不動産として扱われているから，抵当権が，土地と建物双方に設定されたり（共同抵当），一方のみに設定されたりすることによって，抵当権が実行・競売された結果，別々の所有者になると，土地の上に無権原で他人の建物がいわば乗っていることになり，そのままでは，土地所有者の請求があれば，建物所有者は，建物を収去して土地を明け渡さなければならなくなる。しかし，当事者の合理

的意思としては，競売の結果，別々の所有者となったときには，建物のために土地利用権が当然に生ずるものと予測していたともいえるし，また，土地の利用権を認めなければ，建物という高い価値の不動産を朽ちてもいないのに壊さなければならないことになり，国民経済上多大の損失となる。

　この事態を避けるためには，第1に，競売前から自己所有建物のための自己の土地利用権を設定できればよいが，現行法上は，土地と建物の所有者が別々であっても（通常建物のために何らかの利用権が存在する），売買等でたまたま双方が同一の所有者になった場合には，混同（民179条）により，その利用権は消滅してしまう。第2に，土地と建物が同一人の所有である場合に，混同の例外として，土地利用権である自己地上権または土地の自己賃借権を立法上認めておいて，これを設定した後でなければ，抵当権を設定できないとしておけばよいが，民法は，その制度を認めておらず，わずかに平成3年制定の借地借家法15条に，土地所有者が共有建物を建ててその敷地利用権を準共有するための自己借地権が認められているにすぎない（たとえば，地主が分譲マンションである区分所有建物を建設したが，敷地は分譲せず，各区分所有者に借地権を設定して，地主自らも数戸を所有した場合である）。すなわち，現在において，自己地上権・自己土地賃借権は，全く一般制度化されていないのであり，立法の不備ともいえるが，民法388条によって，法定地上権が認められ，さらには，同条の適用範囲を拡大している特別法（特別法による法定地上権として，立木法5条，工場抵当法16条1項など）や判例によって，建物（その所有者）が保護されている状況である。

　判例に関していえば，**法定地上権**が認められるか否かについて，さまざまな事例に関して多くの判例が存在するが，建物を保護し，社会経済上の損失を回避するという観点から法定地上権の成立を肯定する一方で，抵当権者の抵当権設定当時の評価や競落人の競落時の評価を害しないという観点から法定地上権の成立を否定する場合があるとともに，とくに，土地が共有の場合には，所有権としての共有持分権を害しないという観点から法定地上権を否定する判例があることに注意する必要がある（後述）。また，法定地上権の成立は，土地に抵当権を設定した場合（**土地抵当型**）の買受人には，地上権という負担が生じ

ることから不利に働き，建物に抵当権を設定した場合（**建物抵当型**）の買受人には，自己が利用できる権利を取得することから有利に働くことにも留意しておく必要がある。なお，法定地上権は，強行規定であり，抵当権設定契約における特約で排除することはできない（大判明41・5・11民録14・677）。

② 法定地上権の成立要件

法定地上権の成立要件は，民法388条の条文上，以下の4つの要件が存在する。

(1) 抵当権設定当時，土地の上に建物が存在すること。

(2) 抵当権設定当時，土地と建物が同じ所有者に属すること。

(3) 土地または建物（あるいは双方）の上に抵当権が設定されていること。

(4) 競売によって土地と建物の所有者が異なるに至ったこと。

(1) 抵当権設定当時における建物の存在　**(a) 抵当権設定当時に建物が存在しなかった場合**　法定地上権が成立するためには，抵当権設定当時に，土地上に建物が存在することが必要である。建物が存在しない土地（更地）に抵当権が設定された後に建物が建てられた場合には，建物所有者のために法定地上権は成立しない（大判大4・7・1民録21・1313）。条文の文言どおりといえば，それまでであるが，その趣旨は，更地は，どのようなことにも利用できる（利用価値が高い）ことから，建物が存在して利用が制限されている土地よりも，通常，その金銭的評価は高く，抵当権者が，抵当権設定当時に更地として高く評価して，債務者にその評価に見合う金銭を貸し付けたにもかかわらず，後に建物が建ったからといって，法定地上権を認めてしまうと，担保価値は著しく下落し競売価格が低くなって，債権者である抵当権者は，予想外の損害を被ることになるからである。また，競落人も，競落当時現に建物が建っていたとしても，抵当権設定当時，建物が存在せず，対抗力のある利用権の登記もなかったとすれば，法定地上権等の負担のないものとして競落するはずであり，抵当権者や競落人が，他人（抵当権設定者）の行為によってみだりに地上権という

重い負担を課される理由はないから，抵当権設定後に建物が建っても，その建物のために法定地上権を認めることはできない。

　すなわち，判例は，更地に抵当権を設定する際に，抵当権者が土地上の建物の建築をあらかじめ承認していた場合でも，建物が未完成で抵当権者が更地と評価して抵当権の設定を受けていた以上，法定地上権の成立を否定している（最判昭36・2・10民集15・2・219）。また，更地に抵当権を設定する際，設定者と抵当権者との間で，将来建物を建てたときには地上権を設定したものとみなす合意がなされていた場合でも，競落人が他人（設定者）の行為によってみだりに地上権という重い負担を負わされる理由はないとして，このような合意は競落人に対して効力はないとして，法定地上権の成立を否定している（大判大7・12・6民録24・2302，最判昭47・11・2判時690・42）。

　(b)　抵当権設定当時に存在した建物が壊されて再築された場合　　抵当権設定当時に存在していた建物が壊されて再築された場合にも，抵当権設定当時建物が存在していた以上，法定地上権は成立するが，成立する地上権は，旧建物を基準として，その利用の範囲や存続期間を定めなければならない（大判昭10・8・10民集14・1549）。また，抵当権設定当時は，堅固でない建物が建っていたが，後に堅固な建物に建て替えられた場合で，抵当権者が近い将来堅固な建物に建て替えられることを予定して土地の評価をしていたのであれば，再築された新堅固建物を目的とする法定地上権が成立する（最判昭52・10・11民集31・6・785）。

　このほか，土地と建物の双方に各々抵当権を設定することを**共同抵当**といい（後述），同一所有者の土地と建物に共同抵当権を設定した後，建物が再築された場合に，再築建物に法定地上権が成立するかの問題がある。従来は，新建物について，法定地上権が成立するとの判例・学説が多数であった（**個別価値考慮説**）。しかし，かつてのバブル経済による地価高騰の中で，共同抵当の対象である建物を抵当権設定後に取り壊して，簡易な建物を建築して法定地上権の成立を主張し，共同抵当権者である金融機関の抵当権実行を妨害する事例が相次いだ。最高裁は，土地と建物の共同根抵当権設定後，建物が壊され更地となった状態で極度額が増額されてから建物が再築された事案について，新建物の所

有者が土地の所有者と同一であり，かつ，新建物が建築された時点での土地の抵当権者が新建物について土地の抵当権と同順位の共同抵当権の設定を受けたとき等特段の事情のない限り，新建物のために法定地上権は成立しないと判示した（最判平9・2・14民集51・2・375）。その理由としては，共同抵当の場合，抵当権者は，土地および建物全体の価値を把握しているから，建物が取り壊されたのであれば，法定地上権の制約のない更地の担保価値を把握しようとするのが，抵当権設定当事者の合理的意思であり，法定地上権の成立を認めると，当初土地全体の価値を把握していた抵当権者は，不測の損害を被ることになるからであり，この共同抵当権者の合理的意思に反してまでも建物保護という公益的要請を重視すべきではないとされている（この見解によって，最高裁が，**全体価値考慮説**を採用したと言われている）。

(2) **抵当権設定当時における土地と建物の所有者の同一性**　(a)　抵当権設定当時に同一の所有者が，その後別々の所有者となった場合　抵当権設定当時，土地と建物が同じ所有者であれば，抵当権の実行時に各々別の所有者となったとしても，法定地上権は成立する。たとえば，BによってAの土地に抵当権が設定された当時，土地建物双方がAの所有であれば，後に建物がCに譲渡され，Bの土地抵当権が実行されて，土地の競落人がDとなったとしても，Dの土地上にCのために法定地上権が成立する（大判大12・12・14民集2・676）。

なお，判例は，土地と建物の所有者が実体としては同一であるが，登記簿上は別名義である場合でも，土地抵当権者は，現実に土地を実地検分して建物の存在を了知しこれを前提として評価するのが通例であり，また，競落人は抵当権者と同視すべきであるから，登記がなされているかどうかにかかわらず，法定地上権の成立を肯定している（土地に抵当権を設定した事例として，最判昭44・4・18判時556・43，最判昭48・9・18民集27・8・1066。建物に抵当権を設定した事例として，最判昭53・9・29民集32・6・1210）。

(b)　抵当権設定当時に別所有者であったが，その後同一の所有者となった場合　抵当権設定当時に土地と建物の所有者が異なっていた場合には，建物を所有する者のために，何らかの約定土地利用権が設定されているはずである

から，抵当権の実行による買受けの際に，土地と建物の所有者が同一人となっていたとしても，法定地上権は成立しない（最判昭 44・2・14 民集 23・2・357）。抵当権者は，何らかの土地利用権が存在することは承知していたはずであり，それを踏まえて担保価値を判断しているから，不測の損害を被ることはないのである。建物所有者が土地所有者に土地の利用を主張できるか否かについては，土地利用権の対抗力の問題である。また，抵当権設定当時に土地と建物が別々の所有者であった場合には，土地利用権は，後に土地建物が同一人に帰属したとしても，土地または建物が抵当権の目的となっている以上，民法 179 条 1 項ただし書によって，混同によって消滅しないと解されている（最判昭 46・10・14 民集 25・7・933）。建物に抵当権が設定されて実行された場合には，抵当権の効力は，建物の従たる権利である土地利用権にも及ぶから（最判昭 40・5・4 民集 19・4・811），その土地利用権に対抗力があれば，建物の買受人は，土地所有者に対抗できるし，他方，土地に抵当権が設定されて実行された場合には，抵当権者が土地の利用権を甘受して設定した以上，土地の買受人は，対抗力ある土地利用権であれば建物所有者に対抗できないこととなる。

　土地に第 1 順位の抵当権が設定された当時，土地と建物は別々の所有者であったが，土地に第 2 順位の抵当権が設定された当時は，同一の所有者になっていた場合，判例は，たとえ，第 2 順位の抵当権設定当時に，土地と建物が同一の所有者であるとの要件を充たしても，第 1 順位の抵当権者は，法定地上権の負担のないものとして，土地の担保価値を把握しているから，第 1 順位の抵当権者に不測の損害を被らせることはできないとして，法定地上権の成立を否定している（最判平 2・1・22 民集 44・1・314）。ただし，判例は，同様の状況において，第 1 順位の抵当権が設定契約の解除により消滅した後に，第 2 順位の抵当権が実行された場合については，法定地上権の成立を肯定している（最判平 19・7・6 民集 61・5・1940）。その理由としては，第 2 順位の抵当権者は，第 1 順位の抵当権が弁済，設定契約の解除等により消滅することもあることは抵当権の性質上当然のことであるから，それを当然予測した上で，順位上昇の利益と法定地上権成立の不利益とを考慮して担保余力を把握すべきであり，法定地上

権の成立によって，不測の損害を被るとはいえないとしている。また，民法388条の文言からも，競売前に消滅していた第1順位の抵当権ではなく，抵当権の実行である競売により消滅する最先順位の抵当権である第2順位抵当権の設定時において同一所有者要件を充足していることと理解できるからとしている。

　これに対して，建物に抵当権が設定された場合において，建物に第1，第2順位の抵当権が設定された当時は別々の所有者であったが，後に土地と建物が同一所有者となり，その建物に第3順位の抵当権が設定されて，第1順位の抵当権が実行された事案について，判例は，（建物）所有者ならびに国家経済上の利益を保護するとともに，抵当権の効力を全うさせるという趣旨から，法定地上権の成立を肯定している（大判昭14・7・26民集18・772，最判昭53・9・29民集32・6・1210）。この点，建物に抵当権が設定された場合，建物の買受人になぜ約定利用権よりも有利な法定地上権を与えることを許してよいかについては，理論的説明がなされていない（最判昭53は，他の建物抵当権者の利益となるし，土地所有者に不測の結果をもたらすことはないとの原審判断を追認するのみである）。

　　(c)　土地または建物が共有であり，共有者の一人が他方を所有している場合　　(ア)　**土地共有型**（土地がABの共有で，Aが建物を所有する場合）

　　①　土地に抵当権が設定された場合　　土地の共有者Aが，他の土地共有者Bの同意を得て単独で建物を所有し，土地の自己持分に抵当権を設定した場合，土地の共有者は，共有物について性質を同じくする独立の持分を各自で有する（所有権としての独立性）から，抵当権を設定した共有者A以外のBの共有持分について，共有者Bの意思にかかわらず（重い負担である地上権に対する容認がない以上），土地全体に法定地上権の成立を認めることはできない（最判昭29・12・23民集8・12・2235）。なぜならば，民法388条において地上権を設定したとみなされる者は，所有者として完全な処分権を有する者であって，他人の共有持分につき何ら処分権を有しない共有者Aに，他人Bの共有持分につき本人の同意なくして地上権設定等の処分をなしうることを認めた趣旨ではないからである。さらに，判例は，Aとその妻子BCが共有する土地上にAを

含む9人が建物を共有していたところ，AがBCの持分を含めて土地に抵当権を設定した場合について，たとえ他の土地共有者が，建物所有者の土地使用を容認していたとしても，土地共有者の通常の意思を考慮すると，土地売却価格を著しく低下させる法定地上権までも容認していたとはいえず，また，これを認めると，登記簿等からしか事情を知ることのできない土地競落人等の期待に反し，法的安定を損なうことから，法定地上権の成立を否定している（最判平6・12・20民集48・8・1470）。

　② 　建物に抵当権が設定された場合　　AとBが共有する土地の上に建てられたAの建物に抵当権が設定された場合，原則として，法定地上権は成立しないが，土地の共有者Bがあらかじめ承諾していれば，法定地上権は成立するとしたものがある（最判昭44・11・4民集23・11・1968）。

　　㈣ 　**建物共有型**（土地がAの単独所有で，ABが建物を共有する場合）

　① 　土地に抵当権が設定された場合　　判例は，建物の共有者の一人Aが土地を単独で所有し，Aの土地に抵当権が設定された場合，AはBのためにも土地利用を認めているからという理由で，法定地上権の成立を肯定している（最判昭46・12・21民集25・9・1610）。建物の存続は，Bの利益のためでもあるから，法定地上権の成立を認めてよいであろう。

　② 　建物に抵当権が設定された場合　　建物共有者の一人Aが土地を単独で所有し，建物のAの共有持分に抵当権が設定された場合，判例はないが，その成立を認めてもBに不利益がないこと，建物持分権の買受人に法定地上権を取得する期待が存することから，法定地上権を認めるべきとされている。

　⑶ 　**土地または建物（双方も含む）の上に抵当権が設定されていること**

　民法388条は，「土地又は建物につき抵当権が設定され」と規定しているが，土地だけに抵当権が設定された場合，建物だけに抵当権が設定された場合のみならず，土地とその地上建物の双方を目的として共同抵当権を設定した場合にも，本条の適用がある（大判明38・9・22民録11・1197，大判昭6・10・29民集10・931，最判昭37・9・4民集16・9・1854）。

　⑷ 　**競売によって土地と建物の所有者が異なるに至ったこと**　　本条におけ

る競売は，抵当権の実行としての競売であるが，同じ状況は，他の場合（強制競売や国税徴収法に基づく滞納処分など）についても生じるから，判例はこれを適用してきた（大判大3・4・14民録20・290）。現在は，民事執行法81条，国税徴収法127条，仮登記担保法10条等の立法によってすでに解決がなされている。

③ 法定地上権の内容

　法定地上権は，競売によって抵当不動産の所有権が買受人に移転した時（代金納付時）に成立する。法律の規定によって発生する地上権であり，その性質は，通常の地上権（民265条）と異ならない。すなわち，法定地上権は，土地に対する直接の使用権（用益物権）であり，賃借権が賃貸人に対する土地使用の請求権（債権）であるのと異なる（民601条）。また，賃借権では，譲渡性が制限され（賃貸人の承諾が必要，民612条），抵当権の設定ができないのに対して，法定地上権には，譲渡性が当然に認められ，これを抵当権の目的とすることもできる（民369条2項）。加えて，賃借権の存続期間が最高50年（民604条）であるものの，期間の定めのないときは，賃貸人が容易に解約できる（民617条1項）のに対して，法定地上権の存続期間は，30年であり，地主からの解約はあり得ない。以上からわかるように，法定地上権の成立が認められると，土地の所有者は，通常の普通賃借権よりも，重い負担を背負うことになり，土地の価値も相当程度低下するのである。

　(1)　法定地上権の及ぶ土地の範囲　　法定地上権の及ぶ範囲は，建物の敷地のみに限定されず，建物として利用するのに必要な限度で建物の敷地以外にも及ぶ（大判大9・5・5民録26・1005）。

　(2)　法定地上権の存続期間および地代　　当事者の協議によって定まり，協議が調わない場合には，存続期間については，期間の定めのないものとされ，民法268条が適用されるはずであるが（大判明43・3・23民録16・233），借地借家法3条の規定により30年となり，地代については，当事者の請求により裁判所が定める（民388条後段）。

　(3)　法定地上権の登記　　当事者間では登記なくして対抗できるが（大判明

41・5・11民録14・677），第三者に対しては，登記なくして法定地上権を対抗でき
ない（民177条）。もっとも，借地借家法10条（旧建物保護法1条）の適用があ
るので，法定地上権そのものの登記がなくても，建物の登記があれば，第三者
に対して対抗できる。判例は，法定地上権の取得者は，対抗要件を具備しない
間に土地の所有権が転々譲渡され登記も経由されたとしても，さらに第三者が
土地所有権を取得する前に，建物の保存登記を行えば，以後その登記をもって
第三者に対抗できるとしている（最判昭63・1・26集民153・323）。

7 一 括 競 売

更地に抵当権を設定した後に，設定者またはそれ以外の者が建物を建築する
場合があるが，抵当権設定当時建物が存在しない以上，法定地上権は成立しな
いから，抵当権者は，この建物を無視して土地を更地として競売できる。しか
し，現実には，建物が存在する以上，買受人は，建物所有者との間で，建物収
去について協議せざるを得ないのであり，このことは，実際競売をやりにくく
し，競売代金の下落と買受人の減少を招くとともに，建物の取壊しも社会経済
上の要請から好ましくない。しかも，平成15年改正前には，抵当権の実行妨
害のために，抵当権設定後に建物が築造されるケースが多くみられた。

そこで，民法389条は，抵当権者が土地とともにその建物を競売できること
とし，その優先権は，土地の代価についてのみ行使できるとした（1項）。すな
わち，抵当土地の売却代金は，抵当権者への優先弁済に充てられ，建物の売却
代金は，建物の所有権者に返還されることとなる。

ただし，建物の所有権者が抵当地の占有について抵当権者に対抗できる権利
を有する場合には，適用されない（2項）。たとえば，抵当権の設定前に，借地
権の設定および登記がなされている場合や，抵当権設定後の賃貸借でも抵当権
者の同意の登記がある場合（民387条）などである。

8 抵当不動産の第三取得者の保護

抵当不動産の第三取得者とは，抵当権の設定されている不動産について，抵

当権設定者から所有権または用益物権を取得した第三者である。たとえば，A銀行がB所有の土地に抵当権を設定した後，Bがその土地を売買した場合の買受人Cである。

　抵当権は，目的物の価値を把握し支配するものであるから，抵当権が実行されるまでは，設定者Bによる処分は自由であり，抵当権者Aは，抵当不動産の第三取得者であるCに対して抵当権を実行すればよい（**抵当権の追及効**）。第三取得者Cは，Bに対して売主の担保責任を追及できるが（民567条），抵当権の実行を免れたければ，第三者としてBの債務をBに代わって弁済し（民474条の第三者弁済），債権者であるAに代位することもできる（民500条・501条）。しかし，第三者Cが事実上の不利益を受けることは避けられないこと，抵当不動産の流通を促進し，かつ抵当不動産を取得して用益する者の保護の必要性から，民法上，抵当権の第三取得者の保護の制度として，**代価弁済**，**抵当権消滅請求**が認められている。

① 代価弁済（民378条）

　代価弁済とは，抵当権者の請求があったときに，それに応じて，抵当不動産の所有権または地上権を買い受けた第三取得者が抵当権者に代価を弁済し，それによって抵当権が消滅することである。たとえば，Aが1000万円の債権を有し，B所有の不動産に抵当権を設定し登記を経由したところ，BがCに時価800万円で売却したとすると，抵当権者AがCに対して，代金800万円を請求し，CがAに弁済すれば，Cのために抵当権は消滅する。抵当権者Aは，Cに対して抵当権を実行してもよいが，競売により必ずしも被担保債権全額の弁済が得られるとは限らないし，AがBC間の売買価格で満足するのであれば，抵当権を消滅させてもよいのであり，債権残額の200万円は，無担保となるものの，売買代金によって，Aは優先的に弁済を受けるのであり，Aに不利益となるわけではない。Aは，不利だと思えば，第三取得者Cに請求しなければよい。したがって，代価弁済は，抵当権者を害するものではなく，抵当権を消滅させて，第三取得者に抵当権という負担のない所有権を取得させるという第

三取得者保護の制度といえる。Aは，**物上代位**により（民372条・304条），Bの
Cに対する代金請求権を差押え，優先弁済を受けることも可能だが，代価弁済
では，差押手続が不要であり，**物上代位**を簡易にした制度ともいわれている。

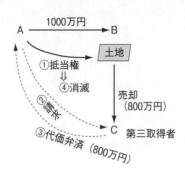

図表7-6　代価弁済のしくみ

[2]　**抵当権消滅請求**（民379条）

　抵当権消滅請求とは，抵当不動産の所有権を得た第三取得者が，登記をした
すべての債権者の承諾を得てその代価相当額の金銭を支払うか供託することに
よって抵当権を消滅させる制度である。これは，平成15年の改正により，抵
当権の追及効が及ぶ抵当権設定後の第三取得者の側から，その負担を解消する
ための方法を規定していた滌除制度（平成15年改正前民378条以下）を改めたも
のである。従来の滌除制度では，不当に安価で抵当権の消滅を請求する悪質な
滌除屋が横行したことから，執行妨害を招く一因となっていた。抵当権実行前
の滌除権者への通知義務と，抵当権者に過大な負担となっていた抵当権者の増
加買受義務を廃止するなど，改善を行ったうえで，制度自体は存続させたので
ある。

　抵当権消滅請求ができるのは，抵当不動産について所有権を取得した第三者
である。主債務者，保証人およびその承継人は，請求できない（民380条）。停
止条件付第三取得者は，条件の成否未定の間は，請求できない（民381条）。抵
当不動産について地上権または永小作権を取得した第三者も，旧法では，請求

できたが, 改正法では, 請求できなくなり, 請求権者は, 所有権を取得した第三者に限定された。

4 抵当権の処分

　抵当権者が, 被担保債権の弁済期以前に, 資金の回収を図り, また, 金融の円滑化を達成するためには, 抵当権の処分が必要となる。民法上, 抵当権の処分としては, **転抵当**, **抵当権の譲渡・放棄**, **抵当権の順位の譲渡・放棄・変更**がある。

1 転抵当 (民376条1項前段)

1 意　　義

　転抵当とは, 抵当権者がその抵当権をもって他の債権の担保とすることである (民376条1項)。たとえば, AはBに対して1000万円を貸し付け, Bの有する不動産に抵当権を設定・登記したが, 今度は, 抵当権者Aが金策に行き詰まり, Aがこの抵当権を担保として, Cから借金をするために, さらに抵当権を設定する場合である。民法376条1項の条文から, 転抵当の設定には, 原抵当権設定者Bの承諾は不要であり, 抵当権者の責任において一方的になされることから, 責任転抵当といわれている。Aとしては, Bに対する債権の弁済期前に, Bの承諾を得ないで, 担保物に投下した資本を流動化・回収することができるのである。ただし, 原抵当権設定者の承諾を得て行われた場合には, 承諾の内容によって効果が決定される。転抵当は, 複雑な法律関係が生じるとともに, 抵当権を担保として把握するのに不安が残ることから, 実際には, さほど利用されていないようである。

2 転抵当の成立要件

　転抵当は, 原抵当権者Aと転抵当権者Cとの間での転抵当権設定契約によって成立する。転抵当権の被担保債権額については, 原抵当権の被担保債権額を

超えて転抵当権を設定できるかが問題となる。たとえば，Aが，Bに対する
1000万円の債権を担保するために，B所有の不動産に抵当権を設定した後，C
に対する1200万円の債務を担保するために，この抵当権を担保に転抵当を設
定することができるかである。かつては，転抵当の被担保債権額は，原抵当権
の被担保債権額を超過してはならないと解されていたが，現在では，効果とし
て，転抵当権が，原抵当権の被担保債権の範囲でしか優先弁済を受けられない
（Cは，Aの被担保債権額である1000万円の弁済受領のみ）と解すればよいとされ
ている。転抵当権の被担保債権の弁済期についても，かつては，転抵当権の存
続期間は，原抵当権の存続期間内でなければならないと解されていたが，転質
には，原質権の範囲内という制限がある（民348条）のに対して，転抵当では，
何ら制限がない以上，現在では，被担保債権の範囲と同様に，効果として解決
すれば足りるとされている。すなわち，原抵当権の被担保債権のAの弁済期
が先で，転抵当権の被担保債権Cの弁済期が後になっている場合には，先に
弁済期が到来した原抵当権設定者Bは，債務額を供託して，原抵当権を消滅
させ，それによって転抵当権をも消滅させることができる。この場合，転抵当
権者は，供託金に対して優先弁済権を取得する。

③ 転抵当の対抗要件

　転抵当権の設定も不動産物権の設定である以上，民法177条の適用があり，
対抗要件は登記である。ただし，この登記は，抵当権設定登記の付記登記とし
て行われる。抵当権者が数人のために転抵当をしたときは，転抵当の順位は，
抵当権の登記に付記した前後による（民376条2項）。
　転抵当の設定は，通常の不動産物権変動とは異なり，主債務者への通知また
は主債務者の承諾がなければ，主債務者，保証人，抵当権設定者，その承継人
に対抗できない（民377条1項）。主債務者が転抵当設定の通知を受けまたは承
諾したときは，転抵当権者の承諾を得ないでした弁済は，これをもって転抵当
権者に対抗することができない（民377条2項）。

④ 転抵当の効果

転抵当権者は，転抵当権の被担保債権の弁済期到来に加えて，原抵当権の被担保債権の弁済期が到来していなければ，転抵当権者は，原抵当権を実行できない（大決昭7・8・29民集11・1729）。原抵当権設定者の弁済期までは実行されないという期限の利益があるからである。転抵当権者は，原抵当権の被担保債権の額を限度として優先弁済を受け，原抵当権者は，残余金がある場合には，優先弁済を受けることができる。

他方，原抵当権者は，自らの被担保債権額が転抵当の被担保債権額を超過している場合には，原抵当権者は，自ら抵当権を実行して競売をすることができ，その売得金をまず転抵当権者の優先弁済にあてるか供託して，残余金については自己の債権の弁済に充てることができるが，転抵当権の被担保債権額が原抵当権の被担保債権額を超過している場合には，原抵当権者には抵当権実行の利益がないから，原抵当権者からの競売申立ては認められないとされている（最判昭44・10・16民集23・10・1759）。

2　抵当権の譲渡・放棄（民376条1項後段）

抵当権の譲渡または放棄は，抵当権者と特定の一般債権者との合意によって，抵当権者が，他の特定の一般債権者に抵当権を譲与または放棄し，特定の一般債権者が優先弁済権を有する受益者となる一方，自らは無担保債権者となる**抵当権の処分**である。

① 抵当権の譲渡

抵当権の譲渡とは，抵当権者が，抵当権を有しない一般債権者に，優先弁済を受けることができる抵当権を譲与し，自らは無担保債権者となることである。たとえば，債権者Aは6000万円の1番抵当権者，Bは，3000万円の2番抵当権者，Cは，2000万円の無担保債権者として，競売代金が8000万円の場合，本来は，Aに6000万円，Bに2000万円が弁済されるところ，AからCへ抵当権の譲渡がなされると，Aの優先弁済受領分のうち，まずCが受益者として

2000 万円の弁済を受け，A は残額 4000 万円を受領し，A の残債務 2000 万円は，無担保債権となる。B は何ら影響を受けず，本来の 2000 万円の優先弁済を受けることになる。

② 抵当権の放棄

抵当権の放棄とは，抵当権者が，抵当権を有しない一般債権者に，その優先弁済を受けることができる権利を，抵当権者と一般債権者の債権額の割合で放棄することである。たとえば，先の例でいえば，A が C のために抵当権の放棄を行った場合，A は，本来の優先受領分 6000 万円が C の 2000 万円との割合（6：2）で按分され，A は，4500 万円，C は，1500 万円を受領し，A の残債務 1500 万円と C の 500 万円は，各々無担保債権となる。B は，何ら影響を受けず，本来の 2000 万円の優先弁済を受けることになる。

3　抵当権の順位の譲渡・放棄・変更

① 抵当権の順位の譲渡

抵当権の順位の譲渡とは，先順位抵当権者が，後順位抵当権者に対してその順位上の利益を譲与すること，すなわち，順位の入替えを行うことである。たとえば，A が 2000 万円の 1 番抵当権，B が 3000 万円の 2 番抵当権，C が 6000 万円の 3 番抵当権を有し，競売代金が 1 億円とすると，各自の本来の弁済受領額は，A は 2000 万円，B は 3000 万円，C は 5000 万円であるが，A から C に抵当権の順位の譲渡がなされると，A と C の順位が入れ替わって，C が 6000 万円，B は影響を受けず 3000 万円，A は 1000 万円を受領することになり，A の残債権 1000 万円は無担保債権となる。

② 抵当権の順位の放棄

抵当権の順位の放棄とは，先順位抵当権者が後順位抵当権者のために，自己の優先弁済を受ける利益を放棄することである。たとえば，先の例のように，A が 2000 万円の 1 番抵当権，B が 3000 万円の 2 番抵当権，C が 6000 万円の

3番抵当権を有し，競売代金が1億円として，先順位抵当権者であるAと後順位抵当権者であるCの合意によって，AからCに対して順位の放棄がなされると，ACの本来の弁済受領額の合計額7000万円（Aの2000万円＋Cの5000万円）をACの債権額の割合（2：6）で按分して，Aが1750万円，Cが5250万円となり，Bは，影響なくそのまま本来の3000万円を受けることになる。Aの残債権250万円とCの残債権750万円は，各々無担保債権となる。抵当権の順位の放棄は，合意したAC間では，順位がなくなり同順位となり，後順位抵当権者Cが受益者となる処分である。

③ 抵当権の順位の変更

抵当権の順位の変更とは，希望する抵当権者全員の合意によって各抵当権者の順位が入れ替わることである。たとえば，Aが2000万円の1番抵当権者，Bが1000万円の2番抵当権者，Cが3000万円の3番抵当権者として競売代金が3500万円としたときに，C，B，Aに順位が変更されると，Cは3000万円を優先的に弁済受領でき，Bは，500万円だけを受領することになる。B，C，Aと順位を全部変更することも可能である。順位の変更の効力は絶対効であって，中間後順位抵当権者Bにも影響を及ぼす点で，順位の譲渡とは異なる。

5 ｜ 抵当権の消滅

抵当権も物権であるから，①物権共通の消滅原因（抵当不動産の滅失，所有権との混同，権利の放棄など），②担保物権共通の消滅原因（被担保債権の弁済，免責的債務引受など付従性による消滅）によって消滅するほか，③抵当権特有の消滅原因（代価弁済，抵当権消滅請求，競売）によって消滅するが，とくに，④抵当権の時効による消滅（民396条），抵当不動産に対する第三者の時効取得による消滅（民397条），抵当目的たる地上権・永小作権の放棄による消滅（民398条）の規定が存在する。

1 抵当権の消滅時効

抵当権は，債務者および抵当権設定者（物上保証人）に対しては，その担保する債権（被担保債権）と同時でなければ，時効によって消滅しない（民396条）。抵当権も権利として一般的に消滅時効の完成によって消滅するのが原則であろうが，抵当権は債権を担保するものとして存在する以上，債務者および抵当権設定者に対する関係では，被担保債権と同時でなければ時効によって消滅しないということである。とくに，債務者が被担保債権の弁済を滞らせながら，抵当権の消滅時効を援用するのは信義則に反するからである。しかし，それ以外の者（後順位抵当権者や第三取得者）に対する関係では，被担保債権が消滅時効にかからなくても，民法166条2項の適用により，抵当権のみが20年の消滅時効によって消滅すると解されている（大判昭15・11・26民集19・2100）。なお，抵当権の被担保債権が免責許可の決定の効力を受ける場合には，債務者及び抵当権設定者に対する関係においても，抵当権が166条2項の20年の消滅時効にかかるとした判決がある（最判平30・2・23民集72・1・1）。

2 抵当不動産の時効取得による消滅

債務者または抵当権設定者でない者が抵当不動産について取得時効に必要な要件を具備する占有をしたときは，抵当権は，これによって消滅する（民397条）。不動産が他人によって時効取得されれば，時効による所有権の取得は，原始取得である以上（大判大7・3・2民録24・423），その反射的効果として抵当権は当然に消滅する（時効による所有権の取得者は，無負担の所有権を取得する）から，民法397条は，当然のことを規定したにすぎない。397条の意義は，債務者および抵当権設定者（物上保証人）が時効取得する場合に，抵当権は消滅しないと定めた点（反対解釈）に意義がある。

それでは，抵当目的物の第三取得者は，民法397条の文言からすると，債務者または抵当権設定者以外の者に該当するから，第三取得者が時効取得した場合にも，397条が適用されて，抵当権は消滅するのであろうか。かつて判例は，

民法397条における債務者または抵当権設定者でない者とは，所有者ではない者を指していることは，397条の文理上も取得時効の性質からも明らかであるとして（当時は，自己の物についての時効取得は認められていなかった。その後，最判昭42・7・21民集21・6・1643によって認容），抵当不動産を買い受け所有者となった第三取得者には，買受当時，抵当権設定のある不動産であることを知っていたか否かにかかわらず，397条は適用されないとしていた（大判昭15・8・12民集19・1338）。これに対して最高裁は，第三取得者は，抵当権の設定を知り，または不注意により知らなかった場合でも，自己に所有権があると信じ，過失のない者は，民法162条の善意・無過失の占有者といえる場合があるとし（最判昭43・12・24民集22・13・3366），明言はしていないものの，397条の適用を前提としているようにみえる。ただし，第三取得者は，抵当権という負担がある不動産を通常登記によって知りつつ覚悟の上で取得していることから，所有権に関する善意・無過失のみで抵当権の負担のない所有権の取得を認める結論については検討の余地がある。

3　抵当権の目的である地上権・永小作権等の放棄による消滅（の制限）

地上権または永小作権を抵当権の目的とした地上権者または永小作人は，その権利を放棄しても，これをもって抵当権者に対抗できない（民398条）。権利の放棄は本来自由のはずであるが，権利者が自らの権利に負担を負っている場合には，その権利を放棄することによって，その負担の責任を免れるべきでないという趣旨である。すなわち，自らの権利を他人の抵当権の目的とした以上は，みだりにこれを消滅させてはならないという権利放棄の制限であり，工場抵当法（16条），立木法（8条）にも同様の規定がある。

判例は，この趣旨を借地権にまで拡大している。すなわち，借地人が借地上の建物に抵当権を設定した場合にも，借地権の放棄は許されないとした（大判大11・11・24民集1・738）。また，借地人が借地上に所有する建物に抵当権を設定した後，敷地の賃貸借を合意解除しても，抵当権の実行による建物の買受人にその合意解除を対抗できないとしている（大判大14・7・18新聞2463・14）。なお，

立木法8条は，これを明言している。

6 共 同 抵 当

1 共同抵当とは何か

　共同抵当とは，一つの債権の担保として複数の不動産の上に設定された抵当権のことである。たとえば，AがXに対して3000万円の債権を有し，Xの甲土地（3000万円）と乙建物（1000万円）の両方に抵当権を設定する場合である。共同抵当は，土地と土地，土地と建物，建物と建物に対して，所有者や順位が異なってもよく，同時に設定することも，後に追加することもできる。個々の物件の担保価値が不十分な場合に共同で抵当に入れることによって債務者の高額な借入を可能とする点，建物の滅失や担保価値の下落に備えて債権者にとって危険を分散できる利点などからも，共同抵当は，一般的によく利用されている。共同抵当権の効力は，抵当権の不可分性（民372条・296条）により，不動産全部に及び，共同抵当権者は，任意の目的不動産から債権全額の弁済を受けることもできるが，後順位抵当権者を害することを避けるため，配当の方法について，2つの規則が定められている。

2 共同抵当における配当

　共同抵当権者は，複数の抵当不動産に対して，不動産双方を実行してもよいし，一方だけを実行して優先弁済を受けてもよいが，抵当権者がどの不動産を実行するかによって，各不動産の後順位抵当権者に大きな影響を与えることがある。たとえば，先の例において，Aが各不動産に1番抵当権を有し，甲土地には，Bが1500万円の債権のために2番抵当権，乙建物には，Cが1000万円の債権のために2番抵当権を有していたとする。まず，Aが甲土地から抵当権を実行すれば，競売代金3000万円をAが全額優先的に弁済受領し，Bは全く弁済を受けられない。乙建物のAの抵当権は，全額弁済により消滅するため，

Cは，1000万円全額の弁済を受けることができる。他方，Aが乙建物から抵当権を実行すれば，競売代金1000万円をAが全額優先的に弁済受領し，Cは全く弁済を受けられない。その後，Aは，甲土地の抵当権を実行して残額2000万円を優先的に弁済受領するから，残額1000万円については，Bが弁済受領できることになる。Aがいずれの不動産を先に実行するかによって，後順位抵当権者は，多大な影響を受けるのであり，不公平な結果を招くこととなる。民法は，これを避けるために，抵当権が同時に実行されることを原則とし，異なるときに実行される場合には，同時実行に準じて，不公平な結果を是正すべく，後順位抵当権者に代位を認めている（民392条）。

1 同時配当

　同時配当とは，共同抵当の目的である不動産全部について競売が行われ，それぞれについての競売代金の総額が債権者に配当される場合である。抵当権者が，共同抵当の不動産を全部競売にかけて，同時にその代価を配当すべき場合には，その各不動産の価額に応じてその債権の負担を按分する（民392条1項）。たとえば，先の例において，甲土地と乙建物の価額の比は，3：1であるから，Aの債権額3000万円を3：1に分けて，Aは，甲土地から2250万円，乙建物から750万円の配当を受けることになる。すなわち，BとCは，それぞれの残額から配当を受けるから，Bは，甲土地から750万円，Cは，乙建物から250万円の弁済を受けることができる。

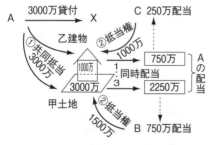

図表7-7　共同抵当における同時配当

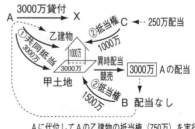

図表7-8　共同抵当における異時配当

② 異 時 配 当

(1) 異時配当と代位権の発生　　**異時配当**とは，抵当権者が共同抵当目的物のうち，特定の不動産のみを競売にかけて，その代価から被担保債権全額の弁済を受けることである（民392条2項前段）。この場合において，後順位抵当権者は，共同抵当権者が同時配当によって他の不動産から弁済を受けるべき金額を限度として，共同抵当権者に代位してその抵当権を行使できる（民392条2項後段）。たとえば，先の例において，Aが甲土地を先に競売にかけた場合，Aは，3000万円全額の配当を受けることができるが，Bは，甲土地から配当を受けることができない。そこで，Bは，同時配当の場合にAが乙建物から受けるべき750万円について，Aに代位して第1順位の抵当権として実行できるのであり，第2順位の抵当権者Cは，結果的に，その残額である250万円の弁済を受領することになる。

(2) 一部弁済の場合における代位　　共同抵当権者が債権の一部の弁済を受けたにとどまる場合（まだ債権残額がある場合）にも，後順位抵当権者は共同抵当権者に代位できるであろうか。たとえば，先の例において，Aが乙建物の抵当権から実行した場合，Aは乙建物から1000万円全額の弁済を受けられるが，債権額の一部の弁済であり，未だAには残債権2000万円が存在するから，そのためにAの甲土地上の一番抵当権は消滅しないで存続する。この場合でも，Cは，Aに代位して，甲土地の一番抵当権を取得して実行を行うことができるか。判例は，古くは，代位を認めると唯一の抵当権について二重の効力を認めることとなり，代位の本質に反するとの理由で代位そのものを否定していた（大判明41・2・26民録14・130，大判明41・12・19民録14・1315）。後に，判例は，代位とは，消滅した共同抵当権が後順位者に移転することであり，残額が完済されてはじめて可能になると構成して，後順位抵当権者は，乙建物の売却段階ではまだ代位することはできないが，将来において代位して抵当権を行使できることのできる地位（停止条件付抵当権）を有し，代位付記の仮登記ができるとした（大連判大15・4・8民集5・575）。すなわち，後順位抵当権者による代位は，先順位抵当権が消滅して生じるものであるから，先順位抵当権が消滅しない間は，

代位について仮登記によって保全しうるにすぎないとされ，現実に代位できるのは，先順位抵当権者が完済を受けたときであるとしたのである。先の例において，Aが残債権 2000 万円について甲土地に対して抵当権を実行・競売した後，Cは，Aが同時配当によって弁済を受けるべき限度である 2250 万円からAの残債権 2000 万円を差し引いた 250 万円の限度で代位し，Bは，残りの 750 万円を受領することになる。

3　共同抵当権の放棄

　基本的に権利の放棄は自由であるから，共同抵当権者による共同抵当権の放棄も自由であろうか。先の例において，Aが甲土地から十分な弁済を受けられると判断して，乙建物の抵当権を放棄した場合，Bは，乙建物への代位の機会が奪われてしまうことになる。判例は，古くは，後順位抵当権者は未だ代位権を取得していない以上，共同抵当権者の放棄を妨げる権利は持たず，その承諾は不要であるとして放棄の自由を認めていたが（大決大 6・10・22 民録 23・1410），後に，共同抵当権者は，放棄はできるが，放棄がなかったならば第 2 順位の抵当権者が乙不動産上の抵当権に代位できた限度で，甲不動産につき，第 2 順位の抵当権者に優先することはできないとした（大判昭 11・7・14 民集 15・1409，最判昭 44・7・3 民集 23・8・1297。ただし，後者は，放棄した物件が物上保証人の所有であった事例であり，物上保証人の代位保護のため，先順位抵当権者は全額弁済を受けられるとしている）。

4　共同抵当権の混同

　共同抵当権者が，共同抵当不動産中の一部不動産の所有権を取得した場合には，混同が生じて抵当権は消滅し，後順位抵当権者の代位権は認められないのであろうか。たとえば，先の例において，Aが乙建物の所有権を取得した場合には，Bは乙建物に代位権を行使することはできなくなるのであろうか。判例は，後順位抵当権者の代位権は，抵当権の設定と同時に発生するのではなく，後順位抵当権は代位できるとの希望を有するだけで，民法 179 条 1 項ただし書

は適用されないとしていたが（大判大11・12・28民集1・865），共同抵当権の放棄
に関する判例が変更されている（前掲大判昭11・7・14）ので，乙建物について混
同は認められるが，混同がなければ後順位抵当権者Bが代位できた限度では，
Aは甲土地から全部の優先弁済を受けられなくなると解すべきであろう。

5 共同抵当における後順位抵当権者と物上保証人の関係

　共同抵当不動産の一方が債務者で他方が物上保証人の所有であった場合にお
いて，共同抵当権者がまず物上保証人の不動産から抵当権を実行して優先弁済
を受けると，物上保証人は，弁済者の代位（民500条・501条）によって，債務
者所有の不動産上の共同抵当権に代位できるが，後順位抵当権者と競合した場
合，いずれが優先するのであろうか。たとえば，先の例において，甲土地の所
有者が物上保証人Y，乙建物の所有者が債務者X，乙建物の後順位抵当権者が
Cであって，甲の後順位抵当権者Bがいなかった場合，Aが甲土地の共同抵
当権を実行して債権の優先弁済を受けると，物上保証人Yは，他人の債務を
代わって弁済したことになるから，求償権の行使としてAの乙建物に対する
共同抵当権に代位して，これを行使できるが，乙建物に対する後順位抵当権者
Cといずれが優先されるべきか。判例は，物上保証人Yが優先するとしてい
る（最判昭44・7・3民集23・8・1297）。物上保証人は，当初から乙建物に対する
求償権の行使を期待し，そこから満足を受けられると思っていたのに，その後
債務者Xの不動産に後順位抵当権が設定されたことにより，Yの期待権を失
わせるべきではないとしている。

7 根 抵 当

1 根抵当とは何か

　根抵当とは，継続的な取引関係から生じて増減変動する不特定多数の債権を
一定の限度額（**極度額**）まで一括して担保することを目的とする抵当権である。

民法398条の2第1項は、「抵当権は、設定行為で定めるところにより、一定の範囲に属する不特定の債権を極度額の限度において担保するためにも設定することができる。」と規定している。

　たとえば、メーカー（製品製造会社）Ａと商社Ｂとの関係では、ＡからＢに対しては取引ごとに特定の売掛代金債権が次々に発生し、弁済期（支払日）が到来すると、通常は、ＢからＡにその売掛代金が払われて、特定の債権は次々に消滅していくが、取引が続く限りは、常に、一定程度の未払債権が発生していくのである。Ｂの財務状況が良好で心配なければよいが、そうでない場合には、Ａは売掛代金をＢが常に支払ってくれるか心配であり、万が一のために、将来次々に発生する不特定の売掛代金債権（ただし、一定の限度額まで）の担保のために、Ｂの不動産に抵当権を設定するのである。また、メインバンクＣ銀行とメーカーＤ社との銀行取引においては、Ｃは、Ｄ社に5000万円を貸し付け、Ｄ社は、それを運転資金として操業しつつ収益をあげて、Ｃに3000万円を返済して債務額を2000万円とし、次いで業績がよいので、Ｄ社は、Ｃから2000万円の追加融資を受けて操業を続けるということが行われており、その際、融資と弁済ごとに、通常の抵当権を設定・抹消しなければならないとすると、手続が煩雑なうえに、登記費用も相当かかることになり、取引も停滞する可能性がある。そこで、継続反復的取引において、根抵当は、取引の迅速化やコストの省力化など、取引上の要請に応えるために、登場したのである。根抵当権を設定し、極度額6000万円と定めておけば、その範囲内で被担保債権の増減があっても、また、途中で全額弁済が行われて被担保債権がなくなっても、いったん設定された根抵当権は影響を受けないで存続し、後に再び融資がなされて被担保債権が発生しても改めて設定契約を行う必要がないし、登記をし直す必要もないのである。

2　根抵当権の特徴

　根抵当権は、継続反復的取引から生ずる一定範囲の不特定の債権を一括して担保することから、通常の抵当権とは異なり、具体的に債権が発生していない

場合でも可能であり（**成立の付従性**の否定），元本確定までは，弁済などにより債権が完全に消滅しても，根抵当権は消滅しない（**消滅の付従性**の否定。ただし，元本確定後は，消滅する）。また，根抵当権は，被担保債権から独立しているので，元本の確定までは，被担保債権が譲渡されても根抵当権はこれに伴って移転しない（**随伴性**の否定）。そして，元本確定までは，**不可分性**も問題となることはない。ただし，**物上代位性**を有することには，注意しなければならない。

3 根抵当権の設定と対抗要件

根抵当権も，抵当権の一種である以上，根抵当権者と根抵当権設定者との間の合意（**根抵当権設定契約**）によって設定され，その合意には，被担保債権の範囲，債務者および**極度額**を定めなければならない（民398条の2第1項）。

根抵当権の対抗要件は，通常の抵当権と同様，登記である（民177条）。登記する事項は，①担保されるべき債権の範囲と②極度額（不登88条2項1号），③債務者（同法83条1項2号），④その他設定契約において別段の定めあるときはその定め（同法88条2項2号），⑤元本確定期日の定めあるときはその定め（同法88条2項3号）である。

4 被担保債権の範囲

根抵当権の被担保債権の範囲は，設定契約で当事者が定めなければならない。被担保債権の範囲は，①債務者との特定の継続的取引契約によって生ずる債権，②その他債務者との一定の種類の取引によって生ずる債権（民398条の2第2項）のほか，③特定の原因に基づいて債務者との間に継続して生ずる債権（民398条の2第3項），④手形上もしくは小切手上の請求権または電子記録債権であり（民398条の2第3項。電子記録債権は，改正法で追加された），これらのうちから，一つまたは複数に限定されなければならない。債権者と債務者の間における一切の債権，たとえば，売掛代金債権や債務不履行に基づく損害賠償債権，不法行為による損害賠償債権など，あらゆる債権をすべて担保するという包括的な根抵当は，抵当権設定者の保護や特定の債権者を優遇しすぎるなどの観点から認め

られていない（民398条の2第1項）。

　①の特定の継続的取引とは，たとえば，銀行と取引先との当座貸越契約（銀行が取引先に対して，一定限度まで当座預金残高を超過して取引先の振り出した手形・小切手の支払に応ずることを約する契約）である。②の一定の種類の取引とは，具体的な基本契約がなくても，銀行取引（銀行法上制限されている），電気製品売買取引，鋼材供給取引など，取引界において他から区別する特色ある取引と認められるものである（債権の範囲が特定できない商取引，商社取引は認められない）。その際，個々の具体的な債権が被担保債権の範囲に入るかが明確になるよう定めなければならない。③の特定原因に基づく継続的債権とは，取引によるものではないが，たとえば，酒造業者が製造場から酒類を移出する量に応じて発生する酒税債権（酒税6条・22条）や，特定の工場排水によって継続的に生ずる不法行為に基づく損害賠償請求権などである。④の手形もしくは小切手上の請求権は，たとえば，②の債権に該当しない，いわゆる回り手形・小切手である。Aが第三者のために振出・裏書し転々流通した手形・小切手を根抵当権者Bが取得した場合，Bの手形・小切手上の請求権を根抵当権によって例外的に担保させることができるのである（ただし，民398条の3第2項1号～3号の制限がある）。

5　極　度　額

　極度額とは，増減変動する不特定の債権を担保する限度額であり，元本はもちろん，利息および遅延利息を含めた最高限度額として，第三者の予測可能性を確保するものである。なお，通常の抵当権における，利息，遅延損害金に関する最後の2年分という制限（民375条）はなく，何年分でも担保されるが，極度額の範囲までである。極度額は，前述のように，根抵当権設定契約の際に定められていなければならず，根抵当権の登記に必要である。

6　根抵当権の確定（元本の確定）

　根抵当権の確定（元本の確定）とは，根抵当権によって担保される元本債権

が特定することであり，その後に発生する元本債権はもはや担保されなくなる。これによって，根抵当権は，特定の債権を担保するものとなり，ほぼ通常の抵当権と同様になるが，利息については，なお極度額まで担保される。

① 元本が確定するとき

①確定期日の定めがあるもの（民398条の6第3項により5年以内）は，期日が到来したときに確定するが，それまでの期間は，元本の確定を請求できない（民398条の19第3項）。②確定期日の定めのないものは，根抵当権設定後3年を経過してから，根抵当権設定者（第三取得者も含むと解する）が根抵当権の確定請求をし，2週間を経過した時に確定する（民398条の19第1項）。これは，設定者（とくに，物上保証人）が長期間根抵当権に拘束されることを防ぐためである。これに対して，③根抵当権者は，確定期日の定めがないときは，いつでも元本の確定を請求でき（同条2項前段），その請求時に確定する（同条2項後段）。元本確定後に発生する債権の担保を根抵当権者自らが放棄するのであり，根抵当権設定者に不利益を与えるおそれがないからである。このほか，④根抵当権者が，競売または担保不動産収益執行，あるいは物上代位権行使としての差押えを申し立てたとき，根抵当権者である国または地方公共団体が滞納処分による差押えをしたとき（民398条の20第1項1号・2号），⑤根抵当権以外の第三者により競売が開始され，または滞納処分による差押えがされたことを，根抵当権者が知った時より2週間を経過したとき（同条同項3号），⑥債務者または根抵当権設定者が破産手続開始決定を受けたときに確定する（同条同項4号）。

② 元本確定の効果

元本の確定によって根抵当権の被担保債権は具体的に特定するが，担保される債権の利息・遅延損害金は，2年分に限られる（民375条）ことなく，極度額まで担保されるのであり，その限りで根抵当権の性質をなお有している。根抵当権のこの段階を，確定根抵当権といい，確定根抵当権になると，被担保債権の範囲や債務者を変更することはできない。

しかし，極度額については，確定時に被担保債権の合計額が極度額を下回って空き枠が生じている場合，根抵当権設定者には，現に存する債務の額と以後2年間に生ずるべき利息その他の定期金・遅延損害金を加えた額にまで減額する請求権が認められている（**極度額減額請求権**，民398条の21第1項）。極度額がそのままでは，元本確定後，利息が極度額まで継続して担保されて，設定者が後順位の抵当権を設定するのに支障が生ずるので，設定者の利益保護のために，設定者の一方的減額請求権（形成権）を認めているのである。

　また，元本確定後において，現に存する債務の額が極度額を上回っている場合，物上保証人，抵当不動産の第三取得者，用益権者は，極度額に相当する金額を払渡しまたは供託することによって，その根抵当権の消滅を請求できる権利（形成権）を有する（**根抵当権消滅請求権**，民398条の22第1項）。ただし，主たる債務者，保証人およびこれらの承継人は，被担保債権全額を弁済すべき義務を負うから，この請求権を有しない（同条3項・380条）。また，抵当不動産の停止条件付第三取得者で停止条件の成否が未定の間は，まだ確定的に第三取得者といえないから，請求権を有しない（同条3項・381条）。設定者は，設定時に極度額まで抵当不動産で担保する意思であったはずであり，設定者が極度額を超える債権額を弁済しなければ，根抵当権が消滅しないとするのは，酷であり，かつ，元本が確定すれば，根抵当権者としては，極度額まで回収できれば満足すべきであり，極度額相当額の弁済によって一方的に根抵当権を消滅させることにしたのである。

7　根抵当権の内容の変更および権利関係の変動

　根抵当権は，継続的取引の担保であり，元本が確定するまでは，最終的に担保される債権が特定しないことから，その間に，根抵当権の内容の見直しや，債権譲渡，債権者・債務者の相続・合併・根抵当権の処分など，様々な形で権利権関係の変動が生じることがある。

1　根抵当権の内容の変更

　根抵当権設定契約の内容の中でも，第三者に影響を及ぼさない事項については，当事者（根抵当権者と設定者）の間の合意によって比較的自由に変更できる。

　(1)　被担保債権の範囲・債務者の変更　　元本の確定前においては，当事者の合意により，根抵当権の担保すべき債権の範囲を変更でき（民398条の4第1項前段），取引の種類の追加・入替え・一部除外なども可能である。また，債務者の変更もできる（同条同項後段）。たとえば，個人企業が会社になる場合や営業上の地位の承継による変更，債務者の追加などである。以上の変更には，後順位抵当権者などの第三者の承諾は不要である（同条2項）。後順位抵当権者などの第三者は，極度額までは根抵当権による負担があるものと覚悟すべきだからである。ただし，元本の確定前に登記されなければ，変更されなかったものとみなされる（同条3項）。

　(2)　極度額の変更　　根抵当権の極度額の変更は，利害関係を有する者の承諾を得なければすることができない（民398条の5）。利害関係人とは，極度額の増減で不利益を被る者であり，極度額の増額によって不利益を受ける者として，後順位抵当権者，不動産の差押債権者，減額によって不利益を受ける者として，転抵当権者などである。これら全員の承諾を得なければならない。なお，極度額の変更も登記しなければならない（効力発生要件）とされている。

　(3)　元本確定期日の変更　　元本確定期日の変更は，被担保債権の範囲の変更などと同様に，当事者間の合意だけで変更でき，後順位抵当権者などの第三者の承諾は不要である（民398条の6第2項・398条の4第2項）が，やはり変更の日から5年以内としなければならない（民398条の6第3項）。確定期日を新たに設定する，すでにあった期日の定めをなくすことも含まれる。なお，変更前の期日より前に変更の登記をしなければ，変更前の期日が到来したときに元本が確定してしまう（民398条の6第4項）ので，期日変更の登記は，他の変更と同様，効力発生要件と解されている。

② 権利関係の変動

(1) 被担保債権の譲渡・債務引受け・更改　　元本の確定前に，根抵当権者から債権を取得した者は，その債権について根抵当権を行使することができない。債務者のためにまたは債務者に代わって弁済をした者も，その根抵当権に代位することができない（民398条の7第1項）。根抵当権は，元本確定時に特定の債権者に属している債権を担保するものであるから，元本確定前に債権者が変動した債権は被担保債権の範囲に入らない（**随伴性**の否定）。実際上，根抵当権の一部に債権の譲受人の権利行使を認めることは，法律関係を複雑にするだけである。元本の確定前に債務引受けがあったときは，根抵当権者は，引受人の債務について根抵当権を行うことができない（同条2項）。もっとも，重畳的債務引受の場合，原債務者の負う債務については，なお根抵当権を行うことができるが，引受人の債務については，できないのであり，債務者の変更（民398条の4）を行う必要がある。なお，免責的債務引受についても，根抵当権を引受人が負担する債務に移すことができないとされている（民398条の7第3項）。元本の確定前に，債権者または債務者の更改があった場合，根抵当権を新債務に移すことはできない（民398条の7第4項）。

(2) 相続による承継　　元本の確定前に，根抵当権者について相続が開始したときは，根抵当権は，相続開始の時に存する債権のほか，相続人と根抵当権者設定者との合意により定めた相続人が相続の開始後に取得する債権を担保し（民398条の8第1項），債務者について相続が開始した場合でも，根抵当権は，相続開始の時に存する債務のほか，根抵当権者と根抵当権設定者との合意により定められた相続人が相続の開始後に負担する債務を担保するのであり（同条第2項），両者とも，後順位抵当権者等の承諾は不要であり（同条第3項，398条の4第2項），相続の開始後6ヵ月以内に登記をしないときは，担保すべき元本は，相続開始の時に確定したものとみなされる（同条第4項）。根抵当権者や債務者の死亡により，直ちに元本を確定して取引を停止するのではなく，相続人による取引継続の可能性を容認し，当事者の選択を認めたものである。すなわち，元本確定前に相続が開始しても，何らの措置を採らなければ，根抵当は相続開

始時に確定するが，関係者間で合意をして登記すれば，根抵当取引は継続する
のである。

(3) 合併と会社分割による承継　　元本の確定前に，根抵当権者について合
併があったとき，根抵当権は，合併の時に存する債権のほか，合併後存続する
法人または合併によって設立された法人が合併後に取得する債権を担保し（民
398条の9第1項)，債務者について合併があった場合でも，根抵当権は，合併の
時に存する債務のほか，合併後存続する法人または合併によって設立された法
人が合併後に負担する債務を担保する（民398条の9第2項)。すなわち，合併の
場合は，合併後の法人が事業を継続するのが常であるから，根抵当取引は，原
則として継続するが，根抵当設定者が，継続を望まないときは，合併を知った
時から2週間（最長で合併時から1ヵ月）以内であれば，根抵当権設定者による
請求によって，根抵当権を合併時に確定できる（民398条の9第3項～5項)。

また，元本の確定前に，根抵当権者を分割をする会社とする分割があったと
きは，根抵当権は，分割の時に存する債権のほか，分割をした会社および分割
により設立された会社または吸収分割承継会社が，分割後に取得する債権を担
保し（民398条の10第1項)，債務者を分割をする会社とする分割があったときは，
根抵当権は，分割の時に存する債務のほか，分割をした会社および分割により
設立された会社または吸収分割承継会社が，分割後に負担する債務を担保する
（同条2項)。すなわち，会社分割の場合にも，合併と同様，根抵当取引は存続し，
一定期間以内であれば，抵当権設定者の請求によって，会社分割時に元本を確
定できる（民398条の10第3項・398条の9第3～5項)。

8　根抵当権の処分

　根抵当権の場合，元本確定前においては，原則として，根抵当権の譲渡・放
棄,根抵当権の順位の譲渡・放棄をすることができない（民398条の11第1項本文)。
ただし，他の債権の担保とすることはでき（同条同項ただし書)，根抵当権設定者
の承諾がある場合には，例外的に，根抵当権の譲渡，分割譲渡，一部譲渡が認
められている。

1 根抵当権の転抵当

　元本が確定する前に，根抵当権を他の債権の担保に供することができ，転抵当が可能である（民398条の11第1項ただし書）。根抵当権を転抵当するときは，民法377条第2項は，適用されない（同条2項）。

2 根抵当権の譲渡

　(1)　根抵当権の全部譲渡　　元本の確定前において，根抵当権者は，根抵当権設定者の承諾を得て，その根抵当権を譲り渡すことができる（民398条の12第1項）。たとえば，根抵当権者Aが設定者Bの承諾を得て，その有する極度額5000万円の根抵当権をそのまま第三者Cに譲渡することができる。いわゆる根抵当の枠の譲渡であって，譲渡人Aの債権は，すべて無担保となり，譲受人Cの債権は，根抵当権の被担保債権の範囲に属する限り譲受当時の債権もすべて担保される。対抗要件は，登記であり，付記登記によってなされる。

　(2)　根抵当権の分割譲渡　　根抵当権者は，元本確定前に根抵当権設定者の承諾を得て，その根抵当権を2個の根抵当権に分割して，その一方を譲り渡すことができる（同条2項前段・3項）。たとえば，根抵当権者Aが，極度額6000万円の根抵当権を，極度額2000万円と4000万円の二つの根抵当権に分割して，前者を自分に留保し後者を第三者Cに譲渡する場合である。AとCはそれぞれ独立した同順位の根抵当権者となるが，その根抵当を目的とする権利（たとえば，転抵当権）は，譲渡された根抵当権については消滅する（同条2項後段）。

　(3)　根抵当権の一部譲渡　　根抵当権者は，元本確定前に根抵当権設定者の承諾を得て，根抵当権の一部を譲渡でき，それによって譲渡人と譲受人は，根抵当権を準共有することができる（民398条の13）。たとえば，極度額6000万円の根抵当権をAとCが準共有し，各自の債権額に応じて極度額6000万円を按分して，各自が弁済を受けるものである。Aの債権額8000万円，Cの債権額4000万円であれば，6000万円を按分して，Aが4000万円，Cが2000万円の弁済を受けることになる（民398条の14第1項本文）。AとCとの合意があれば，Cが全面的に優先弁済を受ける分配方法を定めることもでき（同条同項ただし書），

譲渡も可能である（同条2項）。

③ 根抵当権の順位の譲渡・放棄

根抵当権者は，自ら根抵当権の順位の譲渡・放棄はできないが（民398条の11第1項本文），先順位の抵当権者から順位の譲渡・放棄を受けることはでき，さらにその根抵当権を譲渡したときは，譲受人は，順位の譲渡・放棄の利益を受ける（民398の15）。

9　共同根抵当と累積根抵当

共同根抵当とは，被担保債権の範囲と債務者および極度額が同一の債権の担保として，数個の不動産の上に根抵当権が設定される場合であり，同時にその旨の登記がなされたときには，それを共同根抵当として普通共同抵当に関する民法392条・393条が適用される（民398条の16）。

累積根抵当とは，数個の不動産の上に根抵当権を有する者は，（純粋）共同根抵当権の場合を除いて，各不動産の代価について，各極度額に至るまで優先権を行使できる（民398条の18）。たとえば，AのBに対する代金債権7000万円をBの不動産甲乙合わせて極度額5000万円とする根抵当権が設定された場合，共同根抵当であれば，甲乙合わせて5000万円の優先弁済となるが，累積根抵当であれば，甲乙それぞれから極度額5000万円の限度で7000万円の優先弁済を受けることができる。

8 ┃ 特殊な抵当権

民法上の抵当権の目的は，不動産である。これに対して，動産については，所在が確定せず登記のできないものには，非占有担保である抵当権にはなじまず，質権によるべきとされてきたが，動産であっても，①設定者から占有を奪うのが適切でない場合（生産活動における設備や器具——農業動産信用法による農業用動産抵当権，自動車抵当法による自動車抵当権など），②不動産と動産，さら

に他の権利がまとまった財産体系を構成しているときには，その全体を担保と
する必要がある場合（たとえば，工場や企業の敷地と工場の機械・器具などを一体
として担保とする――工場抵当法による工場抵当権，企業や団体の全体を包含する
財団に抵当権を設定――観光施設財団抵当法による財団抵当権，企業の総財産を一
括して担保とする制度――企業担保法による企業担保権など），③不動産の一部が
独立に担保取引の目的となる場合（土地の付加一体物としての立木――立木法に
よる立木抵当）があり，これらの場合には，民法の特別法によって，抵当権の
設定が認められている。

非典型担保

POINT

- 典型担保とは異なる民法上の制度により設定される担保権を非典型担保（変態担保）という。
- 非典型担保には数多くの種類が存在するが，代表的なものとして譲渡担保，仮登記担保，所有権留保がある。
- 譲渡担保や所有権留保の法的性質は，大きく所有権的構成と担保権的構成に分かれる。判例は，前者については所有権的構成，後者については担保権的構成に立っているようだが，実際は事案に応じて柔軟な運用がされている。
- 私的実行とは，債権者が被担保債権と担保目的物の差額を清算し，債務者から担保目的物の所有権を得ることをいう。
- 譲渡担保や仮登記担保の清算方法には帰属清算と処分清算がある。設定者保護のためには帰属清算が有利だが，判例は担保権者が自由に選ぶことができるとしている。

1 序

1 非典型担保とは

Bが，工場を経営しているAに対して資金を融資するとしよう。このとき，債権者Bは債権の回収を確実に行うために，工場の土地・建物（不動産）については抵当権を，生産設備や事務機器等（動産）については質権の設定を債務者Aから受けることが考えられる。

しかし，Aが質権を設定するためには質権者に目的物を引き渡さなければならない（民344条）ため，例えば生産設備に質権を設定すると操業できなくなってしまうかもしれない。また，抵当権の場合も，設定や実行の手続に多くの時間を要するうえ，売却価格が市場価格を大きく下回ることも珍しくない。適正

な価格での購入を希望する第三者を探して売却すること（任意売却）も可能であるが，後順位抵当権者や利害関係人全員の同意を要するため，やはり時間と手間がかかってしまう。

そこで，以前から取引実務においては，上記のような問題点を解決するために典型担保とは異なる民法上の制度を用いて，担保を設定したのと同じ効果を得ようとすることがたびたび行われてきた。このような担保権のことを**非典型担保（変態担保）**という。

物権法定主義からすると，債権の担保のためには民法があらかじめ用意した典型担保を用いるのが本来の姿であろう。非典型担保は，目的は担保のためであるが，形式的には典型担保とは異なる制度を用いることにより成立するため，**実質（担保）と形式（典型担保とは異なる制度）の齟齬によるさまざまな問題**が存在している。そして，これらの問題は裁判を通して表面化し，判例により基準が定められ，その基準をもとに仮登記担保など，一部の非典型担保については法制化がなされている。非典型担保は，判例の膨大な蓄積の上に成立しているといえよう。

2　非典型担保の種類

非典型担保には多くの種類が存在する。代表的なものとして，①担保となる権利について，あらかじめ債務者から債権者に移転しておくもの（権利移転型），②担保となる権利の移転を予約しておくもの（権利移転予約型），③債権者に所有権を留め置くもの（所有権留保）がある。

①権利移転型は，あらかじめ債権者に担保となる権利を移転し，債務の弁済が完了すればこれを戻すが，債務不履行の場合には確定的に権利を取得するもので，**譲渡担保**と称される。

②権利移転予約型は，債権者が，担保となる権利の移転を予約しておき，債務者の債務不履行を契機として権利移転を完了するもので，**仮登記担保**と称される。

③**所有権留保**は，物の売主（債権者）に所有権を留めたうえで目的物を引き

渡し，代金支払債務が弁済された場合には所有権を債務者に移転するが，債務
不履行の場合には契約を解除して目的物の返還を受けるものである。割賦販売
契約などにおいて，売主（債権者）が代金債権を担保するために用いられる。
担保目的のために使用権が所有権から切り離され，債権者と債務者に分属する
という点においては譲渡担保に類似している。

3　非典型担保の特徴

　民法が典型担保を用意しているにもかかわらず，取引実務では非典型担保が
利用される場面が多い。では，なぜこのような制度が利用されるようになった
のであろうか。

①　さまざまな財産権を担保目的物にできる

　民法上，抵当権は不動産にしか設定できず，動産を担保として利用するには
質権を用いるほかない。しかし，質権は担保目的物を質権者に引き渡さなけれ
ば効力が発生しない（民344条）ため，動産を債務者の手元に留めながら担保
権を設定することはできない。一方，非典型担保は典型担保とは異なる民法上
の制度を用いるためこのような制限がない。工場機械などの動産のほか，「の
れん」（仕入先や得意先，営業ノウハウなど，営業のために必要な無形の財産）や特
許権など，譲渡可能な財産権であれば，債務者の手元に留めながら担保権を設
定することができる。

②　私的実行ができる

　抵当権が実行され，担保不動産競売により売却される場合，市場価格と比較
して低い価格で落札されることも珍しくない。抵当権においても任意売却（私
的実行の一種）は可能だが，後順位抵当権者その他利害関係人の同意が必要で
あるため困難が伴う。しかし，たとえば不動産譲渡担保の場合には，設定時に
担保目的物の権利（所有権とするものと担保権とするものがある。後述）を債権
者へ移転させ，債務者が債務を弁済すれば権利を元に戻すが，債務不履行に陥

ると，債権者自身が確定的に所有権を取得したり，適正な価格で第三者に売却すること（私的実行）で，確実に債権を回収することができる。

　この点に関連して，とくに譲渡担保や仮登記担保では，債務者が債務不履行に陥った場合，債権者が担保目的物の所有権を取得することになるため，担保目的物の価値が被担保債権より高額であれば，その差額を得られることが債権者のメリットとなっていた。しかし，債権者が債務者の弱い立場につけこみ，被担保債権よりも過大な価値の財産に担保権を設定させ，債務者の債務不履行に乗じてその所有権を取得することがたびたび問題となった。そこで最高裁は，担保権という実態に着目し，債権者に被担保債権と担保目的物の価額との差額を清算する義務（**清算義務**）が発生すると判示した（仮登記担保については最判昭45・9・24民集24・10・1450，譲渡担保については最判昭46・3・25民集25・2・208。Case参照）。

Case

被担保債権額と担保目的物の価額との差額清算義務

事実

　債権者Xと債務者Yは，Y所有の土地を担保目的物として譲渡担保権契約を締結し，所有権移転登記がなされた。しかし，Yが債務を弁済しなかったため，XはYに対して建物収去・土地明渡しを請求した。なお，原審では被担保債権の残額が2,467,240円，土地の時価が349万円余と認定された。

判旨

　「貸金債権担保のために債務者所有の不動産につき譲渡担保形式の契約を締結し，債務者が弁済期に債務を弁済すれば不動産は債務者に返還するが，弁済をしないときは右不動産を債務の弁済の代わりに確定的に自己の所有に帰せしめるとの合意のもとに，自己のため所有権移転登記を経由した債権者は，債務者が弁済期に債務の弁済をしない場合においては，目的不動産を換価処分し，またはこれを適正に評価することによつて具体化する右物件の価額から，自己の債権額を差し引き，なお残額があるときは，これに相当する金銭を清算金として債務者に支払うことを要するのである。そして，この担保目的実現の手段として，債権者に対し右不動産の引渡ないし明渡を求める訴を提起した場合に，債務者が右清算金の支払と引き換えにその履行をなすべき旨を主張したときは，特段の事情のある場合を除き，債権者の右請求は，債務者への清算金の支払と引換えにのみ容認されるべきものと解するのが相当である」とし，清算義務を認め，清算金と担保目的物の引渡しが同時履行となる旨判示した（最判昭46・3・25民集25・2・208）。

③ そ の 他

　非典型担保の場合，基本的に抵当権の被担保債権の範囲に関する民法 375 条は適用されないため，利息その他の定期金は満期となった最後の 2 年分に限らず請求できる。そのほか，担保目的物の第三取得者による抵当権消滅請求について規定した民法 379 条や，担保目的物の使用者からの引渡しの猶予について規定した民法 395 条も適用されない。

4　叙述の順序

　先ほども述べたように，非典型担保にはさまざまな種類が存在する。本章では，代表的なものである譲渡担保（第 2 節），仮登記担保（第 3 節），所有権留保・代理受領・振込指定（第 4 節）について概観する。

2　譲 渡 担 保

1　譲渡担保の意義と機能

① 譲渡担保の意義

　工場を経営している A が B から資金の融資を受けようとする場合，その担保として A は，工場の不動産については抵当権を，動産については質権を設定することができる。しかし，抵当権は設定に時間と手間がかかり，質権については設定のために引渡しが必要となるため，たとえば生産設備に設定する場合，操業に支障が出る可能性がある。また，どちらの方法も実行に時間がかかる。

　そこで，A の財産について，所有権などの権利を B に移転しておき，債務の弁済があればこれを A に戻すが，債務不履行に陥った場合には B が確定的にその権利を取得することを内容とする契約が，取引実務上頻繁に行われている。これを**譲渡担保**という。

② 譲渡担保の機能

　譲渡担保の目的物は，不動産・動産はもちろん，のれんや特許，将来取得する予定の債権まで様々である。倉庫内にある無数の部品のような，日々入れ替わる集合物についても設定できる。それゆえ，たとえば財産に乏しいベンチャー企業などにおいても，自社のノウハウや技術を担保に資金調達をし，それらを利用して製造した商品の売上から弁済することが可能となる。

　また，不動産の場合，債権者に所有権移転登記をしてしまうため，後順位担保権者が発生せず，実行方法が私的実行であることから，適正価格による売却ができるなどのメリットがある。

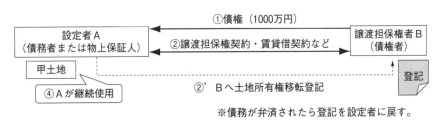

図表 8 - 1　譲渡担保（不動産）

③ 譲渡担保の有効性

　質権は，質物の占有移転により効果が発生し（民344条），質権設定者が質物を占有することができず（民345条），流質契約が禁止されている（民349条）。したがって，動産を手元にとどめ置きながら担保に入れること（動産抵当）や，簡易迅速な担保権の実行ができない。譲渡担保は，このような不都合を解消するために以前から利用されてきたが，脱法行為ではないかという指摘もなされている。これについて判例は，質権と譲渡担保は無関係な制度であるとして，譲渡担保を有効とした（大判大3・11・2民録20・865など）。

　また，実質は担保目的であるにもかかわらず，売買という形式を使う点について，通謀虚偽表示（民94条）になりうるのではないかという指摘もある。判例は，譲渡担保の当事者には所有権移転の意思があることを理由に虚偽表示に

は当たらないとした（大判明45・7・8民録18・691など）。学説もこれらの判例を支持しており，現在では，譲渡担保が通謀虚偽表示であるという主張は見られない。

2　譲渡担保の法的性質

　譲渡担保は，担保権を典型担保ではない民法上の制度を用いて実現するため，実質（担保）と形式（典型担保とは異なる制度）の齟齬によるさまざまな問題が発生する。そして，この問題については譲渡担保の法的性質をいかに考えるかにより結論が異なる。以下では，代表的な学説および判例を概観する。

①　所有権的構成
　譲渡担保の形式を重視する考え方である。債権者には完全な所有権が移転し，設定者に対して目的物を担保目的以外に利用しない義務を負う。目的物が動産の場合は引渡（民178条），不動産の場合は所有権移転登記（民177条）が対抗要件となる。債権者に所有権が移転してしまうことから，債権者が第三者に目的物を処分した場合，設定者はこれを取り戻すことができないなど，**設定者の保護に弱い**。

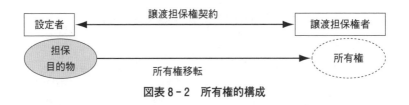

図表 8-2　所有権的構成

②　担保権的構成
　譲渡担保の**担保権としての実質を重視**する考え方である。所有権は設定者に残り，債権者には担保権に関する部分のみが移転すると考える。
　(1)　物権的期待権説　　債権者は，設定者が債務不履行に陥った場合に所有

権を取得できるという期待権を，設定者は債務の弁済により所有権を取り戻すことができるという期待権を有し，これらに物権的な効果を認める。

(2) 二段物権変動説　一旦，所有権は債権者に移転するが，担保権に関する部分以外は設定者に戻される。

(3) 担保権説　債権者は私的実行ができる担保権の設定を受けたのみであ

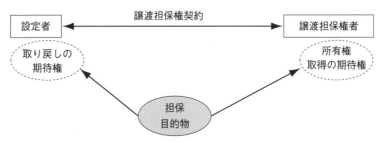

図表 8-3　担保権的構成（物権的期待権説）

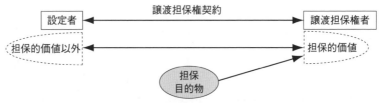

図表 8-4　担保権的構成（二段物権変動説）

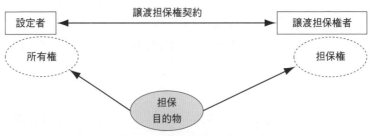

図表 8-5　担保権的構成（担保権説）

り，所有権は設定者に残される。

③　判例の立場

　判例は当初，担保目的物の所有権を外部（対第三者）と内部（当事者間）に分け，外部的には債権者に移転するが，内部的には移転しないとしていた（大判大 8・12・9 民録 25・2268）。その後，所有権は原則として外部，内部ともに債権者に移転するとしたことから，判例は所有権的構成の立場を取っていると解されている（大連判大 13・12・24 民集 3・555）。しかし近年は，譲渡担保の担保権たる実質を考慮し，個別の事案に応じた柔軟な解釈をしているようである。

④　譲渡担保と売渡担保

　譲渡担保を設定する場合，担保目的物の所有権を債権者に移転するタイプのもの（狭義の譲渡担保）と，債権者と設定者との間で買戻しや再売買予約付きの売買契約を結び，担保目的物を売却したことにしておいて，契約で定めた期日までに設定者が代金を支払えば，債権者は設定者に対して担保目的物を売り戻すというもの（**売渡担保**）がある。売渡担保は売買契約を担保設定のために利用するものであるから，売買代金（貸金）の支払いと物など（担保目的物）の引渡，つまり債権債務の履行をしなければ意味をなさない。このため，売渡担保は債権債務関係が残らないという特徴がある。

　以前はこの 2 つを区別していたが，現在では両者ともに譲渡担保と考えられている。判例も，特段の事情がない限り譲渡担保権契約であると判示している（最判平 18・7・20 民集 60・6・2499）。

3　譲渡担保権の設定と対抗要件

①　譲渡担保権の設定

　(1)　譲渡担保権契約　　債権者と，債務者または物上保証人による契約（**譲渡担保権契約**）により設定される。諾成契約であり，方式による制限もない。

　(2)　設定できる被担保債権の種類と目的物　　被担保債権は，強行法規や公

序良俗に反しない限り自由に設定でき，不特定の債権を担保する根譲渡担保の設定も可能である。目的物は，動産や不動産だけではなく債権など譲渡性のある物であれば対象となる。また，動産や債権の集合体をまとめて担保目的物とすること（集合動産譲渡担保・集合債権譲渡担保）も可能である。

2 譲渡担保権の対抗要件

(1) 不動産譲渡担保　不動産譲渡担保の対抗要件は**登記**（民177条）であり，登記原因は**「譲渡担保」**または**「売買」**である。しかし，登記原因の記載のみでは担保権が実行されているか判別できず，被担保債権額も表記されないことから，公示としての不完全さが残る。

(2) 動産譲渡担保　動産譲渡担保の対抗要件は**引渡し**（民178条）である。動産譲渡担保は動産抵当を実現するために利用されることが多いため，**占有改定による引渡し**が多く用いられている。しかし，この方法によると，設定者の手元に担保目的物が残ることから，第三者に即時取得（民192条）されてしまう可能性がある。取引実務では，担保目的物にネームプレートを貼るなど，明認方法によりこれを防いでいるが，公示方法としては不完全であるため，即時取得の危険を完全に排除することはできない。

そこで，このような欠点を改善すべく平成16年，債権譲渡特例法が改正され，**動産譲渡登記制度**が設けられた。動産譲渡登記ファイルに譲渡の登記があれば民法178条の引渡しが行われたものとみなされる（動産債権譲渡3条1項）。

(3) 集合動産譲渡担保　たとえば倉庫に保管している1万本のネジのように，複数の物の集合であり，それぞれが独自の取引対象となるとともに，集合そのものにも単一の経済的な価値がある物のことを**集合動産**という。集合動産については，種類・所在場所・量的範囲などにより目的物の範囲が特定される場合には一個の集合物として譲渡担保権の目的となる（最判昭54・2・15民集33・1・51）。また，たとえば入荷と出荷を繰り返す卸業者の倉庫のように構成物が常に変動する動産（**流動動産**）の場合，集合物の同一性が維持されていれば，新たな構成部分についても対抗力はおよぶ（最判昭62・11・10民集41・8・1559）。

集合物の譲渡担保についても対抗要件は引渡しである。

(4) 債権譲渡担保　　債権譲渡の対抗要件の規定である民法 467 条に従う（民 520 条の 19 第 1 項）。ただし，指図証券や記名式所持人払証券の譲渡については，裏書や証券の交付が求められている（民 520 条の 2・520 条の 13 など）。

(5) 集合債権譲渡担保　　現在および将来発生する債権の集合体を集合債権という。集合債権に譲渡担保を設定する場合，一般的に第三債務者が多数・不特定となることから，民法 467 条の定める確定日付のある通知を発することが困難である。そこで，このような場合に対応するために平成 10 年，債権譲渡登記制度が整備された。法人が金銭の支払いを目的とする指名債権を譲渡した場合，債権譲渡登記ファイルに譲渡の登記をすれば確定日付のある通知がなされたものとみなされる（動産債権譲渡 4 条 1 項）。

③ 譲渡担保権の効力のおよぶ範囲

(1) 譲渡担保権の効果がおよぶ目的物の範囲　　抵当権に関する民法 370 条が類推され，付加物，従物および従たる権利にもおよぶ。また，不可分性（民 296 条）や代償物に対する物上代位も認められる。

果実について，所有権的構成によれば，債権者に所有権が移転するので，譲渡担保権の効果は果実にもおよぶことになる。しかし，譲渡担保は実質的に担保権であり，そのメリットは，担保目的物を設定者に留め置きながら利用できる点であるから，特約がない限り果実には効果がおよばないと考えるべきである。

(2) 被担保債権の範囲　　譲渡担保権の場合，登記名義を債権者に移してしまうため後順位担保権者がほとんど発生しない。よって，民法 375 条は適用されず，元本はもちろん，利息，遅延賠償金についても満期となった最後の 2 年分に限られることなく優先弁済権の対象となる。

4 効 果

1 当事者間での効力

　(1)　利用関係　　担保目的物の利用権は契約により定められる。取引実務では，譲渡担保権契約とは別に，担保目的物についての賃貸借契約など，利用権に関する契約が結ばれる。契約に定めがないときは，利用権は設定者に帰属すると解されている。

　ここで，設定者の賃料不払いを理由に債権者が賃貸借契約を解除した場合，担保目的物の明渡しを請求することができるかが問題となる。譲渡担保権契約と同時に締結される賃貸借契約に基づき発生する賃料債務は，実質的には被担保債権の利息であり，利息制限法の適用を受ける。よって，賃料不払いによる契約解除・明渡請求は，実質的には賃料債務の不履行に基づく担保権の実行であるから，設定者は清算手続が終了した時点で引き渡せばよいと考えられている。

　(2)　目的物の侵害　　(a)　設定者による侵害　　設定者が担保目的物を滅失・損傷したり，第三者に処分した場合，債権者は目的物保管義務違反として債務不履行責任を問いうるほか，所有権または譲渡担保権侵害による不法行為責任も追及することができる。また，担保権または所有権に基づき物権的請求権を行使することも可能である。なお，目的物を滅失・損傷した者が債務者である場合には，被担保債権についての期限の利益を喪失する（民137条2号）。

　　(b)　債権者による侵害　　債権者が担保目的物を滅失させたり，第三者に処分した場合，所有権的構成によれば所有権は債権者に帰属するので，設定者は，担保目的以外に目的物を利用しない契約上の義務に違反したとして債務不履行責任を追及できる。担保権的構成の場合には，所有権は設定者に帰属するので，所有権侵害を理由に不法行為に基づく損害賠償請求が可能である。

2 第三者との間の効力

　譲渡担保権は，公示が不完全なために外部からは分かりづらい。そのため，

第三者が取引関係に入ってきたときや，一般債権者の差押えがあった場合など
の調整が問題となる。

（1）譲渡担保権者側に生じた第三者と設定者の関係　図表8-6は，譲渡担
保権者と第三者との関係をまとめたものである。譲渡担保権者は様々な利害関
係者から影響を受け，その結論は譲渡担保の法的性質をいかに解するかにより
異なる。

（a）第三者に対する譲渡　譲渡担保権者が担保目的物を第三者に譲渡し
た場合，所有権的構成によると，第三者は有効に所有権を取得することになり，
譲渡担保権者は設定者に対して債務不履行責任を負うことになる。一方，担保
権的構成のうち担保権説や物権的期待権説によれば，譲渡担保権者は担保権し
か有しないから，第三者は担保権のみを取得し，所有権を取得することができ
ない。ただし，不動産の場合は民法94条2項の類推適用，動産の場合は即時
取得（民192条）の可能性がある。二段物権変動説をとれば，所有権は譲渡担
保権者に移転するものの，担保的価値しか保持できず，そのほかの部分は設定
者に戻される。よって，譲渡担保権者を中心として，設定者に戻された担保的
価値以外の所有権と，第三者に譲渡された所有権とが二重譲渡類似の関係とな
り，対抗問題となる。

（b）第三者に対する譲渡担保権の設定　担保目的物について，譲渡担保
権者が第三者に対してさらに譲渡担保権を設定した場合，所有権的構成による
と，第三者は有効に所有権（譲渡担保権）を取得することができ，設定者の影

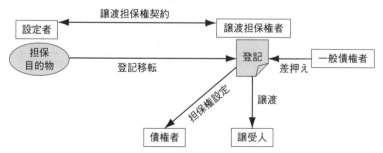

図表 8-6　譲渡担保権者側に生じた第三者と設定者の関係（例：不動産譲渡担保）

響を受けることはない。担保権的構成の場合，転抵当類似の再譲渡担保権を取得する（最判昭56・12・17民集35・9・1328）。ただし，第三者について民法94条2項の類推適用や即時取得が成立する場合には，譲渡担保権そのものを取得する（譲渡担保はほとんどが占有改定による引渡であるため，多くの場合，即時取得は認められないだろう）。

(c) 譲渡担保権者の一般債権者による差押え　　所有権的構成によれば，所有権は譲渡担保権者に移転すると考えるので差押えは有効である。担保権的構成によれば，所有権は設定者に残されているため，設定者は第三者異議の訴えにより，競売手続の停止や取消を求めることができる。ただし，被担保債権の弁済期到来後に債務を弁済した設定者については第三者異議の訴え（民執38条1項）を提起できない（最判平18・10・20民集60・8・3098）。

(2) 設定者側に生じた第三者と譲渡担保権者の関係　　図表8-7は，設定者との関係で生ずる第三者をまとめたものである。譲渡担保権者と同じく，設定者についても様々な利害関係人が発生し，法律構成により結論が異なる。

(a) 第三者に対する譲渡　　設定者が担保目的物を第三者に譲渡した場合，担保目的物が不動産であれば対抗問題となり，登記の前後により決する。動産の場合，所有権的構成によると，所有権は譲渡担保権者に移っていることから，第三者は，即時取得が成立しない限り所有権を取得することはできない。担保権的構成の場合，設定者に所有権（二段物権変動説の場合は所有権のうち担保権以外の部分）が残るため，第三者は所有権を有効に取得することができるが，付従性により譲渡担保権の負担が付いた所有権となる。ただし，即時取得が成

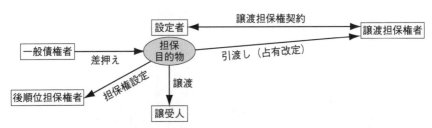

図表8-7　設定者側に生じた第三者と譲渡担保権者の関係（例：動産譲渡担保）

立する場合は，このような負担のない所有権を取得することができる。

　(b)　第三者に対する譲渡担保権の設定　　設定者が第三者に対して譲渡担保権を設定した場合，担保目的物が不動産であれば，(a)と同じく対抗問題として処理する。動産の場合，所有権的構成によると，設定者に所有権がないことから，即時取得が成立しない限り第三者は所有権（譲渡担保権）を取得できない。担保権的構成によると，設定者に所有権が残ることから，第三者は第二順位の譲渡担保権を取得することになり，判例にもこれを認めたものがある（最判平18・7・20民集60・6・2499）。なお，第三者が善意・無過失の場合は，第一順位の譲渡担保権を即時取得することが考えられるが，譲渡担保は原則として占有改定により引渡が行われるため，認められることはほとんどないであろう。

　(c)　設定者の一般債権者による差押え　　不動産譲渡担保については，譲渡担保権の設定に伴い登記移転があるならば，このような問題は発生しない。登記移転がされない場合は，譲渡担保権の設定に伴う登記と差押登記との先後による。動産譲渡担保の場合，所有権的構成によれば，譲渡担保権者は所有権を有するので第三者異議の訴えを提起し，一般債権者の強制執行を排除できる（大判大3・11・2民録20・865など）。担保権的構成の場合，担保権者は所有権を有しないので，第三者異議の訴えを提起することはできない。この点について，旧民事訴訟法では優先弁済の訴え（旧民訴565条）により，差押債権者の開始した強制執行手続の中で優先配当を受けることができたが，この制度が廃止された現在では，学説も第三者異議の訴えを認めるべきとする主張が多い。判例も，このような場合においては第三者異議の訴えを認めている（最判昭58・2・24判時1078・76）。

　(3)　第三者による侵害　　第三者により担保目的物が侵奪や滅失・損傷された場合，譲渡担保権者や設定者はいかなる請求をすることができるのであろうか。

　(a)　物権的請求権　　所有権的構成の場合，譲渡担保権者は担保目的物を侵奪した第三者に対して所有権に基づき物権的返還請求権を行使できる。設定者については，担保目的物を占有している場合（譲渡抵当）にのみ，占有回収

の訴えを提起することができる。担保権的構成の場合，譲渡担保権者は譲渡担保権に基づき物権的請求権を行使できる。設定者は所有権に基づき物権的返還請求権を行使できる。

　(b)　損害賠償請求権　　所有権的構成によると，譲渡担保権者は担保目的物を滅失・損傷した第三者に対して不法行為に基づく損害賠償を請求でき，設定者については債権侵害による不法行為が成立する可能性がある。担保権的構成によると，逆に設定者が不法行為に基づく損害賠償請求を提起できる一方，譲渡担保権者も抵当権侵害の場合に準じて，不法行為に基づく損害賠償請求を提起できる。

5　実　　　行

①　実行方法および清算方法
　譲渡担保権の実行は，譲渡担保権者が設定者に対して被担保債権額と担保目的物の価額との差額を支払ったうえで，担保目的物の所有権を得ることにより行われる（**私的実行**）。そして，私的実行の際の清算方法には**帰属清算**と**処分清算**の二種類がある。
　(1)　帰属清算　　担保目的物を適正評価した価格と被担保債権額の差額を清算金として支払い，譲渡担保権者が目的物を取得する方法である。清算金の支払いと担保目的物の引渡しは**引換給付**である。
　(2)　処分清算　　譲渡担保権者が担保目的物を第三者に売却し，その売買代

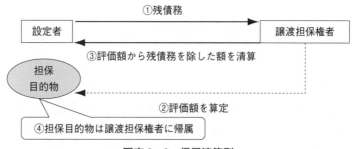

図表 8 - 8　帰属清算型

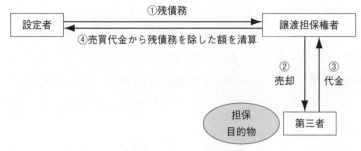

図表 8 - 9　処分清算型

金から被担保債権額を差し引いた残額を清算金として支払う方法である。

　(3)　どちらが原則的な清算方法か　　処分清算の場合，担保目的物を第三者に売却することから，清算金と担保目的物は引換給付にはならず，担保目的物を先に引き渡すことになる。一方，帰属清算の場合，所有権を譲渡担保権者自身に帰属させるので，担保目的物を先に引き渡す必要はない。

　判例は，弁済期の経過後は，目的物を自由に処分する権限を有するため，譲渡担保権者は清算方法を自由に選ぶことができるとする（最判平 6・2・22 民集48・2・414）。しかし，これでは譲渡担保権者が処分清算を選択した場合，担保目的物と清算金が引換給付ではなくなるため設定者の保護に欠ける。仮登記担保法おいても帰属清算が原則とされている（仮登記担保 3 条）ことや，設定者保護の観点から，帰属清算を原則とすべきであろう。

② 受 戻 権

　設定者は，譲渡担保権者の私的実行が完了するまでは，債務を弁済することにより担保目的物を取り戻すことができる。これを**受戻権**という。

　受戻権は，処分清算においては担保目的物が第三者に売却されるまで行使できる（最判昭 57・1・22 民集 36・1・92）。帰属清算においては，清算金があるときはその提供までに，清算金がないときはその旨の通知を受けるまでに行使しなければならない。ただし，譲渡担保権者が清算金の支払いや，清算金が発生しない旨の通知をせず，債務者も債権を弁済しない状況で，目的物が第三者へ処

分がなされた場合には受戻権を行使できない（最判昭 62・2・12 民集 41・1・67）。また，帰属清算の合意がある譲渡担保権契約において，弁済期の経過後は，譲渡担保権者は自由に目的物を処分できる権限を有するので，設定者は，譲受人が背信的悪意者であったとしても受戻権を行使できない（前掲最判平 6・2・22）。

③ 受戻権の時効消滅

受戻権は時効（民 166 条 2 項）により消滅しないとするのが判例である（最判昭 57・1・22 民集 36・1・92）。学説には，仮登記担保法 11 条ただし書を準用し，5 年で消滅すると考える説や，受戻権は形成権であるとして，民法 166 条 2 項が適用され 20 年で消滅すると考える説がある。

6　譲渡担保権の消滅

弁済や時効により被担保債権が消滅すると，譲渡担保権も消滅する。また，目的物の滅失や放棄・混同により消滅する。ここで混同について，同一の土地について A のために根抵当権が設定された後，重ねて譲渡担保権の登記がなされた場合，譲渡担保権の登記は所有権移転登記を利用して行われるので混同により消滅しそうである。しかし判例は，譲渡担保の担保権たる実質を考慮して混同による消滅を否定した（最決平 17・11・11 判タ 1199・190）。

3 ｜ 仮 登 記 担 保

1　仮登記担保の意義と機能

① 仮登記担保の意義

工場を経営する A に資金を貸した B が取りうる債権担保の手段として，あらかじめ A との間で代物弁済予約や売買予約などをしたうえで所有権移転の仮登記を経由し，A が債務不履行に陥った場合，B は予約完結の意思表示をしたうえで本登記をする方法を用いることもある。このような，仮登記の順位保

全効を用いた債権担保の手段のことを仮登記担保といい，取引実務では以前から頻繁に利用されてきた。

　仮登記担保は，典型担保とは異なる民法上の制度，具体的には代物弁済契約や売買予約，停止条件付代物弁済契約といった，契約に関する制度を用いて抵当権と類似の効果を発生する点に大きな特色がある。では，債権担保の手段として抵当権が用意されているにもかかわらず，なぜ仮登記担保が利用されているのだろうか。

② 仮登記担保のメリット

　まず，仮登記担保は不動産のみならず，たとえば立木所有権や特許権，漁業権など，他の権利ついても設定可能である。しかし，仮登記や仮登録を用いなければ債務不履行時の権利取得について実効性を確保できないため，実際は，登記制度が整っている不動産で多く利用されている。

　また，被担保債権額と担保目的物の価額との差額を丸取りできる点もメリットであったが，担保目的物の価値が被担保債権額を著しく超える場合，判例は暴利行為（民90条）として無効にしていた。しかしその後，仮登記担保の担保権としての実態に着目し，価値の差に関係なく清算義務を肯定した（最判昭45・9・24民集24・10・1450）ことから，仮登記担保を利用するメリットは以前より小さくなっている。

　このような中において，仮登記担保の最大のメリットは私的実行ができるという点であろう。また，民法375条，民法379条，民法395条が適用されない点も挙げることができる。このように，以前に比べると小さくなったものの，仮登記担保には多くのさまざまなメリットが残っている。取引実務においては，実行時の状況に応じて柔軟に実行方法を選べるよう，抵当権と仮登記担保が併用されることも多い。

　仮登記担保は，契約に関する制度を担保権設定のために「流用」するものであるが，それは民法が想定するところではない。そのため，譲渡担保の場合と同じくさまざまな問題が発生し，判例により基準が作られてきた。その蓄積を

基礎として昭和 53 年「**仮登記担保契約に関する法律**」（仮登記担保法）が成立した。

2 仮登記担保の設定

　仮登記担保は債権者と債務者または物上保証人（設定者）の契約により設定され，契約書などの様式が求められているわけでもない（諾成契約）。しかし，仮登記担保法の適用対象となるためには，**代物弁済**や**売買予約**，**停止条件付代物弁済**を内容とする契約のうち，同法 1 条の要件を満たす必要がある。要件を満たさない場合も，契約そのものは有効に成立するが，仮登記担保法は適用されない。ではどのような要件を満たせば適用対象となるのであろうか。

1 仮登記担保法が適用される要件

　(1) 金銭債権であること　　被担保債権は金銭債権に限られる。

　(2) 担保目的であること　　債権担保を目的として代物弁済予約や売買予約，停止条件付代物弁済を内容とする契約が締結される必要がある。

　(3) 債務不履行時には設定者に属する権利が移転すること　　債務不履行が停止条件あるいは，予約完結権の発生事由になっている必要がある。なお，この要件を満たせば担保目的は明白であるから，担保目的である旨明記されていなくとも(2)の要件を満たすことになる。

　(4) 仮登記または仮登録ができること　　仮登記担保法は，土地または建物を目的とする仮登記担保契約についての規定のみを置いている。それ以外の財産権についても，仮登記または仮登録できるものであれば準用される。ただし，抵当権については仮登記が可能であるが，随伴性に反するため対象とならない（仮登記担保 20 条）。なお，仮登記または仮登録ができる財産権であれば適用対象となり，実際に仮登記または仮登録をしている必要はない。

2 公 示 方 法

　公示方法は**仮登記**または**仮登録**である（仮登記担保の公示のために行われる仮

登記や仮登録を**担保仮登記**と呼ぶ）。担保仮登記には順位保全効があるため，債務不履行の場合には本登記にすることにより，仮登記時にさかのぼって所有権移転の効果が発生する。本来，仮登記や仮登録には対抗力はないが，仮登記担保法が適用される場合には，担保仮登記がなされた時点で抵当権の設定登記がなされたものとみなされる（仮登記担保13条1項・20条）ため，事実上の対抗力があると解されている。しかし，担保仮登記の場合，所有権等に関する仮登記として登記簿に記載されるため，被担保債権額や利息についての記載がないほか，債権担保以外の原因でなされた仮登記と区別がつかないなど，公示機能が不十分という問題がある。

3　仮登記担保の効力

　仮登記担保は，担保権者としての地位を仮登記により保全したものであるから，所有権は設定者にある。よって，担保目的物の利用権も設定者にある。

　また，目的物の範囲については抵当権に関する民法370条が類推され，特段の定めがない限り付加一体物におよぶと解されている。物上代位性（民304条・372条）についても類推される。

　さらに，被担保債権の範囲については，私的実行により仮登記担保権者が担保目的物の所有権を取得した場合か，他の債権者が競売手続を開始した場合かにより異なる。前者では，清算期間が経過した時点における債権および設定者が負担すべき費用で債権者が代わって負担したもの（仮登記担保2条2項）が被担保債権の範囲であり，抵当権における民法375条のような制限は受けない。一方，後者では，仮登記担保権者は目的物の所有権を得ることができなくなり，競売手続内で優先弁済を受ける権利を有するに過ぎない。抵当権の場合と同様に，被担保債権の範囲は元本のほか利息・遅延損害金の満期となった最後の2年分に制限される（仮登記担保13条2項・3項）。

　これに関連して，**根仮登記担保**も設定可能である。しかし，仮登記では被担保債権額や極度額の表示ができないため，根仮登記担保に仮登記担保と同等の効力を与えると第三者が不利益を被る危険性がある。そこで，根仮登記担保の

効力を当事者間に限定し，競売手続・破産手続・再生手続・会社更生手続においては効力を有しない（仮登記担保14条・19条5項）。また，清算金への物上代位も認められない（仮登記担保4条2項括弧書）。

4　仮登記担保の私的実行

1　私的実行の手順

　譲渡担保と同じく，仮登記担保権の実行方法も私的実行である。すなわち，債権者と設定者との合意により，仮登記担保権者が清算期間経過時の被担保債権額と担保目的物の価額との差額を支払い，本登記および引渡しを受けることにより，仮登記担保権者が目的物の所有権を確定的に取得する。以下では，仮登記担保の私的実行の要件や手順などについて概説する。

　(1)　実行開始の要件　　実行開始の時期は仮登記担保契約の内容により異なる。停止条件付代物弁済による場合には，債務者が債務不履行（履行遅滞）に陥ることにより，売買予約や代物弁済予約を内容とする場合には，予約完結の意思表示により実行が開始される。

　(2)　清算金見積額の通知　　あくまで停止条件の成就や予約完結の意思表示は実行を開始するための要件にすぎず，これによりすぐに担保目的物の所有権が移転するわけではない。仮登記担保権者は，清算金の見積額（清算金がない場合はその旨）を設定者に通知しなければならず（仮登記担保2条1項），この通知の到達から2ヵ月（**清算期間**）が経過してはじめて所有権移転の効果が発生する。

　(3)　清算金支払いと所有権移転　　清算期間の満了により所有権移転の効果が発生するが，仮登記担保権者が本登記および引渡しを受けるためには清算金の支払いが必要である。そして，清算金支払いの実効性を確保するために，両者を同時履行の関係とし（仮登記担保3条2項），判例は留置権を主張することも認めている（最判昭58・3・31民集37・2・152。Case参照）。また，たとえば本登記や引き渡しを先履行にする特約など，設定者に不利な特約を清算期間経過前に結ぶことはできない（仮登記担保3条3項）。仮登記担保契約の締結時に，債権者

が設定者の窮迫に乗じて不利な特約を要求する可能性があるからである。なお，被担保債権額より担保目的物の価額が低い場合，被担保債権はその価額の限度で消滅する（仮登記担保9条）。

Case

担保目的物の第三取得者の明渡請求に対して，債務者は清算金の支払いがあるまで留置権を行使できるとした事例

事実

仮登記担保権者Aは，債務者Bに清算金を支払うことなく本登記を経た上で，担保目的物である土地建物を第三者Xに売却した。Xは，Bの相続人であるYらに対して土地建物の引渡しを請求した。Yらは，清算金を支払うまで土地建物の明渡しを拒絶した。

判旨

Aが確定的に所有権を取得して，さらにXに譲渡した場合，Xは清算関係とは切り離された完全な所有権を取得する。しかし，Yの清算金支払い請求権は，仮登記担保の設定契約（代物弁済予約）から生じた債権である。よって，YはAから清算金の支払いを受けるまではAに対してはもとより，Xに対しても留置権を行使して明渡しを拒絶できる（最判昭58・3・31民集37・2・152）。

---

(4)　**設定者の受戻権**　　設定者は，清算金の支払いを受けるまでは，債権が消滅しなかった場合に債務者が支払うべき金額を債権者に支払うことにより，所有権を回復することができる。これを**受戻権**という（仮登記担保11条）。清算期間中は担保目的物の所有権が仮登記担保権者に移転していないので，設定者は債務を「弁済」することにより仮登記担保権者の私的実行を中止させることができる。しかし，清算期間が終了すれば所有権は仮登記担保権者に移転するので，それから後は，移転した所有権について，弁済すべきであった金銭を支払い取り戻す，つまり「受戻権」が用いられる。

ただし，清算期間の経過から5年が経過した場合や，第三者が所有権を取得したときは行使できない（同条ただし書）。

---

② **後順位担保権者等に対する通知**

担保仮登記のあとに後順位担保権者が現れた場合，仮登記担保権者が本登記

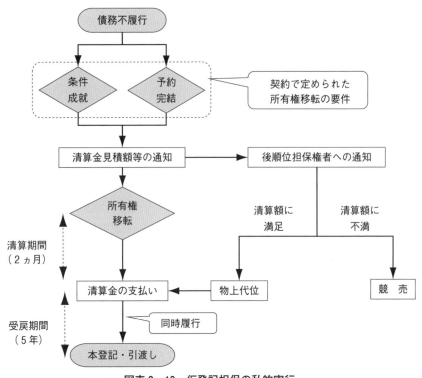

図表 8 - 10　仮登記担保の私的実行

にすると，後順位担保権者は権利を失う（不登109条2項）。しかし，担保仮登
記はあくまで担保権にすぎないと解するのであれば，担保目的物の残存価値は
後順位担保権者に帰属させるべきである。また，残存価値が後順位担保権者に
帰属するとしても，仮登記担保権者が担保目的物の価格を低く見積もった場合，
後順位担保権者の取り分が減少するため保護が必要である。そこで，仮登記担
保権者は設定者に対して清算額の通知をしたあと遅滞なく，後順位担保権者に
対しても，設定者に対して清算額の通知を行った旨の通知をしなければならな
い（仮登記担保5条1項）。

　この通知を受け取った後順位担保権者は，担保目的物の見積額が適正である
と考えるのであれば，設定者に対して支払われる清算金に物上代位することが

できる（仮登記担保4条）。一方，見積額が低いと考えるのであれば，清算金の支払いまでに競売の申立てを行い，競売手続の中で配当を受けることになる（仮登記担保12条）。このとき，後順位担保権者の被担保債権が弁済期にある必要はない。

③　競売手続開始時における仮登記担保権者の扱い

　一般債権者や後順位担保権者が競売の申立てを行った場合，仮登記担保権者はどのように扱われるのだろうか。

　仮登記担保法13条は，仮登記担保を実質的には担保のためのものと解し，他の債権者から競売の申立てがなされた場合，仮登記担保権者はその手続きの中で配当を受ける。この時の優劣であるが，担保仮登記を抵当権設定登記とみなし，その前後により決する。また，私的実行の開始後であっても，清算金の支払いまでに競売の申立てがなされると，仮登記担保権者は担保仮登記に基づく本登記の請求を行うことができず（仮登記担保15条），競売手続が優先される。

5　用益権との関係

① 担保仮登記より前から対抗力を備えている用益権

　担保仮登記より前から対抗力を備えている用益権は債権者に対抗できる。私的実行によるか，競売手続によるかに関係なく，担保目的物の買受人は用益権付きの目的物を取得する。

② 担保仮登記より後に対抗力を備えた用益権

　(1)　民法395条の類推適用について　　抵当権の場合，抵当権者に対抗することができない賃借人は，買受人の買受けから6ヵ月間，建物の明渡しが猶予される（民395条）。担保仮登記の後に対抗力を備えた用益権にも，この規定が類推適用されるであろうか。

　この点について判例は，平成15年民法改正前の短期賃借権に関する規定ではあるが，民法395条の類推適用を否定した（最判昭56・7・17民集35・5・950）。

学説には，民法 395 条の趣旨は抵当権に遅れる賃借人を保護する点にあるが，仮登記担保についてもこの必要性は変わらないことを理由に，類推適用を認めるべきとするものもある。

(2) 法定借地権について　　抵当権については，要件を満たせば法定地上権（民 388 条）が成立する。仮登記担保の場合についても，土地および建物が同一所有者の場合で，土地に対する担保仮登記について本登記がされたときには，建物所有目的の土地賃借権が成立する（**法定借地権**。仮登 10 条）。法定借地権は，土地に対する仮登記担保についてのみ成立する。土地に仮登記担保を設定する場合，土地上に建物が存在すると，所有権を取得したとしても自由に利用することができないなど，債権者に不利に働く可能性がある。よって，債務者が約定借地権の特約を求めても拒否される可能性が高く，建物所有者保護のために賃借権を成立させる必要があるからである。

一方，建物に対して仮登記担保を設定する場合このような規定はない。なぜなら，債権者は，私的実行後の土地利用権を確保するため，あらかじめ停止条件付の約定借地権設定特約を成立させ，その旨の仮登記をしておくことが行われるからである。ただし，土地利用権の設定がされていなかった場合についても，特段の事情がない限り黙示の借地権設定契約が成立したものと解されるようである（東京地判昭 60・8・26 判時 1191・93 など）。

なお，地上権ではなく借地権の成立を認めているのは，実社会においては，建物所有目的の土地利用権として借地権が多く利用されているためである。しかし，抵当権の場合は地上権が成立（民 388 条）することから，両者の不均衡が指摘されている。

6　仮登記担保の消滅

まず，私的実行または目的物の競売（仮登記担保 16 条 1 項）により消滅する。また，被担保債権が弁済や時効などにより消滅した場合や，目的物の滅失や混同，放棄によっても消滅する。このほか，仮登記担保は債権であるから，停止条件の成就時または予約完結権の行使可能時から 10 年で消滅時効にかかる（166

条 1 項 2 号)。なお，担保目的物の第三取得者が被担保債権の消滅時効を援用した場合も，仮登記担保は消滅する（最判昭 60・11・26 民集 39・7・1701)。

4 ┃ そ の 他

1　所有権留保

1　所有権留保の意義・法的性質

（1）所有権留保の意義・特色　　例えば，自動車やパソコンなど，高額商品を購入するとしよう。このとき，割賦販売契約を利用すると，先に商品の引渡しを受けたうえで，代金は分割して支払うことになる。

　所有権留保は，割賦販売契約に基づく売買代金を確実に回収するための手段として用いられることがある。たとえば買主 A が売主 B から自動車を購入する際，A に自動車は引き渡すが，所有権は B に留保しておき，A が代金を支払えば所有権を A に移転させるが，債務不履行に陥った場合には売買契約を解除し，自動車を取り戻すかたちで行われる。引渡が先履行となる動産売買における売主の代金債権については，動産売買先取特権（民 311 条 5 号）によっても優先弁済権が認められている。しかし，競売手続等を経なければならないなど手続きが煩雑であることから，取引実務では，私的実行が可能な所有権留保が広く利用されている。

　所有権留保は，担保のために使用権が所有権から切り離され，債権者と債務者に分属するという点では譲渡担保に類似する制度といえる。また，譲渡担保とは異なり，債権者に所有権を留保することから，登記などの対抗要件を備えなくとも第三者に対抗することができる。

（2）所有権留保の法的性質　　譲渡担保と同じく所有権留保についても，債権者の留保している権利が所有権そのものなのか（所有権的構成），担保権に過ぎないのか（担保権的構成）という点について議論がある。

② 設　　定

　所有権留保は，売買契約の際に特約として設定される。特約がない場合も，割賦販売法が規定する割賦販売により販売された指定商品については所有権留保が推定される（割賦7条・2条1項1号）。不動産についても所有権留保は可能であるが，宅地建物取引業者が自ら売主として行う宅地または建物の割賦販売で，代金の10分の3を超える金銭の支払いを受けた場合には，宅地建物取引業者は原則として登記を移さなければならない（宅建業43条）など，宅地建物取引業法により制限される場合もある。

◆◆◆ Topics

割賦購入あっせん契約における所有権留保

　最近では，売主，買主の二者による割賦販売契約ではなく，売主と買主の間にローン会社が入る割賦購入あっせん契約が多く利用されている。割賦購入あっせん契約により商品を購入する場合，買主が売主から物を購入すると，ローン会社が買主に代わって代金を支払う。このとき，物の所有権が債権者からローン会社に移転し，代金の完済までローン会社に留保される。

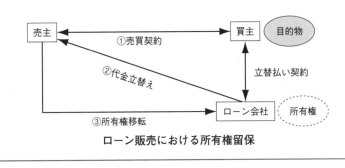

ローン販売における所有権留保

③ 効　　果

　(1)　当事者間での効力　　買主は，譲渡担保における受戻権と同じく，売主の清算金支払いまでに残債務額を支払えば，所有権留保を消滅させることができる。買主が代金を支払わない場合，売主は売買契約を解除し，原状回復請求権により目的物を取り戻すことができる。このとき，目的物の価値が被担保債

権の残額を超える場合には，売主に清算義務が発生し，両者は同時履行の関係
となるが，動産は使用や経年劣化により価値が急速に低下するため，清算金が
発生することは稀である。なお，担保権的構成によると，契約解除は担保権実
行の意思表示となる。

　所有権留保においては通常，当事者間で処分禁止特約が締結されるが，その
効果は当事者間でしか発生しない。よって，買主が担保目的物を第三者に売却
した場合には即時取得されてしまう可能性がある。

Topics

所有権留保されている物の即時取得対策

　先に述べたように，所有権留保は対抗要件を備えなくとも第三者に対抗できるが，
担保目的物を買主に引き渡すため，第三者により即時取得されてしまう可能性がある。
　そこで実務界では，目的物にネームプレート等の明認方法を施すことにより，第三
者の善意・無過失の推定を阻止している。しかし，ネームプレートを外して売却して
しまえば即時取得が成立してしまうため，この防止方法は可及的なものに過ぎない。
契約約款に，ネームプレートの取り外しや，担保目的物の現状点検を拒むことを契約
解除事由として定めていることが多いが，これも買主への威嚇に過ぎず，即時取得を
完璧に防ぐのは困難である。

　(2)　第三者間での効力　　(a)　買主が目的物を譲渡した場合　　買主が代金
完済前に第三者に対して目的物を譲渡した場合，所有権的構成によれば，第三
者は即時取得が成立しない限り所有権を取得できない。判例もこの立場である
（最判昭49・7・18民集28・5・743）。

　担保権的構成によれば，第三者が善意・無過失の場合は所有権留保の負担の
ない所有権を，善意・有過失または悪意の場合には所有権留保付の所有権を取
得しうる。しかし，実際の割賦販売契約では通常，目的物を第三者へ譲渡した
場合には期限の利益を失い，売買契約が解除され，直ちに被担保債権の弁済義
務が発生する旨の合意がなされる。よって，善意・有過失または悪意の第三者
については売主からの目的物引渡請求を拒むことはできない。

　(b)　流通過程に置かれた物の場合　　たとえば，正規ディーラー（自動車

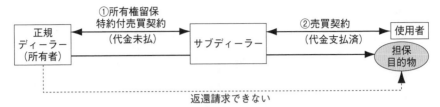

図表 8 - 11　流通過程での所有権留保

メーカーから直接自動車を仕入れている販売店）A がサブディーラー（街の自動車整備工場など，正規ディーラーから自動車を仕入れて販売している店）B に所有権留保付きで自動車を販売し，それをさらに C に販売したとしよう。このとき，C は B に対して代金を支払ったものの，B が A への債務を弁済せずに倒産した場合，C は A からの自動車の引渡請求に応じる必要はあるのだろうか。

　まず，自動車の場合，登録の際，所有者と使用者を分けて登録することができる。所有権留保付きで自動車を販売する場合，通常は登録による公示が前提となる（車検証の所有者欄に A の名前が記載される）ため，C に即時取得は成立しない（最判昭 62・4・24 集民 150・925）。

　そのうえで，正規ディーラーとサブディーラーは協力関係にあり，正規ディーラーはサブディーラーを利用して販路を拡大している。販路拡大による利益のみを正規ディーラーが享受し，不利益はユーザーに引き受けさせるようなことがあってはならない。判例は権利濫用を理由に，C は A からの引渡請求を拒否できる旨判示した。（最判昭 50・2・28 民集 29・2・193。Case 参照）。

　(c)　買主の一般債権者が差し押えた場合　　買主の一般債権者が目的物を差し押さえた場合，売主は第三者異議の訴え（民執 38 条）を提起することができる。

　(d)　買主の倒産　　買主が倒産した場合，売主には破産手続や民事再生手続において別除権（破産 2 条 9 項・65 条，民再 53 条）が認められる（破産手続については最判平 29・12・7 民集 71・10・1925，民事再生手続については最判平 22・6・4 民集 64・4・1107）。会社更生手続においては更生担保権（会更 2 条 10 項）が認められる。

Case

サブディーラーが倒産した場合の，正規ディーラーから
ユーザーに対する目的物の返還請求

事実

　ディーラー X がサブディーラー A に所有権留保付きで自動車を販売し，それをさらに所有権留保付きでユーザー Y に販売した。Y は A に代金全額を支払ったが，A は X に代金を完済しないまま倒産したため，X は Y に対して，留保していた所有権に基づき自動車の返還を求めた。X と A は日頃から協力関係にあり，X は自社の社員を Y の元に派遣し，A に代わって Y の自動車の車検や登録手続を行っていた。

判旨

　「X は，ディーラーとして，サブディーラーである A が本件自動車をユーザーである Y に販売するについては，前述のとおりその売買契約の履行に協力しておきながら，その後 A との間で締結した本件自動車の所有権留保特約付売買について代金の完済を受けないからといって，すでに代金を完済して自動車の引き渡しを受けた Y に対し，留保された所有権に基づいてその引渡しを求めるものであり，右引渡請求は，本来 X においてサブディーラーである A に対してみずから負担すべき代金回収不能の危険をユーザーである Y に転嫁しようとするものであり，自己の利益のために代金を完済した Y に不測の損害を蒙らせるものであって，権利の濫用として許されないものと解するを相当とする」と判示した（最判昭 50・2・28 民集 29・2・193）。

2　代 理 受 領

　代理受領は，建設工事などの請負業者により頻繁に利用されている。たとえば，A が B 銀行から融資を受けたい場合に，C から請け負った工事の報酬債権の代理受領権をあらかじめ B に与えるような場合である。C は B に対して直接報酬債権を支払い，B は貸金債権と相殺する。このとき，報酬債権を確実に受け取るため，A が B に報酬の受取りを委任したことを C に認めてもらう必要がある。判例は，C が報酬受取りを認めたにもかかわらず，C が A に代金を弁済してしまった場合，B の C に対する不法行為に基づく損害賠償請求を認めた（最判昭 44・3・4 民集 23・3・561）。一方，B が代理受領により得られる利益は第三者に対抗できないとされているため，報酬債権が A の他の債権者に差し押さえられた場合には，弁済を受けることができなくなる。

　とくに公共工事の報酬債権については，譲渡や質入れが禁止されることが多

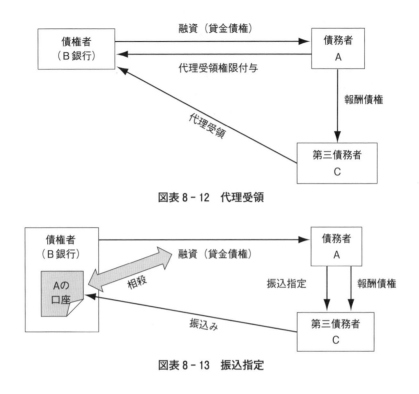

図表 8 - 12　代理受領

図表 8 - 13　振込指定

いことから，取引実務ではこのような手段が用いられることがある。

3　振 込 指 定

　上記の事例で，AのCに対する報酬債権の振込先としてB銀行のA名義の口座を指定したうえで，その口座に振り込まれた報酬とBのAに対する貸金債権を相殺する手法である。代理受領と同じく，譲渡や質入れが禁止されている報酬債権について用いられることがある。

参 考 文 献

　比較的容易に参考とすることができる主な著書を掲げる。なお，重要であるにもかかわらず掲げることができていない文献も多数ある。

1　教科書・基本書

広中俊雄『物権法〔第2版増補〕（現代法律学全集6）』青林書院，1987年

川井　健『民法概論2（物権）〔第2版〕』有斐閣，2005年

河上正二『物権法講義（法セミ LAW CLASS シリーズ）』日本評論社，2012年

松岡久和『物権法』成文堂，2017年

近江幸治『民法講義Ⅱ　物権法〔第4版〕』成文堂，2020年

安永正昭『講義 物権・担保物権法〔第4版〕』有斐閣，2021年

平野裕之『物権法〔第2版〕』日本評論社，2022年

今村与一・張　陽介・鄭　芙蓉・中谷　崇・髙橋智也『新プリメール民法2物権・担保物権法〔第2版〕』法律文化社，2022年

淡路剛久・鎌田　薫・原田純孝・生熊長幸『民法Ⅱ物権〔第5版〕（有斐閣Sシリーズ）』有斐閣，2022年

秋山靖治・伊藤栄寿・大場浩之・水津太郎『物権法〔第3版〕（日評ベーシック・シリーズ）』日本評論社，2022年

中舎寛樹『物権法―物権・担保物権』日本評論社，2022年

石田剛ほか『民法Ⅱ　物権〔第4版〕』有斐閣，2022年

山野目章夫『民法概論2　物権法』有斐閣，2022年

藤原正則『物権法』新世社，2022年

佐久間毅『民法の基礎2　物権〔第3版〕』有斐閣，2023年

大場浩之『物権法』成文堂，2023年

吉田克己『物権法Ⅰ～Ⅲ』信山社，2023年

高木多喜男『担保物権法〔第4版〕』有斐閣，2005年

髙森八四郎＝髙森哉子『物権法講義』〈第3分冊〉〔改訂版〕―担保物権法―関西大学出版部，2007年

髙橋　眞『担保物権法〔第2版〕（法学叢書6）』成文堂，2010年

河上正二『担保物権法講義（法セミ LAW CLASS シリーズ）』日本評論社，2015年

道垣内弘人『担保物権法〔第4版〕（現代民法Ⅲ）』有斐閣，2017年

松岡久和『担保物権法（法セミ LAW CLASS シリーズ）』日本評論社，2017年

生熊長幸『担保物権法〔第2版〕』三省堂，2018年

田髙寛貴ほか『担保物権法〔第2版〕』日本評論社，2019年

内田　貴『民法Ⅲ債権総論・担保物権〔第4版〕』東京大学出版会，2020年

近江幸治『民法講義Ⅲ　担保物権〔第3版〕』成文堂，2020年

古積健三郎『担保物権法』弘文堂，2020年

山本敬三監，鳥山泰志・藤澤治奈『民法3　担保物権』有斐閣，2021年

角紀代恵『はじめての担保物権法〔第2版〕』有斐閣，2021年

2　注　釈　書

舟橋諄一・徳本　鎭編『新版注釈民法(6)〔補訂版〕』有斐閣，2009年

柚木　馨・高木多喜男編『新版〔改訂版〕注釈民法(9)物権(4)』有斐閣，2015年

能見善久・加藤新太郎『論点体系判例民法2　物権〔第3版〕』第一法規，2019年

能見善久・加藤新太郎『論点体系判例民法3　担保物権〔第3版〕』第一法規，2019年

松岡久和・中田邦博編『新コンメンタール民法（財産法）〔第2版〕』日本評論社，2020年

小粥太郎編『新注釈民法(5)物権(2)』有斐閣，2020年

道垣内弘人編『新注釈民法(6)物権(3)』有斐閣，2019年

森田　修編『新注釈民法(7)物権(4)』有斐閣，2019年

我妻　栄・有泉　亨・清水　誠・田山輝明『我妻・有泉コンメンタール民法　総則・物権・
　債権〔第8版〕』日本評論社，2022年

3　判例解説集

瀬川信久・内田　貴・森田宏樹『民法判例集　担保物権・債権総論〔第3版〕』有斐閣，2014
　年

潮見佳男・松本恒雄編『判例プラクティス民法Ⅰ総則・物権〔第2版〕』信山社，2020年

潮見佳男・道垣内弘人編『民法判例百選Ⅰ総則・物権〔第9版〕』有斐閣，2023年

4　専　門　書

滝沢聿代『物権変動の理論』有斐閣，1987年

椿　寿夫『集合債権担保の研究』有斐閣，1989年

滝沢聿代『物権変動の理論Ⅱ』有斐閣，2009年

道垣内弘人『典型担保法の諸相』有斐閣，2013年

道垣内弘人『非典型担保法の課題』有斐閣，2015年

判 例 索 引

◎ 大 審 院

◎ 最高裁判所

◎ 高 等 裁 判 所

◎ 地 方 裁 判 所

事 項 索 引

堀 田 泰 司（ほった やすじ）

　　1946年　生まれ
　　1975年　法政大学大学院社会科学研究科私法学専攻修士課程修了
　　現　在　九州国際大学名誉教授

柳　　　勝 司（やなぎ かつじ）

　　1949年　生まれ
　　1980年　名古屋大学大学院法学研究科博士後期課程単位取得満期退学
　　現　在　名城大学名誉教授・弁護士

物権・担保物権法［第2版］［スタンダール民法シリーズII］　　　〈検印省略〉

2019年7月31日　第1版第1刷発行
2021年3月31日　第1版第2刷発行
2023年9月25日　第2版第1刷発行

編 著 者　堀　田　泰　司
　　　　　柳　　　勝　司
発 行 者　前　田　　　茂
発 行 所　嵯　峨　野　書　院

〒615-8045　京都市西京区牛ヶ瀬南ノ口町39　電話(075)391-7686　振替01020-8-40694
　　　　　　メールアドレス　sagano@mbox.kyoto-inet.or.jp

© Hotta, Yanagi, 2019　　　　　　　　　　　　　西濃印刷・吉田三誠堂製本所

ISBN978-4-7823-0619-2

JCOPY ＜出版者著作権管理機構委託出版物＞
本書の無断複製は著作権法上での例外を除き禁じられています。複製される場合は，そのつど事前に，出版者著作権管理機構（電話03-5244-5088，FAX03-5244-5089, e-mail: info@jcopy.or.jp）の許諾を得てください。

◎本書のコピー，スキャン，デジタル化等の無断複製は著作権法上での例外を除き禁じられています。本書を代行業者等の第三者に依頼してスキャンやデジタル化することは，たとえ個人や家庭内の利用でも著作権法違反です。

スタンダール民法シリーズⅠ
民 法 総 則 [改訂版]

堀田泰司・柳 勝司 編著

民法を学ぶ初心者に，図表やCase，Topicsなどを適宜挿入して分かりやすく解説。判例や学説において問題となっている事柄については，必要の範囲ですべて取り上げ，既習者にとっても，公務員試験や各種の資格試験にも十分に役に立つものとなっている。
Ａ５・並製・388頁・定価（本体3000円＋税）

スタンダール民法シリーズⅢ
債 権 法 総 論 [第3版]

柳 勝司・采女博文 編著

民法の初学者が特殊な用語や特有な表現や条文のつながりなどに慣れ，最終的には，どのような状況においてどのような民法の条文が適用されるのかということを一応理解できる基準に達することができる教科書となっている。
Ａ５・並製・284頁・定価（本体2600円＋税）

スタンダール民法シリーズⅣ
債 権 法 各 論 [第2版]

堀田泰司・柳 勝司・森田悦史 編著

非常に広い範囲にわたる債権法各論の領域について，関連条文や紹介すべき判決が多数に及ぶ中，多くの事柄を標準的な内容で分かりやすくまとめた。必要に応じて図表やCase，Topicsを利用し，少しでも分かりやすく，読者が民法に興味を持つような工夫を試みている。
Ａ５・並製・416頁・定価（本体3200円＋税）

スタンダール民法シリーズⅤ
家 族 法 [第4版]

柳 勝司 編著

初学者には難しい家族法を，親族法・相続法を一体として平易に解説。誰もが当事者になり得るという立場から，様々な争いに対する解決方法も示した。標準的な水準を保った初学者向け概説書。最新のCaseやTopicsも掲載。
Ａ５・並製・352頁・定価（本体2750円＋税）

嵯峨野書院